中俄全面战略协作协同创新中心文库

·俄罗斯学·东部系列·

俄罗斯东部地区经济发展研究

RESEARCH ON ECONOMIC
DEVELOPMENT OF
EASTERN REGION OF RUSSIA

姜振军 著

社会科学文献出版社
SOCIAL SCIENCES ACADEMIC PRESS (CHINA)

作者简介

　　姜振军，黑龙江大学俄罗斯研究院副院长、博士、教授、硕士生导师。黑龙江大学杰出青年基金获得者。主要从事俄罗斯国家安全问题、俄罗斯经济与中俄经济关系等方面的教学和研究工作。出版了《新世界格局中的俄罗斯》、《俄罗斯商品市场研究》和《俄罗斯国家安全问题研究》等专著，参与撰写学术专著《转型期的俄罗斯远东》、《俄罗斯远东市场研究》和《世界通览·俄罗斯卷》等。在《俄罗斯中亚东欧研究》和《中国社会科学报》等国家级学术期刊及《俄罗斯中亚东欧市场》、《俄罗斯研究》和《西伯利亚研究》等刊物发表论文40余篇。作为主要成员参与完成国家社科基金项目4项，主持完成教育部人文社科项目——《俄罗斯商品市场研究》，完成黑龙江省哲学社会科学基金项目2项。目前正在主持研究国家社科基金项目《中俄共同保障粮食安全问题研究》。现任中国俄罗斯东欧中亚学会理事、中俄关系史学会理事、黑龙江省区域经济学会和黑龙江省国际贸易学会常务理事、黑龙江省俄罗斯东欧中亚学会副秘书长。

序

俄罗斯是地跨欧亚两大洲、世界领土面积最大的国家，是我国的重要邻国。自 1991 年年末独立以来，俄罗斯实行市场经济改革，陷入了七八年的转型经济衰退期，经济、社会发展倒退。在这种情况下，俄罗斯在国际社会的影响力大幅度下降。进入 21 世纪，普京当选总统，俄罗斯迎来经济、社会、外交等各个方面迅速发展的新时期，这一新时期延续到 2013 年。这一时期，俄罗斯经济、社会获得了平稳快速发展，国家综合实力显著增强，在国际事务中扮演重要的角色，发挥重要的作用。

俄罗斯各联邦主体的经济、社会发展基本与联邦经济、社会发展节奏同步，其东部地区亦然。西伯利亚联邦区和远东联邦区地理位置重要，辐射欧洲，面向亚太地区，既是俄罗斯开展对外合作的重要依托、前沿地带和窗口，也是亚太地区与欧洲联系的重要枢纽和通道。同时，这两个地区是俄罗斯自然资源极为丰富的地区，是俄罗斯经济、社会发展的重要支撑和保障。

当前俄罗斯东部地区发展最紧迫的任务是：① 使经济社会水平得到根本提高；② 稳定和扩大当地人口数量；③ 加强东部地区与中心地区的联

系。其中加强东部地区与中心地区的联系，要通过实现交通基础设施现代化，主要是西伯利亚大铁路和贝阿干线的现代化，以及向远东提供一些优惠待遇。① 俄罗斯东部地区发展的三个方向是：① 北部方向，北极和北部作为俄罗斯的一个特殊战略利益区；② 东部方向，远东和部分东西伯利亚地区作为近年来国家优先发展、有地缘意义的区域；③ 西伯利亚南部和中部的中间城市作为国家东部地区新型工业化发展的基础。②

中俄关系稳步快速发展，经历了一般友好国家关系、建设性伙伴关系、面向 21 世纪的战略协作伙伴关系和全面战略协作伙伴关系，呈现梯级发展态势，达到了历史最好水平。两国关系正在由"政热经冷"向"政经双热"转变，国家和区域层面的经济合作领域不断拓宽、合作方式不断多样化、合作水平日益提升。

西伯利亚联邦区和远东联邦区与中国东北地区毗邻，在地缘优势基础上双方积极发挥各自在自然资源、资金、技术和劳动力等要素禀赋方面很强的互补性，不断加强商品贸易、经济技术合作。这不仅有利于双方经济社会的发展、扩大区域间往来和交流，而且能够保障两国边疆地区的安全稳定。在乌克兰危机背景下，俄罗斯实施"向东看"战略，着力加大与中国各领域（尤其是"丝绸之路经济带"与欧亚经济联盟对接合作、能源等战略项目和电子商务）的合作力度，两国东部毗邻地区的经济合作不断拓展升级。我们深信，无论是中俄双边层面，还是区域地方层面的经济合作都将进入新一轮快速增长期，即中俄经济合作的"超常态"时期。

我们着重对俄罗斯东部地区的西伯利亚联邦区和远东联邦区经济转型以来经济发展情况加以研究，旨在详尽地阐述西伯利亚联邦区和远东联邦区经济发展的客观现实基础，厘清存在的问题，论述西伯利亚联邦区和远东联邦区的对外经济合作态势，探究俄罗斯东部地区的未来发展战略目标和实现目标所采取的措施。

---

① 拉林·В. Л.：《俄罗斯太平洋地区发展战略与俄中关系》，《西伯利亚研究》2014 年第 5 期。
② 谢利维尔斯托夫·В. Е.：《俄罗斯东部发展的三个基本方向与俄中经济关系现代化定位》，《西伯利亚研究》2014 年第 5 期。

祈望我们有待进一步完善的研究成果能够对国家和地方政府有关部门、对俄企事业单位和个人了解俄罗斯西伯利亚联邦区和远东联邦区的经济发展走势有所裨益！

姜振军

2015 年 9 月 20 日

内容摘要

　　俄罗斯东部地区包括西伯利亚联邦区和远东联邦区。西伯利亚联邦区地理位置独特，不仅是俄罗斯远东经济区与欧洲一体化的枢纽，而且是欧洲与亚太地区往来的"桥梁"。远东联邦区濒临太平洋，面向东北亚，是俄罗斯与东北亚和亚太地区开展各领域合作的前沿地带。

　　西伯利亚和远东地区幅员辽阔、资源丰富，具有对俄罗斯经济社会发展至关重要的地缘区位、自然资源、人文、经济、技术等方面的诸多现实条件，会对俄罗斯国家当下和未来发展产生举足轻重的影响。

　　为了加快俄罗斯东部地区的发展，俄罗斯政府陆续出台了一系列政策措施，如《西伯利亚和远东地区经济社会发展战略》《"向东看"战略》，以及建立超前经济发展区和符拉迪沃斯托克自由港的建设等，这都将有力地推进该地区产业的调整和发展，扩大与东北亚地区国家乃至亚太地区的经济合作，进而促进俄罗斯东部地区和全俄经济社会的稳步快速发展。

Abstract

The eastern region of Russia includes the Siberian Federal District and the Far Eastern Federal District. Siberian Federal District's geographical location is unique. It is not only the hub of economic integration between Far East of Russia and Europe, but the "bridge" between Europe and the Asia-Pacific region. Far Eastern Federal District is on the verge of Pacific Ocean and facing the Northeast Asia. It is an important frontier of cooperation in all areas of the zone between Russia and the Northeast Asia and the Asia-Pacific.

Siberia and the Far East regions have vast land and rich resources. They have geopolitical location, natural resources, cultural, technological and many other realistic conditions for economic and social development of Russia, which exert decisive influence on the country's economic and social development of Russia present and future.

In order to accelerate the development of Russia's eastern region, the Russian government has issued series of policies and measures, such as the implementation of the "Looking East" strategy, the zones of ahead economic development and construction of Vladivostok free port, will effectively promote the industrial adjustment and development in the eastern region, expand economic cooperation with countries in Northeast Asian and Asia-Pacific and promote steady and rapid economic and social development of the Eastern region and all the Russia.

目录

Contents

第一章
俄罗斯东部地区经济发展条件

　　俄罗斯东部地区主要是指幅员辽阔、资源丰富的西伯利亚地区和远东地区①，该地区对俄罗斯经济社会发展来说至关重要，具有地缘区位、自然资源、人文、经济、技术等方面的诸多优势，会对俄罗斯国家发展产生重大的影响。

　　西伯利亚地区是俄罗斯联邦境内幅员辽阔的地带，它西起乌拉尔山脉，东至太平洋沿岸，北达北冰洋，西南抵哈萨克斯坦中北部山地，南与中国和蒙古国为邻，面积达 511.48 万平方公里，占全俄总面积的 30%。西伯利亚联邦区人口为 1927.8201 万（2013 年），占全俄总人口的 14.3% 以上，主要沿西伯利亚大铁路分布。

　　远东地区位于俄罗斯联邦最东部，北达北冰洋，东滨太平洋，隔白令海与北美洲相望。面积为 621.59 万平方公里，占全俄总面积的 36.4%。远东联邦区人口为 622.5995 万（2014 年 1 月 1 日），占全俄人口的 4.46%，是俄罗斯人口最少的联邦区。

----

　　① 本文中所出现的西伯利亚地区和西伯利亚联邦区、远东地区和远东联邦区并列使用，所指含义相同。

第一节 自然环境与资源条件

俄罗斯东部地区东接东北亚地区，北通北冰洋，面向亚太地区，地缘区位十分重要，是俄罗斯与东北亚地区、亚太地区开展全方位合作的前沿地带。同时，该地区蕴藏着丰富的自然资源，被誉为"世界尚未完全开发的资源宝库"，是俄罗斯经济社会发展的重要基础，也是世界上某些国家和地区经济社会发展的重要资源和原材料供应地。

一 地缘区位

俄罗斯东部地区，既是俄罗斯与东北亚地区往来的前沿地带，又是俄罗斯与亚太地区开展多领域合作的重要基地。特别是在当今国际局势下，俄罗斯着力推行"东向"战略，积极实施亚太战略，其东部地区在俄罗斯与东北亚地区，乃至亚太地区合作的重要性更加凸显，发挥着日益重要的作用。

20 世纪 70 年代中期至 80 年代初期，世界经济重心由西欧向太平洋地区转移，进入"太平洋时代"，亚太地区经济快速发展并显示出前所未有的活力，在世界经济格局中的地位越来越重要。包括俄罗斯在内的世界各国越来越重视与亚太地区的经济合作，俄罗斯致力于国家现代化复兴，积极与亚太地区开展更为密切的经济往来。俄罗斯东部地区过去、现在和将来都是俄罗斯与亚太地区实现经济一体化的重要纽带，是俄罗斯实施亚太战略，以及与该地区开展商品贸易、投资合作的重要前沿地带。

俄罗斯在亚洲市场上参与世界经济一体化的战略目标是加速经济增长和提高居民生活水平。俄罗斯发展和亚太地区国家之间关系的长远目标在于，保证俄罗斯与亚太共同体在经济、政治上形成有利于俄罗斯西伯利亚地区、远东地区和极北地区发展积极、文明的相互关系。[①] 远东联邦区位于

---

① 〔俄〕基里尔·恩·阿斯塔波夫：《俄罗斯与亚太地区国家经济一体化问题》，李站译，《黑河学刊》2002 年第 5 期。

俄罗斯最东部、太平洋西岸，是俄罗斯实现与亚太地区经济一体化的最前沿，这一地缘区位优势是远东联邦区过去、现在和将来经济社会发展的一个重要客观条件。正所谓"近水楼台先得月"！远东联邦区承担着实现俄罗斯亚太战略的光荣使命，俄罗斯中央政府不断出台针对远东联邦区对外开展经济合作的特殊政策，力推该地区与东北亚地区乃至亚太地区国家积极开展经贸合作，使俄罗斯经济融入亚太地区经济。

《21 世纪俄罗斯亚太地区发展战略》的核心思想是：为顺应世界经济一体化的大趋势，21 世纪的俄罗斯将利用东部地区——西伯利亚和远东地区的地缘、资源、科技和交通运输等方面的优势，积极与中国、日本等亚太国家开展多领域的合作。该战略的基本方针是：发挥俄罗斯东部地区的自然资源优势，与亚太地区国家合作开发和利用自然资源，首先是石油和天然气；利用俄罗斯东部地区的智力资源优势与亚太地区国家开展科技合作；发挥地缘和交通运输优势，开展多种形式的国际运输业务，使俄罗斯成为连接欧亚的天然桥梁；吸引亚太地区国家劳动力开发俄罗斯东部地区，重点是远东地区人口稀少的区域。该战略的主要出发点是：只有与亚太地区实现密切的经济一体化，整个俄罗斯，尤其是西伯利亚和远东地区才能复兴，社会、经济和文化才能得以发展。换句话说，就是为了西伯利亚和远东地区以及整个俄罗斯经济的发展，俄罗斯必须积极而深入地融入亚太地区。

二　自然资源

俄罗斯是世界上能源蕴藏丰富的大国，石油、天然气、煤炭储量位居世界前列。俄罗斯的能源产量和出口量对国际能源市场具有重要影响。俄罗斯的大部分能源，尤其是油气资源，都出自西伯利亚地区和远东地区。正是因为拥有如此丰富的能源资源优势，西伯利亚地区和远东地区才具有不同寻常的吸引力。此外，西伯利亚地区和远东地区还蕴藏着较为丰富的贵金属、稀有金属和其他矿藏，同样具有较强的吸引力。

（一）西伯利亚地区的资源

西伯利亚地区和远东地区的能源资源极为丰富，是俄罗斯国内和世界有关国家的能源主要来源地，对俄罗斯和世界经济社会发展产生较为重要的影响。

西伯利亚地区是俄罗斯乃至世界的资源宝库，蕴藏着丰富的碳氢化合物、煤炭、铀、黑色和有色金属及贵金属、木材、水和水力资源。铂族金属储量占全俄罗斯的99%，铅储量占全俄罗斯的86%，钼储量占全俄罗斯的82%，煤炭储量占全俄罗斯的80%，锌储量占全俄罗斯的77%，铜储量占全俄罗斯的70%，镍储量占全俄罗斯的68%，水力资源和木材储量均占全俄罗斯的50%以上，黄金储量占全俄罗斯的41%。

西伯利亚地区的淡水储量具有更为重要的意义。大江大河及贝加尔湖的水资源成为战略资源。未受污染的纯生态土地资源，既适宜人居，又可以开展经济活动。全球气候的变化将提高土地资源的价值。

1. 能源

俄罗斯是世界油气资源最为丰富的国家之一，石油资源增长潜力巨大。目前已发现和证实了北高加索、伏尔加—乌拉尔、蒂曼—伯朝拉、西西伯利亚、东西伯利亚（包括勒拿—通古斯、勒拿—维柳伊盆地）等大型含油气区，面积超过100万平方公里的超巨型盆地有西西伯利亚盆地、东西伯利亚盆地和巴伦支海盆地。陆上和海域远景勘探面积约为1290万平方公里，其中边缘海和内海陆架远景勘探面积560万平方公里。截至2013年1月1日，俄罗斯原始石油总资源量为1114.72亿吨，在世界石油总储量中居第8位，而从综合统计碳氢化合物储量来看，俄罗斯的石油储量则排在第3位。俄罗斯目前ABC1 + C2级石油可采储量占总资源量的26%（288.75亿吨），按30%的采收率、年产石油5亿吨的生产水平计算，可确保生产17年。俄罗斯评估的探明石油可采储量180.22亿吨，明显高于2014年BP能源统计数据统计的127亿吨。此外，俄罗斯凝析油ABC1级探明可采储量20.81亿吨，C2级初步评价可采储量14.21亿吨。石油 + 凝析油ABC1级探明可采储量201.03亿吨，石油 + 凝析油ABC1 + C2级可采储量合计323.77亿吨。①

西伯利亚地区的能源资源极为丰富。西西伯利亚地区是俄罗斯的主要

---

① 《俄罗斯石油生产和资源潜力分析（2013）》，《国际石油经济》2014年第12期。

石油基地，石油开采量占全俄的 70%，且品质高。主要油田有萨玛特洛尔斯克油田（Самотлорское）、乌斯季—巴累茨克油田（Усть-Балыкское）、下瓦尔托夫斯克油田（Нижневартовское）、苏尔古特油田（Сургутское）、沙伊姆斯克油田（Шаимское）、梅基奥恩斯克油田（Мегионское）等。秋明州是俄罗斯的重要石油产地，石油储藏量占全俄的 70% 以上，开采量占 66%。

在 ABC1 + C2 级石油可采储量中，汉特—曼西斯克州最多，为 120 亿吨，亚马尔—涅涅茨自治州为 50 亿吨，整个西西伯利亚地区约为 180 亿吨，东西伯利亚及远东地区为 38.6 亿吨（包括克拉斯诺亚尔边疆区的 19 亿吨）。①

煤炭储量估计在 3.8 万亿 ~ 4.4 万亿吨，其中库兹涅茨煤田达 6000 亿吨，煤层厚度平均 4 米，有的地方达 20 米，热能为 8600 大卡/千克。库兹巴斯煤田在经济上的意义是难以估量的，它是俄罗斯的一个重要煤田。坎斯克—阿钦斯克褐煤田的地质储量达 6000 亿吨，煤层长达 800 公里，宽达 200 公里，厚达 100 米，热能为 2800 ~ 4700 大卡/千克。秋明州的煤炭储量估计达到 80 亿吨，② 水电潜能约 1 万亿千瓦时。

2. 森林

西伯利亚森林覆盖西伯利亚地区的辽阔地域，森林覆盖面积达 3.72 亿公顷，其木材蓄积量占俄罗斯的 3/4 以上，达 333.46 亿立方米。欧洲赤松是西西伯利亚的主要树种，覆盖面积达 2630 万公顷，占森林总面积的 36%。西西伯利亚的俄罗斯光松面积为 1080 万公顷，占森林总面积的 15%。这是该地最珍贵的木材资源，以生产大量坚果著称，每年每公顷可产 150 千克。150 ~ 200 年轮伐期每公顷蓄积量为 100 ~ 800 立方米。西西伯利亚南部广泛分布着针叶树种，森林中生活着许多珍贵的毛皮兽。西伯利亚落叶松面积为 610 万公顷，占中西伯利亚和俄罗斯远东森林面积的 70%。100 ~ 150 年轮伐期每公顷蓄积量为 120 ~ 200 立方米。暗针叶树种的云杉和冷杉在西西伯利亚面积分别为 460 万公顷和 340 万公顷。桦树面积为 1670

---

① 《俄罗斯石油生产和资源潜力分析（2013）》，《国际石油经济》2014 年第 12 期。

② Развитие и размещение ведущих отраслей промышленности Сибирского федерального округа. http://revolution.allbest.ru/geography/00225199_0.html.

万公顷，欧洲山杨面积为 500 万公顷和柳树面积 110 万公顷。多数针叶林有落叶树种成分，在西伯利亚西南部，轮伐期为 60 年的桦树纯林每公顷蓄积量可达 300 立方米。东西伯利亚木材蓄积量达 280 亿立方米，树种以针叶树为主，80% 为成熟林和过熟林。

3. 矿产

西伯利亚地区矿产资源丰富，集中了全俄罗斯 85% 的铅和白金、80% 的煤和钼、71% 的镍、69% 的铜、44% 的银、40% 的黄金。该地区的金属矿和非金属矿蕴藏十分丰富，世界上目前已发现的所有矿物资源在该地区基本能找到。铁、铜、铝、锡、镍、铅、锌、镁、钛等有色金属矿，其中铁、铜、铝、锡的储量尤为丰富。金、银等贵金属矿，钨、钼、钾等稀有金属矿，云母、石棉、萤石、石墨、滑石等非金属矿，以及盐、磷灰石、磷钙石等天然化学原料矿产资源的储量都极为可观。铅和铂的储量占全国总储量的 85%，煤炭和钼占全国总储量的 80%，镍占全国总储量的 71%，铜占全国总储量的 69%，银占全国总储量的 44%，黄金占全国总储量的 40%。[①]

铁矿主要分布在东西伯利亚地区南部。伊尔库茨克州的科尔舒诺夫斯克铁矿石储量达 6 亿吨，含铁约 35%。卢特诺戈尔斯克铁矿含铁高达 40%，还伴生有镁。诺里尔斯克区铜镍矿是俄罗斯最大的金属矿藏之一。外贝加尔有舍尔洛夫山锡矿。东西伯利亚地区也是俄罗斯主要黄金产地，其黄金矿位于勃代波市附近。

4. 水资源和水力资源及水产品

俄罗斯是世界水资源最为丰富的国家之一，是世界各国中淡水储量最多的国家，地表水所占面积占其领土的 12.4%。西伯利亚地区拥有众多大小湖泊和河流，水资源和水力资源丰富。世界上最大的淡水湖——贝加尔湖的淡水储备量达到 2.3615 万立方千米，约占全世界淡水储量的 19%，占全俄淡水储量的 80% 以上。从水量来看，贝加尔湖居世界第二位，仅次于

---

① Развитие и размещение ведущих отраслей промышленности Сибирского федерального округа. http://revolution. allbest. ru/geography/00225199_0. html.

里海，但里海的水是咸的。

全长 4102 公里的俄罗斯第四大河——叶尼塞河的水量在俄罗斯河流中位居第一，其下游的水量达到 1.8 万立方米/秒。叶尼塞河已建、拟建的装机容量在 250 万千瓦以上的水电站有 10 座，总装机容量 6782 万千瓦，总年发电量 2560 亿千瓦时。

长达 4400 公里的俄罗斯第三大河——勒拿河的水量在俄罗斯河流中居第二位，年平均流量 17000 立方米/秒，年总流量约 4170 亿立方米。水力资源约有 4000 万千瓦，仅在支流上建有马马卡斯克和维柳伊斯克水电站等。

全长 5410 公里的鄂毕河，按流量是俄罗斯第三大河，仅次于叶尼塞河和勒拿河，年平均径流量 3850 亿立方米，平均每年注入北冰洋喀拉海约 3970 亿立方米。鄂毕河水能资源丰富，流域内水能资源的蕴藏量达 2500 亿千瓦时，其中技术上可开发的水能资源达 1600 亿千瓦时，经济上可利用的达 1000 亿 ~ 1200 亿千瓦时。河上建有新西伯利亚水电站、布赫塔尔马水电站和乌斯季卡缅诺戈尔水电站等，其中新西伯利亚水电站建在鄂毕河干流上，装机容量为 40 万千瓦，年均发电量 16.87 亿千瓦时。

西伯利亚是俄罗斯最大的淡水鱼产区，淡水鱼产量占俄罗斯总产量的 1/4 以上。东西伯利亚地区的贝加尔湖和叶尼塞河、勒拿河流域，也是重要的淡水鱼产区。贝加尔湖里有 2630 种植物和动物，其中 2/3 是当地原生的，即只在这个湖里被发现的。贝加尔湖中约有 50 种鱼类，分属 7 科，最多的是杜文鱼科的 25 种杜文鱼。胎生贝加尔湖鱼是贝加尔湖特有的鱼类。在叶尼塞河，为了充分利用水库内丰富的饵料资源，水库放养了外来鱼种，如白鲑、鳊鱼、野鲤。布拉茨克水库放养了 5 种鲑鱼，最多的是贝加尔白鲑。勒拿河的鱼类数量为 43 种。鄂毕河中最大的鱼是西伯利亚鲟鱼，体长可达 2 米。此外，体积较大的鱼还有江鳕、狗鱼、鲈鱼、白北鲑等。

5. 土地

西伯利亚地区面积 511.48 万平方公里，约占俄罗斯国土面积的 30.1%。从东到西距离为 3420 公里，从南到北距离为 3566 公里。在该地区俄罗斯国家边界线长达 7269.6 公里，其中与哈萨克斯坦边界为 2697.9 公里，与中国边界为 1255.5 公里，与蒙古国边界为 3316.2 公里。林地占

50.0%，沼泽占 8.1%，农业耕地占 11.1%，水体占 3.3%，其他土地占 18.5%。[①] 该地区拥有辽阔肥沃的黑钙土、褐钙土等待开发。西伯利亚联邦区是俄罗斯最重要的农业地区之一，拥有约 2200 万公顷耕地，不过最肥沃的黑土和灰色森林土壤仅占 28%。

在西伯利亚地区农产品生产总值中，东西伯利亚占近 5%，而产品结构中 3/5 以上的货值为畜产品。东西伯利亚适合企业和其他经营单位的全部农业用地约为 2300 万公顷（占全国 10% 以上），其中耕地为 950 万公顷（约占全国耕地的 7%）。该地区谷物、蔬菜、肉、奶等食品的人均生产量低于全俄水平。[②]

东西伯利亚的土地几乎不适合种植经济作物。因受强烈的大陆性气候影响，主要作物为荞麦（占 40%）、燕麦、黑麦和大麦等。用作饲料的豆菽类作物的播种比例较高。这说明该地区主要依靠农作物来保障牲畜饲养，饲草数量相对较少。

西西伯利亚地区主要种植谷物、蔬菜、土豆等农作物，其中谷物主要包括小麦、荞麦、燕麦和大麦。该地区谷物的种植面积占农作物播种面积的 70%。同时，该地区还发展肉奶牲畜饲养、羊和鹿饲养等畜牧业。为了提高农业的产出效率和稳定性，通过对巴拉巴森林草原排水和库隆达草原灌溉，该地区建立了阿列伊和库隆金灌溉系统。除了西西伯利亚地区传统的畜牧业之外，在阿尔泰山还饲养马、牦牛、梅花鹿，在西西伯利亚地区南部饲养骆驼。[③]

（二）远东地区的资源

远东联邦区拥有较为丰富的自然资源，这是其吸引外国企业前来开展贸易和投资合作的重要资本。亚太地区经济社会的快速发展，需要更多的能源原材料，远东联邦区能够满足亚太地区国家的需求。

---

① Развитие и размещение ведущих отраслей промышленности Сибирского федерального округа. http://revolution. allbest. ru/geography/00225199_0. html.

② Сельское хозяйство в Сибирском федеральном округе и перспективы его развития. http://otherreferats. allbest. ru/economy/00041100_0. html.

③ Сельское хозяйство в Сибирском федеральном округе и перспективы его развития. http://otherreferats. allbest. ru/economy/00041100_0. html.

1. 能源

据俄罗斯有关权威机构统计,远东地区现有 55 个石油和天然气田,其中 13 个为油田、13 个为天然气伴生油田、16 个为石油伴生气田、13 个为凝析油气田,可开采储量达到 19.69 亿吨(ABC1 标准)和 15.72 亿吨(C2 标准)。另据俄罗斯科学院有关机构初步估计,远东地区陆地和水域下面的石油勘探储量约为 4.10 亿吨,其中鄂霍次克海大陆架约 1.65 亿吨。远东地区的石油品质好、含硫量低,其基本参数超过俄罗斯的出口标准。这里储藏的石油大部分(68.2%)黏稠度低于 0.87 克/立方米,约 78% 的石油含硫量在 0.5% 以下。远东地区的天然气勘探储量接近 2 万亿立方米,其中鄂霍次克海大陆架约 0.73 万亿立方米,初步估计储量达到 1.3 万亿立方米以上,其中鄂霍次克海大陆架超过 0.25 万亿立方米。[①]

远东地区已探明的煤炭储量为 200 亿吨,远景储量达到 3547 亿吨。在已探明的煤炭储量中,将近一半可以进行露天开采。萨哈(雅库特)共和国已探明的煤炭储量为 93.91 亿吨,在远东地区居第一位。该共和国是远东地区唯一拥有储量可观的炼焦煤矿的地区。3 个露天煤田年开采能力达 3300 万吨。萨哈(雅库特)共和国的著名煤田为探明储量达 60 亿吨的埃利吉石煤田和坎加拉瑟褐煤田;阿穆尔州已探明的煤炭储量为 38.13 亿吨,在远东地区位居第二位,年开采能力为 1000 万~1200 万吨。年开采能力在 450 万吨左右的大型煤田有:赖奇欣斯克、博古恰内和叶尔科夫齐煤田。已探明储量为 8.7 亿吨的较大煤田是斯沃博德内煤田。滨海边疆区已探明的煤炭储量为 26.21 亿吨,开采条件较好的煤田是比金煤田,年开采能力为 1200 万~1400 万吨。巴甫洛夫斯克褐煤田,年开采能力为 500 万~600 万吨;萨哈林州已探明的煤炭储量为 18.45 亿吨,主要储量可观的煤田已着手开采。哈巴罗夫斯克边疆区已探明的煤炭储量为 15 亿吨,乌尔加尔煤田是主要煤炭产地。乌尔加尔煤田可露天开采 3.4 亿吨,地下开采 10.6 亿吨。[②]

2. 森林

目前,俄罗斯远东地区的森林面积为 3.16 亿公顷,森林覆盖率为

① 陈迪:《俄罗斯远东地区能源发展态势》,《商业经济》2011 年第 8 期。
② 刘慧丽:《俄罗斯远东地区的煤炭资源》,《俄罗斯中亚东欧市场》2006 年第 12 期。

40.7%，占全国森林总面积的 37.1%、森林覆盖率的 48.0%。该地区的木材蓄积量约为 223.1 亿立方米，占全国木材总蓄积量的 24.8%，成熟林和过熟林占该地区木材总蓄积量的 70% 以上。远东地区的森林资源主要分布在萨哈（雅库特）共和国（50.1%）、哈巴罗夫斯克边疆区（18.5%）、阿穆尔州（8.5%）和滨海边疆区（4.5%）。近年来，远东地区的森林资源除个别地区外，无论是森林面积，还是木材蓄积量都呈现增加的态势，森林面积增加了 48 万公顷，木材蓄积量增加了 5 亿立方米（详见表 1－1）。

表 1－1　俄罗斯远东地区森林资源分布情况

单位：万公顷、%、百万立方米

	1993 年			2008 年		
	蓄积量	森林面积	覆盖率	蓄积量	森林面积	覆盖率
萨哈（雅库特）共和国	13426	47.4	9229	15803	51.3	9161
滨海边疆区	1123	75.4	1769	1267	76.9	1916
哈巴边疆区	4359	61.4	4994	5239	66.5	5210
阿穆尔州	2185	62.3	1954	2348	64.9	2050
堪察加州	889	56.6	1194	1972	42.5	1213
马加丹州	1684	38.3	423	1756	38.0	481
萨哈林州	485	64.7	623	578	66.4	633
犹太自治区	155	44.2	174	166	45.7	197

资料来源：Регионы России. Социально-экономическиепоказатели，2010г，转引自封安全《俄罗斯远东地区森林资源开发与利用研究》，《对外经贸》2012 年第 7 期。

3. 矿产

俄罗斯远东地区拥有 70 多种矿物，主要有黄金、白银、铅、锌、铁、铝、钨、萤石等。远东地区已探明黄金储量在 2000 吨以上，远景潜在储量为 7000~10000 吨。主要黄金产地有：马加丹州、萨哈（雅库特）共和国、阿穆尔州。已探明银矿 80 多处，总储量为 4.8 万吨，远景潜在储量为 6.5 万~7 万吨。

黄金开采属于远东地区一个最古老的经济部门，主要在结雅河、布列亚河、额尔古纳河、阿尔丹高地、锡霍特山脉、科雷马—印迪吉尔卡和楚科奇、马加丹州和萨哈（雅库特）共和国等地，其中马加丹州和萨哈（雅库特）共和国的黄金开采量占全俄罗斯的2/3。除黄金之外，该地区还开采锡和钨。远东地区锡矿开采较为普遍，除楚科奇自治区之外，在萨哈（雅库特）共和国的上阿扬斯克区矿石中锡的含量最高，而且比俄罗斯其他地区价格便宜。远东地区犹太自治州的西部、共青城附近都开采锡矿，锡矿开采规模比较大的地区有锡霍特山脉的南部、达里涅戈尔斯克区的卡瓦列罗沃。该地区有各种不同矿山工业组成的大型综合体，开采黄金、铅锌矿、锡矿，从而形成了发达的运输网络、统一的矿山设备维修基地。雅库特建有金刚石开采矿业中心城米尔内伊，该城有公路与连斯科伊相通，附近有维柳伊水电站，还有"艾哈尔"和"成功"两个金刚石开采中心。

黑色冶金企业的建立对远东地区来说具有重要意义。共青城冶金厂在第二次世界大战期间投产，生产能力不断提高。南雅库特地区生产综合体开发阿尔丹高地的铁矿以扩大黑色冶金规模。滨海边疆区、哈巴罗夫斯克边疆区和阿穆尔州发展机器制造，其他州（区）为当地经济发展的机械设备提供维修和生产零部件。

白银主产区为马加丹州、滨海边疆区。主要银矿为杜卡特银矿（储量为1.5万吨）、哈坎贾银矿（2215吨）、涅日丹宁斯克耶银矿（2027吨）、尼古拉耶夫斯克银矿（1032吨）。已探明铅总储量为178万吨，锌为245万吨，主产区为滨海边疆区。已探明铁矿总储量约为200亿吨，远景潜在储量为320亿吨，主产区为萨哈（雅库特）共和国、哈巴罗夫斯克边疆区、滨海边疆区、犹太自治州、阿穆尔州。已探明铝原生矿105处，散矿125处，总储量为209.5万吨，主产区为哈巴罗夫斯克边疆区、萨哈（雅库特）共和国、犹太自治州、滨海边疆区。阿穆尔矿区（包括哈巴罗夫斯克边疆区、滨海边疆区、犹太自治州、阿穆尔州等联邦主体）铝储量在远东地区最为集中，为89.6万吨。已探明钨原生矿28处，散矿28处，总储量为40.6万吨，远景潜在储量为60万吨，主产区为哈巴罗夫斯克边疆区、滨海边疆区与楚克奇自治区。已探明萤石矿4处，总储量为1670万吨，主产区为滨海边疆区（储量约1200多万吨）。

远东地区冶金综合体的发展方向是建立新的冶金区，例如南雅库特、哈巴罗夫斯克边疆区和阿穆尔州等。俄罗斯联邦政府对该地区冶金业的基本政策措施是：推动建立必要的基础设施（首先是运输和能源方面的基础设施），提高产品生产效率，实施扩大冶金产品销售市场的措施，包括开采难以到达的原材料矿藏，促进解决当地社会问题，调节运输和能源税费，扩大国内建筑、飞机制造、汽车制造、重型机器制造和船舶制造等行业的需求，建设原材料开采区的运输和能源基础设施，研究金属生产新工艺和设备，并将金属应用到各种经济和运输基础设施行业的技术，以保障金属出口。

远东地区冶金生产的关键问题是：建设基础设施，以确保冶金成品输入和输出。除了运输能力之外，在冶金产品成本中运输费是一个重要组成部分，因而有必要灵活调节铁路货物运费。

在开展对外经济活动方面，俄罗斯联邦政府对本国冶金生产企业给予积极的政策支持，在双边和多边谈判中力主取消对俄罗斯产品的进口限制。完善陆地和海上基础设施，确保远东地区的冶金产品进入亚太地区和南亚国家广大的市场。向经济发达国家（美国、日本、韩国）和新兴经济体（中国、印度等）以及拉丁美洲国家出口冶金产品对该地区来说具有特别重要的意义。

4. 水资源、水力资源及水产品

远东地区为季风性气候，年降雨量变化大，水利资源十分丰富。堪察加半岛和千岛群岛年降雨量可达 1000 毫米，楚科奇半岛只有 150~200 毫米。该地区大小河流约 1.7 万条，1000 公里以上的河流有 13 条，其中，阿穆尔河（黑龙江）是中俄界河，长达 4350 公里，流域面积为 185.5 万平方公里，年均流量为 34.6 亿立方米。此外还有科雷马河、勒拿河、阿讷德尔河、结雅河、布列亚河等。中俄界湖兴凯湖长 95 公里，宽 65 公里，面积为 4380 平方公里（其中中国湖面积为 1080 平方公里），湖中有鲤鱼、鳇鱼等 10 多种鱼。

远东地区的水力资源极为丰富，可达 3700 亿千瓦时，是当前远东地区整个电力系统发电量的 10 倍。然而，目前远东地区水力资源经济效益的开发利用率仅为 3%，而在其他地区水力资源经济效益的开发利用高达 48%，毗邻的西伯利亚地区这一指数则为 20%。在远东地区的燃料结构体系中，碳氢化合物使用的比重高达 80%。

远东地区鱼类资源极为丰富，达 300 多种，捕鱼量占全国捕鱼量的近 50%。远东地区 200 海里的俄罗斯海域内的生物资源总量约为 2580 万吨，其中鱼类资源达 2300 万吨。该地区鱼类独特，种类繁多，主要有：马哈鱼、鲟鱼、鳕鱼、鲽鱼、明太鱼、白鲢鱼、鲱鱼、海鲈鱼、雅巴沙鱼、江鳕、中国鲈鱼、红鳍鱼等。珍贵的海洋哺乳动物有海豹、海象、海狸、海狗、海獭和鲸等。

5. 土地

远东地区地域辽阔，面积达 621.59 万平方公里，占全俄总面积的 36.4%。但是，远东地区因客观自然因素和恶劣的气候条件影响，高纬度的北部地区大量土地不适于农业生产，仅阿穆尔河（黑龙江）的南部地区，如阿穆尔州、滨海边疆区、哈巴罗夫斯克边疆区的自然条件和气候条件比较适宜开展农业活动。远东地区土地资源较为丰富，农用土地约为 660 万公顷，但可耕地少，仅占 48%，草场和牧场占 50% 以上，果园等占 2%。远东地区人均农业用地为 1.2 公顷。种植业主要集中在阿穆尔州、滨海边疆区、哈巴罗夫斯克边疆区，主要农作物为小麦、大麦、粮豆类、土豆和蔬菜等。该地区是全俄大豆主产区，占全俄大豆种植量的 90% 以上，占远东地区农作物种植面积的 50%。远东地区农产品自给率低，粮食只能保证需求量的 15%，马铃薯只能保证需求量的 92%，蔬菜只能保证需求量的 57%，肉只能保证需求量的 57%。

阿穆尔州是远东地区重要的农业生产区，对全俄和所在的远东地区农业生产产生较大的影响。阿穆尔州耕地面积近 180 万公顷，占远东地区总耕地面积的 60%，其中大豆播种面积占远东地区的 80%，占俄联邦大豆总播种面积的 70% 以上，粮食和大豆的年产量占远东地区的 2/3，牛奶和肉类占远东地区的 1/3。

第二节　人文与技术条件

俄罗斯西伯利亚地区和远东地区人文历史较为悠久，拥有多所俄罗斯国内外著名的大学、科研院所，培养了大量的各类人才，成为本地区、国家乃至世界经济社会发展的重要人才资源。

一　西伯利亚地区的人文与技术条件

西伯利亚和远东地区的边境区域人口居住数量，以及巩固该区域常住人口的稳定，对整个俄罗斯不仅具有重要的经济社会意义，而且具有重要的地缘政治意义。俄罗斯东部地区各联邦主体人口数量减少呈现明显的自西向东的向量：越是临近东部边境线的联邦主体，其人口数量减少得就越快。[①]

西伯利亚联邦区人口总趋势呈现下降的态势：2013 年约为 1928 万人，约占全俄人口 13.48%，其中俄罗斯人占 87.38%，布里雅特人占 2.13%，乌克兰人占 1.86%，德意志人占 1.54%，鞑靼人占 1.26%，图瓦人占 1.2%，还有哈萨克人、哈喀斯人、白俄罗斯人和阿尔泰人，所占的比例不到 1%。人口密度较低，为每平方公里 3.7 人。人口平均密度最低的区域是克拉斯诺亚尔斯克边疆区，为每平方公里 1.3 人；人口平均密度最高的是克麦罗沃州，为每平方公里 31.4 人。该地区人口主要沿南部铁路线分布。西伯利亚联邦区城市人口占很高的比例，主要集中在大城市和工业中心，如摩尔曼斯克、阿尔汉格尔斯克、切列波韦茨、彼得罗扎沃茨克、北德文斯克、瑟克特夫卡尔、沃洛格达等。西伯利亚主要城市有新西伯利亚市和克拉斯诺亚尔斯克等。

西伯利亚联邦区人口密度低、分布不均衡、劳动力资源短缺，社会领域发展落后使该联邦区移民问题突出，居民流动性高，生产活动复杂专业人才不足。尽管西伯利亚联邦区劳动力短缺，但有劳动能力的年轻人的比例较高这一因素仍有助于推动该地区经济社会的发展。不过，给劳动者提供了一定的优惠条件，也难以弥补居民生活所面临的艰苦的条件，因而劳动力外迁呈现居高不下的局面。这限制了劳动力密集型行业在当地的发展，同时迫切需要实行积极的劳动力储备政策，从根本上改善居民的生活条件。

[①]　В. В. Кулешов（В. В. 库列绍夫），*Сибирь в первые десятилетия XXI века.* Новосибирск Изд-во ИЭОПП СО РАН, с. 105 и 120, 2008 г.

西伯利亚地区拥有丰富的旅游休闲资源，自然风光如画，历史人文景观众多。该地区拥有景色宜人的贝加尔湖和捷列茨科耶湖、一望无际的原始森林、纵横交错的河流、阿尔泰边疆区以及外贝加尔边疆区的有益健康的矿物温泉和泥疗、种类繁多的动物及渔业资源和凉爽舒适的气候条件。旅游休闲业将成为该地区经济社会发展最重要的一个增长点。

西伯利亚地区科技和科学教育潜力是该地区长期稳定发展的重要因素。该地区有 100 多家研究所和研究中心，其中许多都是俄罗斯现代科学技术重要方向的领军单位。目前，这些科研机构有 300 多项科研项目，实际应用后能够使生产所需的材料和能源的消耗明显降低，极大地提高了社会劳动生产率。在巩固现有条件的情况下，教育综合体能够完全保障经济发展对专业干部的需求。

西伯利亚联邦区拥有 3 个国家科学院分院：俄罗斯科学院西伯利亚分院、俄罗斯医学科学院西伯利亚分院和俄罗斯农业科学院西伯利亚分院。这 3 家西伯利亚分院下设几百个科学研究组织和 7 个科学实验站。该联邦区拥有 7767 所普通教育机构（不包括夜校），其中 411 所小学教育机构，410 所中等教育机构（包括 33 所非国立的机构），116 所高等教育机构（不含分校，其中 33 所为非国立的机构）。新西伯利亚州高等院校数量最多，为 26 所，鄂木斯克州和伊尔库茨克州分别为 19 所和 15 所。该联邦区每万人初等教育学生数为 81 人（全俄为 64 人），中等教育学生数为 159 人（全俄为 138 人），高等教育学生数为 429 人（全俄为 454 人）。[①]

新西伯利亚州的首府新西伯利亚市是西伯利亚地区最大的城市，是俄罗斯仅次于莫斯科和圣彼得堡的第三大城市。该城市拥有几所俄罗斯综合实力较强的大学、博物馆和剧场，开设了许多工厂。这里有国家大剧院、红色火炬剧院、新西伯利亚国立歌剧舞剧院、音乐喜剧院、青年剧院、木偶剧院、新西伯利亚州话剧院，其中新西伯利亚国立歌剧舞剧院是该市最漂亮的建筑之一。此外该地区还拥有地方志博物馆、美术博物馆、西伯利

---

① Сибирский федеральный округ, расположение на карте, состав, столица, население и официальный сайт. http://fb.ru/article/146625/sibirskiy-sayt.

亚民族历史文化博物馆、地质与动物学博物馆等著名博物馆。西伯利亚美术博物馆藏有许多珍贵的绘画和雕塑作品。

新西伯利亚市人口为 154 万，拥有约 100 个各类研究所、20 所高校、数万名科研人员。1957 年，俄罗斯科学院西伯利亚分院在新西伯利亚市成立，这标志着该市开始成为俄罗斯西伯利亚地区的科研教育中心。由科学院建立的著名科学城在新西伯利亚以南 30 公里处，居住着 6500 名科研人员及其家人。新西伯利亚市的科学城是实力雄厚的著名科学基地，在数学、物理、化学、生物等基础学科领域以及核技术、能源综合利用、环境保护等应用领域均取得了大量达到世界水平的科研成果，涌现出像拉夫连季耶夫、坎托罗维奇和杜比宁等一批享誉世界的科学家。从 20 世纪 30 年代起，新西伯利亚市成为西伯利亚地区的中心和乌拉尔山脉以东最大的综合性工业城市。

在巩固新西伯利亚、克拉斯诺亚尔斯克、托木斯克、伊尔库茨克和乌兰乌德现有科学中心的同时，西伯利亚联邦区拟建立和进一步发展若干个新的科学教育中心，如国家研究类大学（设在伊尔库茨克、克麦罗沃、克拉斯诺亚尔斯克、新西伯利亚和托木斯克等城市）、技术应用型经济特区（托木斯克）、国家矿山采掘业中心（克麦罗沃）、国家矿山和冶金业中心（新库兹涅茨克）、地区工业园（鄂木斯克）、地区创新技术园网（伊尔库茨克、克麦罗沃、新西伯利亚）、科学城（比斯克、科利佐沃）和西伯利亚农业技术园中心，这些科研场所都是西伯利亚新的创新体系中基本的环节。

目前西伯利亚地区经济部门的创新进程比全俄节奏慢得多，其原因在于创新基础设施发展缓慢、国有企业在拨款急剧缩减的情况下对创新产品需求减少。

至 2020 年，西伯利亚创新体系将得到快速发展，成为生产、知识技术转化、法律、金融和社会制度的综合平台，从而确保经济与生活领域的教育、科学、企业和非商务组织之间的协作。

二　远东地区的人文与技术条件

远东地区面积为 616.9329 万平方公里，占全俄面积的 36.08%，人口

621.1021 万（2015 年年初），人口密度为 1.01 人/平方公里（2015 年年初）。该地区城镇化程度很高，有 75.43% 的人口居住在城镇。该地区主要民族有（2010 年的数据，当时远东地区人口为 629.3129 万）：俄罗斯人（78.88%）、雅库特人（7.47%）、乌克兰人（2.46%）、朝鲜人（0.91%）、鞑靼人（0.46%）、埃文基人（0.43%）、白俄罗斯人（0.39%）、埃文人（0.35%）、乌兹别克人（0.31）、亚美尼亚人（0.30%）、楚科奇人（0.24%）、那乃人（即中国的赫哲族，0.19%）、吉尔吉斯人（0.15%）、中国人（0.14%）、德国人（0.13%）、塔吉克人（0.13%）、科里亚克人（0.12%）、楚瓦什人（0.12%）、巴什基尔人（0.11%）、摩尔多瓦人（0.11%）、哈萨克人（0.07%）、犹太人（0.07%）、尼夫赫人（0.07%）、伊捷尔缅人（0.05%）、马里人（0.04%）、乌尔奇人（0.04%）和不属于任何民族的人（4.69%）。①

　　俄罗斯远东地区的科技力量主要由俄罗斯科学院远东分院的 34 个研究所及少数几所大学组成。远东分院下属 6 个地区科学中心，包括滨海边疆区科学中心、哈巴罗夫斯克科学中心、阿穆尔科学中心、萨哈林科学中心、堪察加科学中心和东北科学中心。这 34 个研究所科研人员总数为 6828 人，其中 367 名教授（包括 43 位院士和通讯院士）、1176 名博士和副博士。此外，远东分院还设有中心实验室、出版社和海洋考察船队等辅助科研机构。远东分院的学科领域涵盖了地球物理、地质学、海洋学、生物学、物理学、化学、地理及人文社会等学科领域。该院在水文物理、海洋及大气光学、航空航天、海洋机器人、信息和纳米技术等新的研究领域上取得了长足发展。在机器人系统构建、生物技术、放射性废弃物再加工、自然灾害预警、地质构造学、微生物学、生物多样性和生态学等科研领域取得诸多科研成果。

　　远东地区的主要城市有符拉迪沃斯托克、哈巴罗夫斯克、布拉戈维申斯克等。符拉迪沃斯托克是俄罗斯远东地区第一大城市，有 250 多个历史纪念碑和历史遗址，主要有列宁塑像纪念碑、远东苏维埃政权战士纪念碑、

---

① Дальневосточный федеральный округ. https://ru.wikipedia.org/wiki/Дальневосточный_федеральный_округ.

阿尔谢涅夫博物馆、红旗舰队战斗光荣纪念广场。远东联邦大学于 2011 年由远东国立大学、远东技术大学和太平洋经济大学合并而成，是符拉迪沃斯托克市，乃至远东地区最好的大学，也是俄罗斯远东地区最大、最具创新性、国际知名的高等学府。在校全日制本科学生超过 2.5 万人，研究生和博士后为 1000 多人。该校拥有土地规划与地籍图、采矿业、石油天然气业、热力工程学与热工学、电力工程学与电工学、核电和热物理、机械工程学、应用力学、造船学、海洋工程和海洋基础设施的系统工程、创新理论学、医学生物化学、制药学、应用信息学与技术、哲学、宗教学、冲突管理学、社会学、信息安全、国际关系学、国外区域学、经济学、管理科学、法学等 93 个学科。据预测，到 2019 年远东联邦大学将有 4.5 万名在校学生，其中 1/4 为外国留学生。目前，这所大学已与中国北京市、黑龙江省和辽宁省等地多所高校签署了合作办学协议，积极开展国际学术交流。

哈巴罗夫斯克是远东地区第二大城市，人口为 80 万左右，也是远东地区最高行政机关和边疆区首府所在地，也是远东地区政治、经济、文化中心和交通枢纽。该市是远东地区科学文化的重要中心，拥有铁道工程学院、农学院、医学院等高等院校及一些科研机构。

布拉戈维申斯克不仅设有俄罗斯科学院远东分院阿穆尔综合科学研究院、俄罗斯科学院主要天文学观测站的宽敞的实验室以及金矿勘测实验室，还有大学、中专、技术学院等学校和跑马场、博物馆、俱乐部、电影院、州音乐厅、剧院等教育文化场所。创建于 1955 年的阿穆尔共青城国立技术大学是俄罗斯远东地区最大的科研中心之一，定向为企业（当地的大型企业有：共青城飞机制造厂、阿穆尔斯克造船厂、阿穆尔钢厂、共青城石油加工厂以及木材加工厂、家具厂、建材厂等）培养人才。该校拥有 500 多名教师，其中院士 20 名、博士 42 名、副博士 223 名，在校生多达 1.1 万人。该校主要专业包括：航空运载火箭制造、船舶制造、飞机制造、飞机材料学与新材料工艺等。

俄罗斯中央政府重视包括远东联邦区在内的东部地区经济社会的发展，陆续出台了相关优惠政策：《1996～2005 年远东和外贝加尔地区经济社会发展联邦专项纲要》（1996 年）、《1996～2005 年及至 2010 年前远东和外贝加

尔地区经济社会发展联邦专项纲要》（2002 年）、《2013 年前远东和外贝加
尔地区经济社会发展联邦专项纲要》（2007 年）、《2025 年前远东和外贝加
尔地区经济社会发展联邦专项纲要》（2009 年）、《中华人民共和国东北地
区与俄罗斯联邦远东及东西伯利亚地区合作规划纲要（2009 ~ 2018 年）》
（2009 年）、设立远东发展部（2012 年）、《远东和贝加尔地区经济社会发展
国家纲要》（2013 年）、建立 14 个超前发展区（2014 年），等等。这些政策
为加快远东联邦区基础设施建设、改善居民生活、与亚太地区实现经济一
体化具有重要的推动作用。

　　为了充实俄罗斯东部地区的科研力量，2013 年 9 月 18 日，俄罗斯政府
颁布的法令草案规定，自愿前往远东地区和西伯利亚地区工作的高技能专
家可以在落实《居民就业领域新措施联邦计划》框架内获得一次性 80 万卢
布（当时约合 15 万元人民币）。俄罗斯将从 2014 ~ 2016 年预算中向各地区
拨款 1300 多亿卢布落实该计划，旨在安置无工作经验的年轻专家、年龄不
超过 35 岁的高技能人才和残疾人就业。

第三节　交通运输条件

　　进入 21 世纪以来，亚太地区经济发展迅速，成为世界经济发展的中心，
俄罗斯希望通过远东地区实现与亚太地区的经济一体化。"由于亚太地区国
家经济的迅猛发展，迫使我们今天以新的视角来审视远东地区在俄罗斯政
治、经济和社会发展方面所处的位置和所发挥的作用。"[1] 俄罗斯借助西伯
利亚大铁路、北方海上运输航线等因素使西伯利亚和远东地区与亚太地区
的国家联系起来。

　　目前，在俄罗斯的运输量中，公路运输量占 72.5%，铁路运输量占
23.2%。在客运总量中，公路运输占 55.7%。俄罗斯的运输费用在国产产
品成本中的比例为 15% ~ 20%，而发达国家仅占 7% ~ 8%。不过，这与俄

---

[1]　Виктор Ишаев（维克多·伊沙耶夫），Развитие транспортной инфраструктуры на Дальнем
Востоке и ее роль в интеграции со странами АТР. http://www. parldv. ru/index. php? mod = art_
show&id_ art = 1158.

罗斯的国内运输距离较长也有一定关系。有关专家估计，因运费较高，每年俄罗斯商品流通环节的损失占国内生产总值的 2% ~ 3%，即 3000 亿 ~ 4000 亿卢布。另外，俄罗斯的公路运输安全问题较为突出，事故率是发达国家的2 ~ 3倍。除人为因素外，公路质量是一个不容忽视的重要原因。

一 西伯利亚地区的交通运输条件

西伯利亚地区是西欧、北美和东亚国家之间的天然运输桥梁。首先，西伯利亚地区是陆路桥梁，西伯利亚大铁路是这一桥梁的骨干，在北部俄罗斯—欧亚铁路干线建成后其跨境作用将明显提升。北部俄罗斯—欧亚铁路干线将成为贝阿干线的延伸，这样贝阿干线可以借助北西伯利亚铁路通往俄罗斯欧洲部分，借助白海—科米—乌拉尔铁路或巴伦支海—科米—乌拉尔铁路抵达俄罗斯北方港口。

中国倡导的通过中亚地区的丝绸之路经济带将不仅保持，而且会提高西伯利亚的陆路跨境运输能力。未来俄罗斯有可能修筑通过白令海峡的铁路，为欧亚大陆与北美建立运输贸易关系创造前所未有的机遇，这将极大地提升西伯利亚地区作为国际跨境区域的意义。在应有的基础设施完善后，北方水路可能对印度洋，尤其是北美和日本的海上运输构成一定竞争。从经济角度来看，亚洲—北美的西伯利亚跨境航空运输线是不二的选择。

(一) 西伯利亚地区的交通运输状况

西伯利亚地区的公路运输不发达，分布面较狭窄，季节和气候变化对公路路况影响很大。

铁路是该地区主要交通运输方式，承担着80%以上的货运量。水路与公路和铁路连通，再加上空运，构成了立体交通网络，成为西伯利亚地区经济社会发展的重要条件。

1. 公路

全俄的公路网，包括俄罗斯东部地区的公路网，均不够发达，质量有待提高。这里80%的联邦级公路干线的路面状况不能令人满意，不符合硬度、载荷及车辆通行频率的要求。

西伯利亚地区88%的公路都有硬路面。99.8%的联邦级公路路面很好，而地方公路只有87%的路面很好，当然受地域环境和自然气候的影响路面会有不同程度的改变。一般来说，俄罗斯欧洲部分城市之间的距离越短、气候越温和，公路的养护成本就越低。西伯利亚地区属强烈的大陆性气候，年平均气温在零下9℃，铺设公路的成本较高，例如，在鄂木斯克州修公路，需要从库兹巴斯运进碎石子。此外，由于地理位置、经济发展水平、当地生产特点和战略任务各不相同，每个地方的运输发展都有自己的优先方向。

西伯利亚联邦区的公路87%为硬路面，其余为土路。只有22%的公路里程符合标准要求，约20%的公路有硬路面，但是不符合相应的规范要求。42.7%的公路路面完整，12.5%的公路不能常年通行，由此导致20%的居民点无法正常与外界保持运输畅通。公路网上有9070座桥梁，其中30.5%为木制的。

西伯利亚地区气候条件复杂、人口密度低、缺乏发达的公路网络等因素影响了当地经济社会的健康发展。相对于居民人数，西伯利亚地区硬面公路为7.3公里/千人，全俄为5.3公里/千人，芬兰为10公里/千人，美国为13公里/千人，法国为15.1公里/千人。西伯利亚联邦区的骨干公路网由12条联邦级公路和一系列地方公路构成。[1] 今后的任务是改造伊尔库茨克州境内的"贝加尔"高速公路的碎石路段（130公里），建设克拉斯诺亚尔斯克、泰舍特、伊尔库茨克、鄂木斯克、克麦罗沃、新西伯利亚市的环城公路，架设克拉斯诺亚尔斯克的叶尼塞河大桥、伊尔库茨克的安加拉河大桥，并对个别不符合载荷及行驶安全的路段进行修复。

"贝加尔"公路干线跨联邦区运输走廊需要进一步完善，M-51、M-53、M-55公路不符合国际标准。西伯利亚联邦区尚未形成联邦公路网，其境内的联邦级公路仅占全俄公路网的8%，保障区域间联系的高速公路不足。该联邦区北部几乎没有可全年通行的公路，只有所谓的"冬季道路"。

2. 铁路

铁路是俄罗斯西伯利亚地区主要的交通运输方式，铁路运输占西伯利

---

[1] Ольга Шадрина（奥莉佳·沙德里娜），*Сибирские дороги. Эксперт Сибирь. №11. 2004 г.*

亚货运总量的80%以上。西伯利亚大铁路、贝加尔湖—阿穆尔河铁路横贯东西，是西伯利亚的运输大动脉。著名的西伯利亚大铁路全长7416公里，跨越8个时区，是世界上最长的一条电气化铁路。西伯利亚铁路全线铺设了复线，部分区段还实现了三线化。但各区段运输能力不平衡，西线年货物运输量可达1亿吨以上，东线则只有2500万~4000万吨。

西伯利亚联邦区的铁路由东西伯利亚铁路、外贝加尔铁路和西西伯利亚铁路3段构成。东西伯利亚铁路主要穿越伊尔库茨克州、赤塔州、布里亚特共和国和萨哈（雅库特）共和国，全长3848公里；外贝加尔铁路穿越俄罗斯东南部的外贝加尔边疆区和阿穆尔州，与中俄边界线平行，铁路线上拥有俄罗斯唯一的一个陆路边境铁路口岸外贝加尔斯克，全长3370公里；西西伯利亚铁路穿越鄂木斯克州、新西伯利亚州、克麦罗沃州、托木斯克州、阿尔泰边疆区和哈萨克斯坦的一部分，全长5602公里。该联邦区尚未形成将各联邦主体和地区联系起来的硬路面骨干公路网，70%的居民点之间靠的是乡间土路往来。

3. 水路

西伯利亚地区河流众多、水量充沛，鄂毕河、叶尼塞河、勒拿河等水系的运输河道长达近10万公里。许多河流还同铁路、公路相连，构成水陆联运网。鄂毕河是西西伯利亚地区最大的河运干线，通航距离可达3650公里。鄂毕河及其主要支流额尔齐斯河连接新西伯利亚、巴尔瑙尔、苏尔古特、乌瓦尔托夫斯克、莫戈钦、克拉斯内亚尔、鄂木斯克以及秋明、库尔干等经济中心城市和工业基地，并与西西伯利亚大铁路、南西伯利亚铁路、中西伯利亚铁路等相连，运输地位极其重要。叶尼塞河长3487公里，是东西伯利亚地区的主要河运干线，连接克拉斯诺亚尔斯克工业枢纽、列索西比尔斯克森林工业综合体、伊尔库茨克工业枢纽、诺里尔斯克矿山冶金联合企业等工业基地。勒拿河是东北水运区的河运干线，通航距离4125公里，主要运输建筑材料、石油、煤炭、木材等。

由于西伯利亚地区地形复杂、气候条件恶劣，地面运输受到制约，加之运输周期长、速度慢、易造成货损，从而使空运也成为西伯利亚地区的重要运输方式。西伯利亚的大、中型经济中心和重要的工矿区均通飞机，伊尔库茨克建有国际机场。

（二）西伯利亚地区交通运输的现代化改造

1. 公路

西伯利亚地区需要对主要联邦级公路进行改造，建设秋明州的主干公路及公路网。由于跨欧亚的西伯利亚大铁路和北方海路通过西伯利亚地区，这样就需要对该地区的整体运输网络及其发展前景进行评估。在西伯利亚联邦区的南部，需要对"贝加尔"、"叶尼塞"、赤塔—外贝加尔斯克—国家边境、秋明—雅鲁托罗夫斯克—伊什姆—鄂木斯克等联邦级公路进行改造。需要建设新西伯利亚、鄂木斯克、克拉斯诺亚尔斯克、伊尔库茨克、托木斯克等各大城市的过境运输公路干线。另外，西伯利亚公路上的桥梁中有1/3是木制的，这些木制桥梁将来需要进行改造和完善。

俄罗斯计划到 2025 年建设 20 多条收费公路。首先，推进实施不需要大量投资的 5 年短期项目。其次，在 2015 年前，建设收费公路、桥梁和涵洞，资金回收期为 30 年。如果 2025 年前俄联邦运输系统现代化改造规划能够得以落实，那么届时公路数量将增加 0.5 倍，公路里程将由现在的 9 万公里增长到 15 万公里，平均速度将提高 20%，运输费用将减少 20% ~ 40%，事故将下降 50% 倍，汽车运输量将增加 2 ~ 3 倍。[①]

2. 铁路

《2020 年前西伯利亚地区经济社会发展战略》规定，要通过对西伯利亚大铁路进行现代化改造和建立国际物流中心，将其变成国际运输走廊。与公路干线和空中走廊一起构成统一的南部国际运输走廊，与朝鲜半岛铁路连接，进一步增加集装箱运输量。这一项目将加快货物运输过程并增强西伯利亚大铁路在国际货运市场的竞争能力。从符拉迪沃斯托克到布列斯特的货物运输时间不超过 10 昼夜，年货运能力将提高到 1.2 亿 ~ 1.3 亿吨。[②]

修筑北方俄罗斯欧亚铁路干线项目，不仅能够为开发俄罗斯欧洲和亚洲部分的北部地区丰富的自然资源创造基础设施前提条件，近而提高国家

---

① Ольга Шадрина，Сибирские дороги. Эксперт Сибирь. №11. 2004 г.

② Стратегия социально-экономического развития Сибири до 2020 года. http://www. sibfo. ru/ strategia/ strdoc. php#strategia.

运输和原材料安全，而且能够确保西伯利亚大铁路运输出口货物。北方俄罗斯欧亚铁路干线将包括贝阿干线、北方西伯利亚铁路干线和设计中的瓦尼诺—因迪加铁路。

建设"北极"第三条运输干线。首段为诺里尔斯克—伊加尔卡—乌连戈伊—萨列哈尔德，并延伸至鄂毕河和拉贝特南吉市。待"北极"运输干线建成后，西伯利亚地区的有色冶金和木材加工企业能够直接通过铁路将产品送达国际需求中心。

建立有效的铁路物流体系。不断完善鄂木斯克、新西伯利亚、新库兹涅茨克、克拉斯诺亚尔斯克、伊尔库茨克、贝加尔斯克和乌兰乌德等城市的物流基础设施，不仅能够为国内消费者提供货运服务，而且能够按照国际标准保质保量地运输进出口货物。

上述纵横交错的铁路和公路干线将构成西伯利亚联邦区的骨干运输网络，再加上河运系统（鄂毕河—额尔齐斯河和勒拿河—雅库特河河运干线，以及叶尼塞河—北海航线），能够增强西伯利亚地区企业 21 世纪前 50 年在亚太地区国家市场的竞争力。

计划修筑经过萨哈林和鞑靼海峡海底隧道和宗谷海峡连接日本的铁路、共青城—拉扎列沃的铁路、对瓦尼诺—霍尔姆斯克铁路的现代化改造、连通与日本的铁路、修筑连接西伯利亚与亚太地区的海底隧道或白令海峡铁路桥的洲际铁路。另外，建设鄂毕河大桥、哈巴罗夫斯克阿穆尔大桥。①

俄罗斯铁路股份公司总裁弗拉基米尔·亚库宁在伊尔库茨克进行的第五届贝加尔经济论坛上透露，2030 年前俄罗斯对西伯利亚和远东地区铁路的发展投资额将达到 2.8396 万亿卢布，计划投入发展西伯利亚铁路的资金为 1.2467 万亿卢布，其中 5801 亿卢布用于对现有铁路的改造，6666 亿卢布用于建设新的铁路。亚库宁指出，"计划并建设新西伯利亚与鄂木斯克、托木斯克、克麦罗沃、巴尔瑙尔、新库兹涅茨之间城际远途快速客运交通"。他表示，西伯利亚地区一个最重要的项目是建设北西伯利亚铁路以发展和服务

---

① Е. В. Басин（Е. В. 巴欣），Развитие транспортной инфраструктуры Сибири и Дальнего Востока. http://www. budgetrf. ru/Publications/Magazines/VestnikSF/2001/vestniksf136-05/ve-stniksf136-05050. htm.

安加拉河沿岸工业区，铁路运营后将缓解西伯利亚大铁路的压力。[1]

3. 水路

在对北方海路进行现代化改造的基础上，发展北极运输走廊，在该投资项目框架内恢复和完善现有关键港口：迪克森、哈坦加、提克西和佩韦克。如有必要的话，建立新的海洋运输终端，完善和加强破冰船队。北方海路分为两个优化阶段：2010～2015 年对西段进行完善，2016～2020 年对东段进行改造。

2010～2020 年形成和发展"叶尼塞河—北方海路"：克拉斯诺亚尔斯克、列索西比尔斯克、伊加尔卡、杜金卡和迪克森。为使西伯利亚地区的产品通过北方海路走向世界市场，有必要恢复叶尼塞河的运输（达 300 万吨）。

4. 航空

组织穿越北极的空中走廊"北美—北极—亚洲"。为此，2010～2020 年需要在西伯利亚边境地区建设两条航线：第一条为迪克森—诺里尔斯克—图鲁汉斯克—叶尼塞斯克—克麦罗沃，第二条为哈坦加—图拉—克日马—布拉茨克—伊尔库茨克—乌兰乌德。到 2020 年北极航线的航班次数达到每年 2500～3000 次。

二　远东地区的交通运输条件

远东联邦区位于北部欧亚大陆桥的最东端，西连欧洲，东接亚太，公路、铁路、航空、水路、管道等交通运输基础设施较好，可谓四通八达，物流通道较为连通快捷。但是，远东联邦区地域辽阔，远离俄罗斯的欧洲发达地区，其经济开发和居民分布不均衡，交通运输系统将这一地区内部各联邦主体之间以及与俄罗斯其他地区之间联系起来，是远东地区融入俄罗斯统一经济空间、"确保领土完整和国家统一"[2] 的必要硬件条件和连通

---

[1]　РЖД модернизирует железные дороги Сибири и Дальнего Востока. http://top. rbc. ru/economics/09/09/2008/239757. shtml.

[2]　Виктор Ишаев. Развитие транспортной инфраструктуры на Дальнем Востоке и ее роль в интеграции со странами АТР. http://www. parldv. ru/index. php? mod = art_show&id_art = 1158.

纽带。为此，俄罗斯政府着手落实有关远东地区运输系统发展规划和战略，并采取有效措施对远东地区交通运输系统进行现代化改造。这为包括中国在内的世界各国带来了与其开展包括物流在内的各领域合作的新机遇。我国有关企业应抓住机遇，拓展与俄罗斯在这一领域的合作空间。

适逢中国倡导的陆上丝绸之路经济带扩围，黑龙江省提出构建东部陆海丝绸之路经济带，主要是打造以绥芬河—满洲里—俄罗斯—欧洲铁路和绥芬河—俄罗斯远东港口陆海联运为主的战略通道，对接俄罗斯欧亚铁路，从而发挥其最大运能。这不仅能够运输黑龙江省和东北地区其他省份的货物，而且可以运输俄罗斯和中国京津冀、长三角和珠三角等南方地区之间的货物。经过中俄双方东部陆海丝绸之路经济带建设方面的合作，远东联邦区的物流通道作用会明显提升。

运输在远东和贝加尔地区经济社会发展中发挥着独特的作用。运输在远东地区的地区生产总值中的比重为11%（全俄平均为7%），其中滨海边疆区、哈巴罗夫斯克边疆区和阿穆尔州则占14%以上，贝加尔地区约占20%。滨海边疆区和堪察加边疆区有约25%有劳动能力的居民在运输领域就业。①

在远东和贝加尔地区的运输系统中各种运输形式相互作用。铁路运输是基本的运输方式，能够保障区域间货物流通，该地区82%以上的货物流转额和将近40%的国内客流是由铁路运送的。汽车运输在该地区的货物运输量方面占据主导地位，达50%以上，能够优先确保本地区和跨区域3000公里范围内的货物运输，以及俄罗斯边境各联邦主体与邻国的国际运输业务。铁路和海洋运输在货物运输总量中分别占24%和21%。在国际货运中海洋运输发挥着基本作用。

远东和贝加尔地区运输综合体在俄罗斯联邦对外贸易中发挥着举足轻重的作用。例如，2007年俄罗斯联邦11%的对外贸易货物是经过该地区边

---

① Стратегия социально-экономического развития Дальнего Востока и Байкальского региона на период до 2025 года. Утверждена распоряжением Правительства Российской Федерации от 28 декабря 2009 г. N 2094-р . http://www. consultant. ru/document/cons_doc_LAW_96571/? frame = 8.

境口岸向外运输的，2005~2007年达到20%。铁路与水上运输量增长速度最快，约20%，海洋运输增长18%，汽车运输增长13%。出口货物运输量占总货运量的将近90%。将近2/3的对外贸易货物是由海运承担的。

全俄对外贸易活动的参与者都在使用运输系统，其中西伯利亚联邦区和远东联邦区的对外贸易货运量分别占37%和84%。主要出口货物依然是木材、煤炭、石油及其产品、黑色金属和化肥。2005~2008年石油运输量增加了2倍多，加工木材增加了28%，化肥增加了18%，煤炭增加了16%，石油产品增加了11%，黑色金属增加了37%。主要进口货物包括粮食、机器设备、石油技术设备、矿石、黑色金属、石油产品和日用品。

在俄罗斯与亚太地区国家的对外贸易货物运输方面，远东和贝加尔地区发挥着关键性作用，如与日本98%的贸易货物运输、与朝鲜和韩国97%的贸易货物运输、与澳大利亚84%的贸易货物运输、与中国77%的贸易货物运输都是由该地区运输综合体承担的。

该地区由于在跨境运输方面的发展受到诸如运输服务质量低下和难以接受的高昂运费等因素制约，与亚太地区和欧洲国家跨境运输的巨大潜力远未发挥出来。例如，2005~2007年该地区的跨境货物运输量几乎减少了一半，在俄罗斯总跨境货物运输量中的比例从8.5%降至3%。同期，远东地区港口与芬兰之间的跨境货物运输量缩减了95%，与白俄罗斯的跨境货物运输量减少了76%，与哈萨克斯坦的跨境货物运输量减少了42%，与中国的跨境货物运输量减少了71%。在欧洲国家与亚太地区国家之间的集装箱运输量下降，其中与中国下降83%，与韩国下降97%，与日本下降95%。外高加索国家与远东港口之间的跨境运输量增长了63%，白俄罗斯与外贝加尔边疆区口岸之间的跨境运输量增长了33%，乌克兰与外贝加尔边疆区口岸之间的跨境运输量增长了28%。

长期以来，远东地区的海洋运输肩负着俄罗斯大量的货物运输量和旅客运输量，主要港口有符拉迪沃斯托克、纳霍德卡、东方港、瓦尼诺和波西耶特等。自2009年以来，该地区海洋运输业的货物运输量增加了一倍，是目前发展速度最快的领域，成为外国投资者对该地区未来发展的投资热点。这里的东方港是俄罗斯与西方跨国运输走廊的终点，承担着俄罗斯大部分对外贸易货物运输和近海运输业务，发挥着重要的对外贸易功能。该地区的著名港口通过铁路和管道与俄罗斯的运输系统连接起来，其吞吐量占远东联邦区海洋运输货物周转量的 70% 以上。

（一）远东地区运输系统的状况

与俄罗斯其他地区相比，远东地区的运输部门基础设施薄弱，已经成为制约其经济社会发展的因素。硬路面公路密度比俄罗斯平均低 85%，铁路密度低 72%。楚科奇自治区、堪察加边疆区和马加丹州至今没有铁路。同时，作为远东地区运输大动脉的西伯利亚大铁路和贝阿干线，尤其是通往港口、大型工业地区和新矿区的路段已处于运输负荷临界状态。

1. 公路

从远东地区公路现状来看，俄罗斯远东地区的公路状况非常差，基础设施薄弱，而且呈线状分布，主要集中在远东地区的南部。该地区的公路体系主要包括"赤塔—哈巴罗夫斯克""阿穆尔"M - 58 号公路、"哈巴罗夫斯克—符拉迪沃斯托克""乌苏里"M - 60 号公路和"科雷马"M - 56 号公路。"赤塔—哈巴罗夫斯克""阿穆尔"M - 58 号公路将滨海边疆区、犹太自治州和阿穆尔州联系起来，"哈巴罗夫斯克—符拉迪沃斯托克""乌苏里"M - 60 号公路将阿穆尔州、萨哈（雅库特）共和国和马加丹州联系起来，"科雷马"M - 56 号公路主要是滨海边疆区内的公路，与"赤塔—哈巴罗夫斯克""阿穆尔"M - 58 号公路对接贯通。俄罗斯远东地区的其他联邦主体尚无公路。[1]

1990 年，远东地区公路密度为 4.1 公里/平方公里，2000 年增长到 5.5 公里/平方公里。到 2003 年年底，远东地区公路总长度达到 7.5961 万公里。1990~2000 年，俄罗斯远东公路货运量减少 77.3%。2001 年后，远东地区公路货运量增长，如 2001 年滨海边疆区货运量为 6430 万吨，比 2000 年增长 17%，2002 年为 7620 万吨，同比增长 13%。[2]

---

[1] Дороги Дальнего Востока. http://www.atroad.ru/roads/fareast/.

[2] 马蔚云：《俄罗斯远东公路运输业现状与发展趋势》，《俄罗斯中亚东欧市场》2005 年第 2 期。

2. 铁路

从铁路发展现状来看，俄罗斯远东地区铁路运营总里程仅占全俄的13.8%，每1万平方公里的铁路密度比全俄低72%。西伯利亚大铁路和贝阿铁路干线是远东地区的基础运输设施。目前，西伯利亚大铁路承担着俄罗斯出口和跨境运输的主要任务，其货运能力达每年1亿吨。[①] 贝阿铁路全长4275公里，年货运能力可达7000万~7500万吨，是连接西伯利亚与远东地区的铁路干线。

2011年，远东铁路的国际货运量为630万吨，同比下降8.9%。经格罗杰科沃（俄）—绥芬河（中）边境铁路通道，自俄罗斯向中国运输的货物为597.75万吨，同比下降12.2%，即75.32万吨。从中国运往俄罗斯的货物约36万吨，同比增长60%，即13.5万吨。在俄罗斯对中国出口的货物总量中，木材的比重高达64.3%，金属矿石的比重为26.6%，化肥的比重占7.7%，其他货物占1.4%。在俄罗斯从中国进口的货物总量中，建材的比重占到74.3%，粮食占到6.4%，机械设备占4.5%，化工产品占2.4%，食品占2.7%，黑色金属占到3.1%，其他货物的比重占6.6%。[②]

2013年，远东地区铁路货运量为4900万吨，同比减少3.1%。煤炭运输量为1850万吨，减少3.5%。石油产品运输量为1080万吨，减少0.9%。木材运输量为380万吨，减少5.3%。2015年2月上旬与2014年同期相比，格罗杰科沃（俄）—绥芬河（中）段铁路货运出口量增长了36.2%，卡梅绍娃亚（俄）—珲春（中）段增长14.2%，哈桑（俄）—图们江（朝）段则激增125倍。

2011年远东地区铁路的集装箱运输量为23.28万标准箱，同比增长21%。集装箱货物运输总量为396万吨，同比增长25.4%，平均每昼夜运输1.09万吨，每个集装箱运货超过1.7吨。2012年为37.8万标准箱。2013年为511.3万多吨，比2012年增长13%。1~12月，每天平均集装箱货物

---

① Виктор Ишаев. Развитие транспортной инфраструктуры на Дальнем Востоке и ее роль в интеграции со странами АТР. http://www.parldv.ru/index.php? mod = art_show&id_art =1158.

② 《俄罗斯远东铁路国际货运量缩减》，http://www.cclcn.com/ ecomnews/459/2012/2012 21022.shtml。

运输量为 1.4 万吨，同比增长 13%。每个集装箱的平均货物重量为 1.76 吨，比 2012 年增长 2%。2014 年，俄罗斯集装箱运输开放型股份公司通过远东地区铁路运送集装箱 46.7 万标准箱，与 2013 年（44.5 万标准箱）基本相同。2014 年远东地区铁路系统集装箱运输货物 544 万吨，比 2013 年增加 6%。1~12 月，每天平均运输 1.49 万吨，同比增长 6%。每个集装箱的平均货物重量为 1.79 万吨，同比增长 2%。[①]

3. 水路

从远东地区港口现状来看，俄罗斯远东地区港口状况较好，共有 9 个港口：滨海边疆区的东方港、纳霍德卡港、符拉迪沃斯托克港、波谢特港、扎鲁比诺港、哈巴罗夫斯克边疆区的瓦尼诺港、堪察加边疆区的彼得罗巴甫洛夫斯克港、萨哈林州的科尔萨科夫港和霍尔姆斯克港。东方港是俄罗斯远东地区最大、最深的港口，也是西伯利亚大铁路的终点站。按货运量，该港口居全俄第三位，仅次于新罗西斯克和圣彼得堡，装备了大功率装卸设备，有深水码头。主要用于俄罗斯出口货物及西欧至亚太地区的过境货物运输（详见表 1-2）。

表 1-2 俄罗斯远东地区主要海洋贸易港口

港口	位置	通航条件	泊位数	装运货物
符拉迪沃斯托克港	彼得大帝湾，穆拉维约夫—阿穆尔水道末端	全年	16	金属及其制品、木材、原料糖、粮食、集装箱货物、焦炭、矿石
纳霍德卡港	日本海，彼得大帝湾东北部	全年	23	木材、锯材、金属及其制品、化学品、棉花、粮食、纸浆、纸板、食品
东方港	日本海，彼得大帝湾东北部	全年	13	煤炭、水泥、木材、锯材、工艺木片、粮食、化肥、集装箱货物
扎鲁比诺港	日本海，彼得大帝湾特罗伊茨湾	全年	4	金属制品、原木和锯材、木片、鱼
波谢特港	日本海，彼得大帝湾南部	全年	3	木材、金属、水泥熟料

---

① Объем контейнерных перевозок на ДВЖД в 2014 году зырос на 5%. http://ria.ru/economy/ 20150113/1042318406.html.

续表

港口	位置	通航条件	泊位数	装运货物
马加丹港	鄂霍次克海西北岸，纳加耶夫湾	冬季需破冰船	7	煤炭、石油产品、设备、粮食
瓦尼诺港	鞑靼水道西海岸，瓦尼诺湾	冬季需破冰船	20	木材、矿石、煤炭、化肥、铝土矿石、集装箱货物、石油产品
霍尔姆斯克港	涅维尔斯科伊水道中部	全年	—	煤炭、鱼、木材、纸浆、造纸工业产品
科尔萨科夫港	拉别鲁兹水道北部，阿尼瓦湾	冬季需破冰船	8	鱼、木材、金属制品、石油产品、粮食
彼得罗巴甫洛夫斯克—堪察加港	堪察加水道东南端，阿瓦钦河口	全年	12	煤炭、石油产品、设备、粮食

资料来源：Главные морские торговые порты Дальнего Востока. http://www.feedcenter.org。

　　2009 年，远东地区港口的货运量为 9210 万吨，同比增长 14.6%，其中干货为 5840 万吨，同比增长 5.4%；散货为 3370 万吨，同比增长 35.1%。瓦尼诺港的货运量同比增长 13.9%，达 2350 万吨，纳霍德卡港的货运量同比增长 3.8%，达 1580 万吨，符拉迪沃斯托克港的货运量同比增长 4.7%，达 1560 万吨。只有东方港的货运量下降了 7.9%，为 1890 万吨。[①] 2010 年，远东地区港口的货运量为 1.1798 亿吨，同比增长 28.0%，其中干货为 6438 万吨，同比增长 10.2%，散货为 5360 万吨，同比增长 0.6 倍。瓦尼诺港的货运量同比增长 19.2%，达 1730 万吨，符拉迪沃斯托克港的货运量同比增长 12.8%，达 1118 万吨，波谢特港的货运量同比增长 2.9%，达 467 万吨，奥丽加港的货运量同比增长 24.1%，达 137 万吨，马加丹港的货运量同比增长 14.1%，达 113 万吨，东方港的货运量增长 0.9 倍，达 3568 万吨，萨哈林港的货运量同比增长 0.4 倍，达 2036 万吨。[②] 2011 年，远东地区港口的货运量为 1.253 亿吨，同比增长 6.7%，其中干货为 7090 万吨，同比增长 10.9%，散货为 5440 万吨，同比增长 1.6%。东方港的货运量增长 7.6%，

[①]　Грузооборот морских портов России за 2009 год. http://www.morport.com/rus/public/document1024.shtml.

[②]　Грузооборот морских портов России за 2010 год. http://www.morport.com/rus/public/document1142.shtml.

达 3840 万吨，瓦尼诺港的货运量同比增长 10.2%，达 1910 万吨，普里戈罗特诺耶港的货运量同比增长 1.4%，达 1630 万吨，符拉迪沃斯托克港的货运量同比增长 5.8%，达 1180 万吨，德卡斯特里港同比增长 9.3%，达 810 万吨，波谢特港的货运量同比增长 14.4%，达 530 万吨。只有纳霍德卡港的货运量下降了 2.5%，为 1500 万吨。①

2014 年，远东地区港口货运量为 1.625 亿吨，同比增长 12.3%，即比 2013 年增长 0.177 亿吨。远东地区港口货运量在全俄港口货运量中的比重从 2011 年的 23.4% 上升到 26.3%，这说明，俄罗斯与亚太地区国家的经济一体化的进程在加快。"欧洲—中国西部"运输走廊能够重现古丝绸之路的繁荣，总长度为 2300 公里，需要铺设莫斯科—圣彼得堡 M-11 号公路、莫斯科—下诺夫哥罗德—喀山高铁等基础设施。②

4. 管道

俄罗斯远东地区管道运输网建设初具规模。东西伯利亚—太平洋运输管道旨在将俄罗斯东西伯利亚的原油出口到亚太市场的管道系统。该管道是由俄罗斯石油管道运输公司建造和经营，西起东西伯利亚的泰舍特，东至俄罗斯太平洋沿岸的纳霍德卡港，全长 4000 多公里，设计年输油能力为 8000 万吨。一期工程全长 2694 公里，连接泰舍特与阿穆尔州的斯科沃罗季诺，从斯科沃罗季诺到中国大庆的支线已经投入使用，每年供油 1500 万吨。二期工程全长 2100 公里，从斯科沃罗季诺到纳霍德卡港。

俄罗斯国家东方天然气项目"萨哈林—哈巴罗夫斯克—符拉迪沃斯托克"天然气管道运输系统工程 2009 年开工建设，到 2010 年年末这条 1000 多公里的天然气管道运输系统已经完成 75%。该天然气运输管道设计总长度为 1350 公里，年天然气输送能力为 60 亿立方米。

敷设中俄东线天然气管道。2014 年 5 月 22 日，中俄两国政府签署《中俄东线天然气合作项目备忘录》，中国石油天然气集团公司和俄罗斯天然气工业股份公司签署《中俄东线供气购销合同》。合同约定，主供气源地为俄罗斯东

① Грузооборот морских портов России за 2011 г. http://www.morport.com/document1229.shtml.

② Грузообороту - устойчивый рост. http://www.transportrussia.ru/transpor-politika.html.

西伯利亚的伊尔库茨克州科维克塔气田和萨哈（雅库特）共和国的恰扬金气田。双方商定，从2018年起，俄罗斯开始通过中俄天然气管道东线（即"西伯利亚力量"天然气管道）向中国供气，输气量逐年增长，最终达到每年380亿立方米，累计30年，合同总值约4000亿美元。2014年11月10日，俄罗斯天然气工业股份公司和中国石油天然气集团公司签署了西线供气框架协议，俄罗斯计划每年向中国供应300亿立方米的天然气（详见图1-1）。

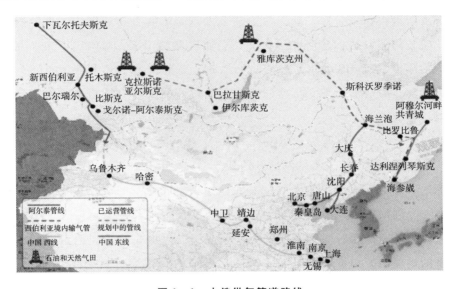

图1-1　中俄供气管道路线

注：虚线为俄罗斯境内输气管道。

（二）俄政府加大对远东地区运输系统的现代化改造

为确保远东地区经济处于全俄统一的经济空间内，俄罗斯政府非常重视远东地区运输基础设施的改造和建设，已经批准的《2025年前俄罗斯远东和外贝加尔地区经济社会发展战略》对远东地区运输基础设施的现代化改造和建设作出了规划，这为包括中国在内的世界各国提供了与其开展运输基础设施领域合作的新机遇，我国有关企业应抓住机遇，加强与俄方在这一领域的合作力度。

1. 对远东地区铁路的改造计划

在过去的100多年里，俄罗斯远东地区铁路只有约9000公里。每1万平方公里仅有 14 公里铁路，而全俄是 50 多公里。为了改变远东地区铁路的现状，2008 年 6 月 17 日，俄罗斯政府批准了《2030 年前俄罗斯联邦铁路运输发展战略》，其中对改善远东地区运输保障条件和推动其经济发展给予了特别关注。

西伯利亚大铁路在远东地区商品向俄国内市场和亚太地区市场运输、进出口货物跨境运输以及国际货物跨境运输（尤其是集装箱运输）等方面发挥着关键性作用。为了确保西伯利亚大铁路的客货运输能力，俄罗斯政府决定，将建设阿穆尔河（黑龙江）公路铁路两用桥，对哈巴罗夫斯克市附近的阿穆尔河（黑龙江）隧道进行改造，这将提高西伯利亚大铁路的集装箱和客运的运输能力。与此同时，还要对西伯利亚大铁路沿线的隧道和桥梁进行改造。

贝阿干线将获得改造。2010 年 3 月 23 日，俄联邦总统驻远东联邦区全权代表 B. И. 伊沙耶夫与俄罗斯铁路开放型股份公司总裁 B. И. 亚库宁进行会谈，研究了贝阿干线地区的发展问题，决定成立专门机构负责落实，将采取一系列措施，其中包括借助国家扶持的投资项目发展运输、能源和社会基础设施，从而对该铁路进行大规模改造，以提高其向瓦尼诺港和苏维埃港的运输能力和重型火车的通行能力，到 2015 年达到 8000 万 ~ 1 亿吨。

对萨哈林州的铁路进行现代化改造。俄罗斯有关方面正制订在萨哈林岛与大陆之间修建大桥的方案，计划敷设从阿穆尔共青城至大桥的长达 400 公里的新铁路支线。同时，完成跨勒拿河的公路铁路两用桥别尔卡基特—托莫特—雅库茨克铁路线及其他货运铁路线的建设，该铁路线建成后将极大地推动萨哈（雅库特）共和国的发展。

2030 年前，俄罗斯政府将对远东联邦区铁路运输项目和新铁路线投资 1.5929 万亿卢布，其中改造现有铁路投入 4397 亿卢布，建设新铁路投入 1.1532 万亿卢布[①]，至少建设 16017 公里新铁路线，最多建设 20730 公里，从而使该地区的铁路密度增加 84%。为了发展远东地区，该战略规定，对

---

① РЖД модернизирует железные дороги Сибири и Дальнего Востока. http://top. rbc. ru/economics/09/09/2008/239757. shtml.

远东地区的现有铁路设施进行彻底的现代化改造，大规模敷设新的铁路线，以此促进其经济发展，保障向这一地区提供必需的商品，开发丰富的自然资源和适合人居的地区，与萨哈林岛和该地区城市之间建立起稳定的运输联系。①

从《2030 年前俄罗斯联邦铁路运输发展战略》实际落实情况来看，相关工作正在有序推进，并取得了明显的成效。2011 年开通了外贝加尔边疆区东南部纳林—亚历山德罗夫工厂的新建铁路，2011 年 11 月开通了阿穆尔—雅库茨克的铁路干线，2012 年 1 月开通了乌拉克（贝阿铁路）—埃里加（雅库特东南部煤矿）的新建铁路，2012 年 6 月开始铺设库拉基诺（克拉斯诺亚尔斯克边疆区南部）—基季尔（图瓦）的铁路。

2. 对远东地区公路的改造计划

公路网将远东地区各联邦主体的经济社会中心连接起来，保证了该地区与海港及毗邻国家的运输联系。地方公路网的发展将有利于整个地区骨干公路网的形成，从而确保农村居民点和小城市运输的通畅和生活质量的提高。

为使远东地区公路与全俄公路网实现对接，将修建"阿穆尔"公路（赤塔—哈巴罗夫斯克）和哈巴罗夫斯克附近通往瓦尼诺港的跨阿穆尔河（黑龙江）公路铁路两用桥公路二期工程。而对"乌苏里"公路（哈巴罗夫斯克—符拉迪沃斯托克）的改造将促进与中国和朝鲜毗邻地区、韩国、日本以及亚太地区国家经济贸易的发展。此外，计划修建长度为 824 公里"东方"公路（哈巴罗夫斯克—纳霍德卡），该公路穿越哈巴罗夫斯克边疆区和滨海边疆区，将解决纳霍德卡港和东方港与欧亚大陆桥（东—西运输走廊）的联系问题。

2014 年，远东地区现有的联邦级公路获得支持资金 46 亿卢布，与 2013 年相比增加了 23%。萨哈（雅库特）共和国得到 17.9 亿卢布、阿穆尔州得到 1 亿卢布。这笔资金主要用于敷设公路路面和维修。2015 年俄联邦有关

---

① Стратегия развития железнодорожного транспорта в Российской Федерации до 2030года. http://www.mintrans.ru/upload/iblock/d3d/strategya_gt_2030.doc.

部门计划将该项扶持资金提高到 48 亿卢布。在"21 世纪俄罗斯道路"框架内，俄罗斯公路公司将为远东地区联邦级公路的维修和养护拨付 128 亿卢布。①

3. 对远东地区港口的改造计划

远东地区拥有 28 个海港（全俄有 64 个海港），75% 的货物周转是通过位于哈巴罗夫斯克边疆区和滨海边疆区的东方港、纳霍德卡港、瓦尼诺港等港口实现的，这 4 个港口位居俄罗斯十大港口之列，是俄罗斯铁路—海洋运输枢纽，承担着进出口、沿海航运和国际跨境运输任务。

经过机械化和自动化改造以后，远东地区的港口将提高大宗堆装货物和灌装货物，如煤炭、矿石和石油等的装货能力，可提高至 2 亿吨。

4. 对远东地区管道运输的改造计划

目前，俄罗斯东西伯利亚—太平洋管道运输系统是远东地区管道运输网的重要组成部分。按照规划，该管道运输系统的年石油输送量为 8000 万吨（从斯科沃罗季诺到中国大庆的支线每年供油 1500 万吨），该管道全部建成后可以确保俄罗斯走向亚太地区的能源市场，同时，也分阶段地将亚太地区纳入到俄罗斯能源统一供应体系。

在未来输气管道建设方面，俄罗斯决定开采萨哈（雅库特）共和国境内的塔拉坎和恰岩达两个油气田，并敷设雅库茨克—哈巴罗夫斯克—符拉迪沃斯托克的输气管道。同时，敷设萨哈林—哈巴罗夫斯克—符拉迪沃斯托克的输气管道系统，并与雅库茨克—哈巴罗夫斯克—符拉迪沃斯托克的输气管道连接起来。为保证上述管道的运输能力，滨海边疆区正在修建油气运输和加工园区，园区内建有油气管道、石油加工厂、天然气化学厂、液化天然气厂和矿物肥料生产企业等。

（三）俄政府加大对远东地区运输系统现代化改造的现实意义

此轮俄罗斯对远东地区运输系统进行现代化改造完成后，将大幅度提升该地区的物流运输能力。一方面，促进远东地区经济与社会的全面发展，

---

① Росавтодор потратит 12，8 млрд рублей на обслуживание и ремонт федеральных трасс Дальнего Востока. http：//rosavtodor. ru/activity. html.

加强远东地区与欧俄部分的经济社会联系，密切地区间的经济社会往来；另一方面，为推动俄罗斯与亚太地区的经济一体化进程创造了更为良好的客观基础条件。

1. 促进远东地区经济与社会的全面发展，加强与欧俄地区的经济社会联系

19 世纪 90 年代之前，俄罗斯远东地区交通基础设施非常落后。19 世纪末期，俄国开始进入工业化时期。为了发展国内经济，沙皇开始关注西伯利亚地区。更为重要的是，当时英美日等列强正在远东地区激烈角逐，使西伯利亚的战略地位凸显出来。为了牢固地占有这片远离欧洲的土地，实施沙俄蚕食亚洲的 "远东政策"，沙皇决定修建一条纵贯整个西伯利亚的大铁路。1890 年，沙皇亚历山大三世正式颁发命令，决定首先从最东端的符拉迪沃斯托克动工。1891 年 5 月，皇储尼古拉（即后来的末代沙皇尼古拉二世）亲临符拉迪沃斯托克主持铁路奠基仪式。1892 年 7 月，铁路工程又从车里雅宾斯克往东修建。由于事关重大，沙俄最高当局自始至终对该工程给予高度重视，并于 1892 年成立了 "西伯利亚大铁路特别管理委员会"，皇储尼古拉亲自出任主席。至 1916 年西伯利亚大铁路全线通车，总长达 9332 公里，是目前世界上最长的铁路，将俄罗斯远东地区与欧俄部分联系起来，拉动了远东地区的发展。20 世纪 30 年代完成了全部复线工程，除赤塔以东的卡雷姆斯卡亚站到远东地区的达利涅列钦斯克间 3000 公里为复线内燃机车牵引外，其余均实现了电气化。全线运量西段大于东段，其中尤以鄂木斯克至新西伯利亚间（长 627 公里）最为繁忙，主要运输煤炭、木材、矿石、建材、金属及粮食等货物。

为了加快西伯利亚和远东地区的开发，应对 20 世纪 60 年代与中国的紧张关系，苏联政府决定修建贝阿铁路战备铁路支线。这条铁路西起西伯利亚大铁路的泰舍特站，经勒拿河畔的乌斯季库特、贝加尔湖北端的下安加尔斯克、赤塔州的恰拉、阿穆尔州的滕达、哈巴罗夫斯克边疆区的乌尔加尔、共青城，直到日本海沿岸的苏维埃港，全长 4275 公里。在苏联铁道兵部队的努力下，1984 年年底贝阿铁路竣工，1985 年正式通车。

此次俄罗斯政府对远东地区运输系统进行新一轮的现代化改造，将提高该地区内部与外部的物流往来能力，在很大程度上促进远东地区经济与

社会的全面发展，加强该地区与欧俄部分的经济社会联系，使其融入俄罗斯的统一经济空间之中。从而，确保俄罗斯东部边疆的繁荣和稳定，保障俄罗斯的国家安全。

2. 创造更为良好的客观基础条件，推动俄罗斯与亚太地区的经济一体化进程

亚太地区是世界经济增长最快、最有活力的地区，是拉动世界经济增长的引擎，具有强大的吸引力，在全球经济中发挥着领导作用。2012 年 9 月，在符拉迪沃斯托克举行的亚太经合组织会议期间，俄罗斯总统普京强调："但亚太地区，今天还是世界经济的火车头。如果欧元区现在是出现零增长或者衰退，那么亚太地区毕竟还是增长，而且是大幅度增长。"

远东地区是俄罗斯与亚太地区联系的重要通道，对该地区运输系统进行新一轮的现代化改造会使俄罗斯参与亚太地区经济一体化更加便利，有利于促进俄罗斯经济与社会的发展。2008 年，时任俄罗斯总统梅德韦杰夫指出："我们相信，参与地区一体化进程有助于更有效地完成我国的社会经济发展计划。因此，我们很重视加强工业合作、先进技术领域的合作和落实运输项目方面的合作，其中包括建造在亚太地区与欧洲之间运输物资的'大陆桥'。"

据 2014 年 12 月 24 日俄罗斯新闻通讯社报道，俄罗斯滨海边疆区政府准备向中国伙伴开放出海口。滨海边疆区行政长官弗拉基米尔·米克卢舍夫斯基表示，该边疆区地理位置十分重要，许多重要交通干线经过这里，"滨海－1"和"滨海－2"就是两条国际公路运输走廊。"滨海－1"运输走廊为符拉迪沃斯托克—纳霍德卡—东方港公路，并延伸到国境方向，将滨海边疆区不冻港与中国黑龙江省连接起来。"滨海－2"运输走廊位于滨海边疆区南部，连接扎鲁比诺港与边界线和中国吉林省。这两条国际交通运输走廊将符拉迪沃斯托克、纳霍德卡和哈桑区港口与中国东北三省连为一体，这将减少国际合作的运输成本。大力发展国际运输走廊是俄罗斯滨海边疆区与亚太地区国家，特别是与中国合作的最重要方向之一，恰好与"东部陆海丝绸之路经济带"规划相吻合，将带动中俄东部毗邻地区区域合作的快速发展。

　　与亚太地区国家开展能源合作是俄罗斯参与该地区经济一体化的一个重要方面。俄罗斯在维护亚太地区能源安全方面扮演着重要的角色，发挥着不可替代的作用。2012年9月，在符拉迪沃斯托克举行的亚太经合组织会议期间，俄罗斯总统普京表示，俄罗斯历来重视亚太地区的能源供应与合作，俄方有能力也愿意在确保亚太地区能源供应方面发挥关键作用。近年来，俄罗斯在亚太地区推动了一些国际能源合作项目，今后俄将继续在能源领域加强与亚太伙伴的合作，加强俄罗斯及其合作伙伴的能源安全。

　　普京表示，俄罗斯政府将加大对东部地区的天然气、石油及其他矿物资源的开发，发展远东地区的能源产业及相关基础设施，以便把当地能源更便捷地运输到俄罗斯的欧洲部分并出口到欧洲国家和亚太地区。俄罗斯将推动亚太地区能源保障安全体系的建立。该体系有助于能源消费国进一步拓宽进口区域，确保可靠和畅通的能源供应。

第二章
俄罗斯东部地区经济发展进程

　　国家政策的调节作用能够缩小国内各地区之间在经济社会发展方面存在的较大差异和改变不平衡的局面。因为区域经济社会发展的差异和不平衡通常会引发地区间的矛盾，影响社会安定乃至整个国家安全。因此，俄罗斯政府陆续出台了针对地区经济社会发展的政策法规，尤其是关于其东部地区经济社会发展问题的区域政策更为突出，力度更大。2010 年 7 月 5日，俄罗斯联邦政府批准的《2020 年前西伯利亚地区经济社会发展战略》①（以下简称《西伯利亚发展战略》）确定了 2020 年前俄罗斯西伯利亚地区实现发展战略目标的基本方向、机制和手段。关于俄罗斯远东地区经济社会发展陆续出台了《1996～2005 年远东及外贝加尔地区经济社会发展联邦专项纲要》等多个专门性政策法规，对该地区的经济社会发展的战略目标、优先领域和实现路径做出了较为详尽的规划。

　　俄罗斯西伯利亚地区和远东地区经济社会的发展，与全俄一样经历了

---

① Стратегия социально-экономического развития Сибири до 2020 года. http://www. sibfo. ru/strategia/strdoc. php#strategia.

大体基本相同的走势，即急剧衰退、快速增长和波动调整等几个阶段，其影响因素概括起来主要有：国内政治局势和经济改革政策、经济发展模式和畸形的经济结构以及国际市场行情和生产要素禀赋的作用等。

第一节　俄罗斯西伯利亚联邦区的经济发展进程

西伯利亚联邦区拥有丰富的自然资源、雄厚的生产和科技实力、便捷的跨境运输大通道、雄厚的工业和科学教育潜力、独特的旅游休闲潜力等诸多优势，这是该地区未来经济社会发展的重要现实基础，是落实《西伯利亚发展战略》的必要条件。西伯利亚联邦区在俄罗斯经济发展方面发挥着重要作用：占全俄国内生产总值的 11.4%、农业产值的 16%、工业产值的 12.4%、外贸总额的 10%。加快该地区发展是俄罗斯政府经济社会发展战略的一个重要目标，并逐步落实关于西伯利亚地区经济社会发展的战略。

俄罗斯中央政府重视包括西伯利亚地区在内的东部地区经济社会的发展，陆续出台了相关优惠政策：《西伯利亚发展战略草案》（2001 年）、《西伯利亚经济发展战略》（2002 年）、《中华人民共和国东北地区与俄罗斯联邦远东及东西伯利亚地区合作规划纲要（2009～2018 年）》（2009 年）、《2020 年前西伯利亚地区经济社会发展战略》（2010 年）。

一　西伯利亚联邦区各主体经济发展水平的划分

从经济社会发展水平来看，西伯利亚联邦区各主体划分为三组：

第一组：阿尔泰边疆区、新西伯利亚州、鄂木斯克州和托木斯克州。 这些区（州）是人口密度相对高的联邦主体，农业和工业发展相对均衡，基础设施和开发程度比较高，科学教育和农业潜力集中，加工业水平较发达。针对这些联邦主体的国家政策主要是根据其竞争优势和经济条件加快地区超前经济增长区的发展，以推动西伯利亚地区最发达的工业和农工地区高科技行业和生产的发展。

第二组：伊尔库茨克州、克麦罗沃州、克拉斯诺亚尔斯克边疆区和哈卡斯共和国。这些区（州、共和国）是工业地区，专业化程度较高，加工业和资源行业发展水平相对较高。针对这些联邦主体的国家政策主要目的是从制度和财力上给予综合发展支持，旨在使上述联邦主体稳定地参与国内外燃料原材料市场，赚取更多外汇。

第三组：阿尔泰共和国、图瓦共和国、布里亚特共和国和外贝加尔边疆区。这些区（州、共和国）是人口密度相对低的联邦主体，经济社会发展水平较低。有针对性的国家支持和综合利用本地区的资源、创新和休闲娱乐要素是区域扶持政策的战略方向。对图瓦共和国和外贝加尔边疆区来说，这是在国家和私人合作基础上协商落实基础设施和原材料项目的推动力。对阿尔泰共和国和布里亚特共和国来说，这是在产品和服务备用生态生产技术基础上推动资本流向自然资源综合开发的动力。

大型投资项目对第三组各联邦主体具有重大意义，这些项目的落实会对当地经济社会发展和提高其投资吸引力产生良好影响。建立经济特殊条件区（包括地区发展区和经济特区）将成为上述经济社会发展水平低的地区吸引投资、开展现代生产，从而得以发展的有效举措。

二 西伯利亚联邦区的经济发展情况

西伯利亚联邦区的经济发展经历了3个阶段：叶利钦执政时期的政局动荡和经济大衰退期、普京执政时期的经济快速增长期、2008年国际金融危机爆发后进入波动调整期。

（一）经济衰退期（1992～1999年）

1991年12月苏联解体后，西伯利亚地区经济发展因长期过度依赖资源原材料型发展模式，导致该地区经济结构严重畸形，轻工业发展严重滞后，俄罗斯整个东部地区经济陷入持续的衰退之中，居民生活水平每况愈下。进入21世纪以来，由于国际市场油气价格不断上涨，整个俄罗斯经济出现了强劲的增长势头，西伯利亚地区经济同样出现了稳步快速发展的良好趋势。1999年，俄罗斯包括西伯利亚地区在内的东部地区经济发展速度明显超过全俄平均水平，但从2000年起，在经济社会发展指标上则持续低于全俄平均水平。[①]

（二）经济快速增长期（2000～2008 年）

2000～2003 年西伯利亚联邦区的总产值年增长率分别为 7.5%、7.0%、4.2%、7.5%，而同期全俄国内总产值相应为 10.7%、6.0%、5.6%、7.6%。2004 年该联邦区的工业产值增速急剧下降为 3.8%，仅达到全俄增速（6.1%）的 62%，农业、运输业、建筑业、商业几个主要经济部门的产值指数均低于全俄水平。[②] 2007 年，西伯利亚联邦区的地区生产总值为 30275 亿卢布。

（三）波动调整期（2009 年至今）

2010～2011 年，西伯利亚联邦区的地区生产总值和工业生产增长的平均值为 3.2%，基本等同于全俄的平均水平。2011 年地区生产总值为 47956 亿卢布，占全俄的 10.6%，人均生产总值为 24.9 万卢布，其中工业产值占 40.1%，超过全俄 33.8% 的水平。2011 年，俄罗斯经济整体出现恢复性增长，在这种趋好的大环境影响下，西伯利亚联邦区在能源、资源、基础设施建设等领域的投资出现增长，工业总产出同比增长 4.6%，采矿、资源加工、油气等能源生产分别实现产出 11417 亿卢布（约合 381 亿美元）、24269 亿卢布（约合 809 亿美元）、4704 亿卢布（约合 157 亿美元），同比分别增长 32%、18.4% 和 9%。农业总产出 4442.227 亿卢布（约合 148 亿美元），同比增长 3.9%。该联邦区的农业以畜牧业为主，对行业发展贡献率达 54.2%，农作物产业位居第二，为 44.1%。

2012 年，西伯利亚联邦区的地区生产总值为 51474 亿卢布，人均地区生产总值为 26.71 万卢布。工业产品产量占全俄 11.5%，人均工业产品产值为 22.08 万卢布，高于全俄水平。农产品产量总额为 4325 亿卢布，占全俄的 13.6%，人均生产农产品 2.25 万卢布，略高于全俄水平。人均固定资本投资为 7.35 万卢布。

2013 年，西伯利亚联邦区各经济领域企业的收入总额为 11 万亿卢布，比 2012 年增长 3.0%。包括矿山开采、加工业、电力、天然气和水的生产

---

① 马兴超、米军：《俄罗斯东部大开发战略提出的背景与推动因素》，《俄罗斯中亚东欧市场》2011 年第 3 期。

② 牛燕平：《西伯利亚联邦区经济发展现状与前景》，《西伯利亚研究》2005 年第 6 期。

和传送在内的工业生产指数比 2012 年增长 3.9%。农业总产值为 5153 亿卢布，生产指数同比增长 12.7%。建筑业产值为 5916 亿卢布，为 2012 年的 96.0%，占全俄的 10.0%。固定资本投资为 13777 亿卢布，相当于 2012 年的 90.5%，占全俄固定资本投资的 10.4%。人均外国投资额为 412 美元，全俄人均为 1187 美元。

2014 年上半年，西伯利亚联邦区各经济领域企业总收入为 5.7 万亿卢布，比上年同期增长 6.1%。包括矿山开采、加工业、电力、天然气和水的生产与传送在内的工业生产指数同比增长 1.2%。农业生产占全俄农业生产的 14.1%。建筑业产值为 2281 亿卢布，是上年同期的 92.5%，在全俄建筑业产值中占 10.0%。固定资本投资额为 5389 亿卢布，占全俄同期固定资本投资的 11.3%，同比增长 4.6%。

第二节　俄罗斯远东地区经济发展进程

俄罗斯独立以来，远东地区的经济发展与俄罗斯整体经济发展基本保持步调一致，外部因素的影响较大。1992～1999 年俄罗斯实行自由市场经济，经济转轨导致经济发展动荡不定，工业生产大幅度下降，居民生活水平急剧恶化。2000 年进入普京时代后，利用国内外有利因素，俄罗斯经济逐渐步入稳定快速增长的轨道，远东地区经济亦出现了连续长达 10 多年的稳步增长期，各方面得到了良好的发展。但远东地区的经济社会发展仍面临着运输和电信基础设施不发达、运费和电费过高等制约因素。

一　远东地区经济发展低迷（1992～1999 年）

作为原料基地和重工业基地的远东地区，在特殊的历史时期得到了苏联在人力、物力、财力上的大力支持。而在 20 世纪 90 年代初经济转轨期间，俄罗斯联邦政府减少了给予地方的财政支持，远东地区很快失去了其在国民经济中的重要性，生产、投资迅速减少，亏损企业数量大幅度增加；1992 年俄罗斯政府一次性全面放开价格导致运费飞涨，销售成本大大提高，这直接削弱了远东地区与俄罗斯国内及独联体国家和世界其他国家的经济联系；和平年代，以军工企业为主的重工业因国家订单减少而面临停产；传统的畸形的经济结构一时难以改变，低附加值的原材料产品生产比重居高不下。

这一系列问题导致远东地区工业生产大幅度下降，居民生活水平急剧恶化，人口大量外迁。1990 年该地区居民人数为 806.6 万人，到 1998 年只有 710.7 万，不到 10 年减少了近 100 万人，劳动力短缺制约着该地区的经济发展。这一时期，远东地区陷入了比其他联邦区更严重并持久的危机之中。1995 ~ 1998 年，远东地区工业生产一直呈下降趋势，直到 1999 年才出现回升。

为了解决远东地区面临的一系列严重的社会经济问题，使其发挥资源潜力、实现在亚太地区的地缘政治经济优势，同时改善居民生活水平，俄罗斯联邦总统在 1992 年 9 月 22 日颁布了总统令——《关于远东及贝加尔地区经济发展及国家扶持措施》。该总统令主要包括以下几点：国家与远东地区各主体政府共同支持远东地区经济发展及经济结构改革，深化改革方向，鼓励吸引国内外资金和技术，扩大出口，激励企业和投资活动；联邦中央银行为农业和工业综合体、农场、个人住宅建设提供贷款优惠政策；国家中央机构支持从国外贷款，并提供有力保障；为人才提供良好的社会条件，并增加就业岗位。

1996 年 4 月，由俄罗斯联邦政府制定，叶利钦总统签署的《1996 ~ 2005 年远东及外贝加尔地区经济社会发展联邦专项纲要》（以下简称《远东纲要》），纲要内容涉及远东地区经济社会发展的各个方面。但《远东纲要》在实践中并没有得到有效的落实：一是纲要本身提出的任务存在相互矛盾，目标不明确，同时缺乏切实可行的实施机制。最不利的条件是，俄罗斯联邦这一时期的预算持续赤字，难以顾及该纲要并为其的拨款，原计划 1996 ~ 2000 年之间向远东及外贝加尔地区划拨 2200 亿卢布资金，实际上只拨了 420 亿卢布，取得的效果就可想而知了！

1998 年的金融危机对远东地区经济发展产生了严重影响，地区工业生产比 1990 年下降了 60%，高于全俄 46% 的下降幅度。但是，金融危机造成的卢布大幅度贬值也带来了积极效应：进口减少，出口扩大，民族工业得以快速发展。1998 年，远东地区国内生产总值为 1441.68 亿卢布，1999 年为 2349.29 亿卢布，同比增长 63.0%；从 1999 年开始，远东地区同俄罗斯联邦一样开始出现恢复性增长，但其增长速度还比其他联邦地区略显缓慢（详见表 2－1）。

表 2－1　1992～1999 年远东联邦区工业生产指数（与上年同期相比,%）

1992 年	1993 年	1994 年	1995 年	1996 年	1997 年	1998 年	1999 年
85.1	85.8	77.3	89.0	93.0	93.4	99.4	104.3

资料来源：Индекс промышленного производства по субъектам Российской Федерации. http://www.gks.ru/free_doc/new_site/business/prom/ind_prom_sub.xl.

二　远东地区经济稳步发展（2000～2008 年）

这一时期远东地区经济稳步增长的原因，首先得益于联邦政府的投资和相关倾斜政策的支持；其次在于油气基础设施的建设和启用、油气资源的开发等；再次是开采业和加工业产值的提高和对外贸易额的大幅增长；最后是筹办 2012 年符拉迪沃斯托克亚太经合组织峰会基础设施等国家级重点项目的建设，以及相关基础设施的建设和改造。

远东地区各产业在其经济中所占的比重分别为：第一产业（农林牧渔）约占 10%、第二产业（工业）约占 50%、第三产业（商服）约占 12%、（交通）与通信约占 13%。2000 年俄罗斯联邦进入了普京时代，利用卢布贬值效应及有利的国际形势，即国际市场石油价格一路攀升，俄罗斯经济逐渐步入稳定快速增长的轨道。俄联邦关于远东地区经济社会发展战略的实施，推动该地区经济稳步快速发展，保持了连续 10 多年的增长，年均增长 4.94%（见表 2－2）。2008 年 8 月国际金融危机爆发，远东地区经济发展受到很大冲击，增长速度骤然下降。地区生产总值达 14457 亿卢布，同比增长 4.1%。远东联邦区内各联邦主体的地区生产总值都有所增长，只有萨哈林州地区生产总值比 2007 年减少了 3.1%，其原因在于 2007 年该州这一经济指标增长幅度出乎意料地高（比 2006 年增长了 58.2%）。楚科奇自治区增幅最大（增长 29.4%），以下依次是阿穆尔州（10.2%），滨海边疆区

（6.9%），马加丹州（6.2%），堪察加边疆区（6.1%），萨哈（雅库特）共和国（5%），犹太自治州（4.4%）和哈巴罗夫斯克边疆区（3%）。固定资产投资总额为5044亿卢布，同比增长2.8%，仅为全俄投资总额的6%。用于执行国家专项规划的固定资产投资额为821亿卢布，比2007年增加45%，其中联邦财政对远东联邦区各项国家专项规划的拨款达552亿卢布，所占比例由2007年的52.9%上升到67.2%。

尽管2009年远东地区是全俄唯一的经济出现正增长的联邦区，但是其增长幅度已明显缩减，仅增长1.5%，比2008年下降1.9%。2010年远东地区生产总值达19 965亿卢布，占全俄国内生产总值的4.5%，其中滨海边疆区（占远东地区生产总值的21.7%）、萨哈林州（占20.6%）、萨哈（雅库特）共和国（占19.4%）和哈巴罗夫斯克边疆区（占18.2%），完成了远东地区生产总值的79.9%①（详见表2-2）。

表2-2　2000~2009年俄罗斯远东地区的经济增长情况（%）

年份	2000	2001	2002	2003	2004	2005	2006	2007	2008	2009
远东地区	3.1	5.9	3.7	5.9	6.6	4.6	5.3	9.4	3.4	1.5
全俄	10.0	5.1	4.7	7.3	7.2	6.4	8.2	8.5	5.2	-7.9

资料来源：http://www.gks.ru.

三　远东地区经济发展的波动调整（2009年至今）

工业是远东地区经济发展的基础，其支柱产业包括燃料动力、机器制造、有色金属以及木材采伐和加工等。该地区工业发展中存在的主要问题是工业基础薄弱、资源的开发与利用率较低。随着远东地区经济社会发展战略的逐步落实，工业经济呈现出稳步快速增长的态势。2009年远东地区一度成为全俄唯一出现经济正增长的地区。2010年远东联邦区实现工业产值11342.24亿卢布，占全俄工业总产值的4.18%，占远东地区生产总值的

①　В 2010 г. на Дальнем Востоке Индекс Промышленного Производства Составил 107.4% [EB/OL].（2011-03 14）. http://dfoportal. info/news/novost365. htm.

56.5%。该地区工业产值的增长率略低于全俄平均水平，在俄罗斯 8 个联邦区中排在第六位。除楚科奇自治区工业生产指数略有下降 6.2% 外，远东地区其他联邦主体均有不同程度的增长，增长率最快的是哈巴罗夫斯克边疆区（高达 24.7%），其次是萨哈（雅库特）共和国（17.5%）、滨海边疆区（11.5%）、堪察加边疆区（5%）、阿穆尔州（4.6%）、马加丹州（3.8%）、萨哈林州（1.2%）和犹太自治州（1.2%）。

加工业发展滞后是远东地区工业经济发展的"软肋"，但是近几年由于资源状况的变化，国家和地方政府越来越重视加工业，使加工业对该地区经济发展的贡献日渐显现。远东地区各联邦主体中加工业生产指数增幅较大的是阿穆尔州（49.1%）、哈巴罗夫斯克边疆区（41.8%）、萨哈林州（21.6%）、萨哈（雅库特）共和国（19.6%）和滨海边疆区（19.5%）。2010 年远东实现加工业产值 2 579.28 亿卢布，同比增长 26.1%，占全俄加工业总产值的 14.69%，占远东地区工业总产值的 22.74%。仅以木材加工为例，远东地区林产品的出口一度占全俄林产品总出口量的 40%。[①]

为了改变"原字号"主导出口的情况和提高产品附加值，俄罗斯政府大幅度提高原木出口关税，增加锯材的生产和出口量，不断加强对木材加工业的全面管理和支持力度。从 2006 年 1 月 1 日开始，俄罗斯连续上调原木出口关税税率。2008 年 4 月 1 日，俄罗斯将原木出口关税税率提高至 25%，且每立方米不低于 15 欧元，从 2009 年 1 月 1 日起，将原木出口关税税率提高到 80%，且不低于每立方米 50 欧元。俄罗斯不断提高原木出口关税，旨在推动国内木材深加工和精加工行业的发展，然而因劳动力资源短缺、技术设备和生产工艺水平不高等因素的制约，俄罗斯要形成完整的木材产业链还是一个长期的目标。[②] 实际上，从 2009 年 1 月 1 日起，俄罗斯提高原木出口关税带有限制出口的含义。俄罗斯木材加工业需要本国和外国投资，木材加工业大型项目需要投资 10 亿~15 亿欧元，如纸浆造纸联合企业。木材加工业中等规模项目，可以是木材加工、造纸、纸板和木制房屋

① 孙晓谦：《俄罗斯远东经济形势分析》，《西伯利亚研究》2011 年第 5 期。
② 姜振军：《中俄东部毗邻地区合作振兴与开发对策研究》，《西伯利亚研究》2010 年 5 期。

等。俄罗斯经济发展与贸易部部长纳比乌林娜表示，俄罗斯政府将按照业已制订的计划逐步提高原木的出口关税，并希望吸引俄罗斯国内和外国投资来发展木材加工业。

滨海边疆区和哈巴罗夫斯克边疆是远东地区木材采伐与加工业最发达的地区。例如，2010 年远东地区采伐木材 1134.5 万立方米，同比增长 6.4%，生产锯材 132.1 万立方米，同比增长 18.7%。滨海边疆区和哈巴罗夫斯克边疆区分别占远东木材采伐量和锯材生产量的 31.33%、51.6% 和 24.98%、46.66%。除此之外，远东地区初加工木材 106.8 万立方米，同比增长 10%。生产非金属建筑材料 1561.8 万立方米，同比增长 3.3%。2010 年，远东地区加工业生产指数增长率为 26.6%，增长幅度居全俄之首。[1]

2011 年远东联邦区地区生产总值为 2.3 万亿卢布（约合 770 亿美元），同比增长 5%，工业增长已超过危机前水平，同比增长 8.4%，工业总产值比 1990 年增长了 3%，而整个俄罗斯尚未达到 1990 年水平。该联邦区的投资增长率是全俄水平的 2.2 倍，开发投资超过 1 万亿卢布（约合 335 亿美元），同比增长 21.2%，其中用于该联邦区的中央规划项目 3578 亿卢布（约 120 亿美元），大部分资金来自俄罗斯天然气工业公司、俄罗斯石油管道运输公司和俄铁路公司等国有企业。2012 年远东联邦区人均地区生产总值为 1.76 万卢布，工业生产指数增长 121%，固定资本投资增加 29.4%，商品流通额增长 28.6%，农产品生产增加 15.6%。居民实际现金收入增长 10%[2]。

2013 年，远东联邦区地区生产总值达 2.9 万亿卢布（约合 844 亿美元），同比增长 0.9%。滨海边疆区增长速度相对较快，地区生产总值为 6031 亿卢布，同比增长 2.1%，其次是马加丹州，地区生产总值为 951 亿卢布，同比增长 2.6%。由于受阿穆尔河（黑龙江）水灾的严重影响，阿穆尔州和犹太自治州分别出现 1.5% 和 3.2% 的下降，萨哈林州因油气开采量减

① 孙晓谦：《俄罗斯远东经济形势分析》，《西伯利亚研究》2011 年第 5 期。

② Итоги социально-экономического развития Дальневосточного федерального округа в 2012 году подвел Виктор Ишаев на пресс-конференции в Хабаровске. http://www.dv-reclama.ru/sotsialno_ ekonomicheskogo2012.

少等原因出现 0.6% 的下滑。

2014 年，俄罗斯远东地区工业生产增长 5.9%，比 2013 年增长 1.7%，是俄罗斯增长率最高的地区。在这一年里，俄联邦总统签署了《俄罗斯联邦支持远东地区新举措和远东地区经济社会发展纲要》。远东地区着手实施成立 7 个超前发展区，总统签署了《关于在俄罗斯联邦超前发展区境内适用的俄罗斯税法第 2 部分修正法》文件，将超前发展区的商业保险费率由投资项目实施第一个 10 年的 30% 降为 7.6%，制定了 5 年期的利润税、财产税、土地税等《休税期政策》，并为在超前发展区内经营的企业应上缴的增值税和开采矿产资源税给予优惠和补偿。为把俄罗斯发展成为太平洋强国和加快东部地区的稳步发展，普京总统做出一系列新的战略性决议：在符拉迪沃斯托克建设自由港、发展北部海上运输、利用实施新的投资项目获得的税收发展远东地区。梅德韦杰夫总理召开了 6 次有关解决远东地区发展过程中遇到的实际问题的会议，其中涉及将远东地区发展能源、渔业和林业列入国家规划的大型投资项目的财政拨款问题。俄联邦确定了《2016 ~ 2025 年千岛群岛经济社会发展联邦专项纲要》。该纲要旨在全面发展、完善和优化千岛群岛的经济、基础设施和社会环境，建立现代化综合安全系统，采取多种措施保证当地居民生活水平的不断提高。国家制定了《发展俄罗斯大乌苏里斯克岛旅游休闲区规划》，确定建设大自然公园和必需的基础设施，包括建设俄罗斯边境入境口岸设施。在发展大乌苏里斯克岛时，将与中国共同开展国际旅游休闲和文化教育活动结合起来。

第三章
俄罗斯东部地区产业发展状况

西伯利亚联邦区是俄罗斯的主要能源原材料基地,其产业与资源潜力密切相关。例如西西伯利亚经济区是俄罗斯最大的石油工业基地、第二大煤炭基地、第三大黑色冶金工业中心,机械工业、化学工业很发达,同时是俄罗斯重要的粮食产地,养牛业很发达。

远东联邦区与西伯利亚联邦区大体一样,其产业与资源潜力密不可分,各联邦主体产业规模和结构不尽相同。例如远东联邦区南部林业、燃料动力、建筑材料轻工业和矿业发展较好。滨海边疆区渔业的占比最高,符拉迪沃斯托克和纳霍德卡既是最大的海港,又是渔业及其技术装备供应中心,还是船舶维修中心,哈巴罗夫斯克边疆区机器制造的占比最高。

第一节　西伯利亚地区的产业发展

由于拥有巨大的自然资源潜力,西伯利亚联邦区成为俄罗斯的主要能源原材料基地、财政稳定的基础,这里出口的矿物原材料及其加工产品保障了俄罗斯国家约67%的外汇收入。西伯利亚联邦区的产业与其资源潜力密切相关,主导产业主要包括黑色和有色冶金业、轻工业、化学和石油化学工业、电力、建筑材料业、机器制造和金属加工业、燃料业、林业和木材加工业、狩猎业、食品和面粉加工业。限于篇幅和资料，我们只选择其中的几个主要产业加以论述。

一　农业

西伯利亚联邦区是俄罗斯最重要的农业区之一，可耕地面积为2200万公顷，占全俄的23.7%，耕地占全俄的19.4%。主要种植和加工谷物、生产各种畜产品。农工综合体是西伯利亚联邦区经济社会发展的一个基本优先方向，对进一步提升俄罗斯东部地区经济潜力和防止东部地区衰落具有重要意义。农工综合体的发展在世界粮食危机加剧的背景下显得更为迫切，该联邦区地区生产总值的贡献率为12.6%，占全俄平均额度为9.5%。农业不仅为当地老百姓提供食物，并确保食品业的需求，而且成为俄罗斯其他地区和外部市场原材料及粮食的重要供应者。目前，只有粮食和土豆能够满足居民的正常需求，蔬菜只能满足80%的需求，牛奶、肉类和禽蛋也只能分别达到60%、70%和75%[1]。实际上，西伯利亚联邦区的自然条件复杂，气候并不理想，谷物产量比全俄平均低23%，土豆、蔬菜和亚麻、人均畜产品生产则超过全俄平均指数。

西伯利亚联邦区与全俄相比，尤为严重的问题表现在农产品生产处于极度不稳定的状态。经过1999～2002年的复苏期，农产品产量下降趋势停止，而且还略有增长。但是在2003～2006年期间，农产品产量增长的速度减缓了，一些地区又重新出现了下降的迹象。1999～2002年按照可比价格农产品的增速指数全联邦区平均为5.5%，而在2003～2006年仅为0.3%，同一时期全俄平均增速分别为5.2%和2.6%。西伯利亚联邦区农作物单位面积产量理论上占全俄平均值的40%～60%，实际上，2001～2005年粮食作物单产比全俄平均水平低27%，而土豆、蔬菜和亚麻则高于全俄的平均水平。人均粮食、土豆、肉、牛奶和鸡蛋产量却超过全俄平均水平。与全俄平均指标相比，西伯利亚联邦区人均牛奶产量超过25%，肉超过4%，土

---

①　马友君：《俄罗斯西伯利亚农业发展现状及趋势》，《西伯利亚研究》2010年第1期。

豆超过 22%，粮食超过 4%。西伯利亚人均生产水平与全俄相关指标相比，增加的幅度较大。2002～2006 年西伯利亚联邦区年均农业产值占全俄农业产值的 15.9%。整个西伯利亚联邦区的粮食产量达到了 1000 万吨。与此同时，该地区居民小麦的消耗量只有 265 万吨，工业用粮 30 万吨，种子 225 万吨。但是，最近 10 多年以来，该地区农业耕地减少了 530 万公顷，其中包括熟地 460 万公顷，对农业生产产生了一定的影响。[①] 2012 年西伯利亚联邦区农业生产值达到 4280 亿卢布（合 139 亿美元），人均产值 2.22 万卢布，是全俄的 95.3%。农作物产量占 40.9%，畜牧业占 59.1%。2013 年西伯利亚联邦区农业生产指数同比增长 12.7%，联邦区在全俄农产品生产总额中（包括农业企业、农场、个体经营者、居民副业等的产品）占 13.6%。2014 年 1～6 月西伯利亚联邦区农业生产指数同比增长 0.1%，农业生产在全俄农业生产（包括农业企业、农场、个体经营、居民副业等）中占 14.1%（详见表 3－1）。

表 3－1　西伯利亚联邦区谷物、颗粒粮和豆类的生产与需求量测算

单位：百万吨

农作物	生产量	需求量	±需求
小　麦	926	570	＋3.56
黑　麦	0.18	0.76	－0.58
大　麦	150	415	－2.65
燕　麦	186	380	－1.94
颗粒粮	0.20	0.29	－0.09
豆　类	0.30	130	－1.00
总　计	133	160	

资料来源：В. В. Кулешов. Сибирь в первые десятилетия XXI века. Новосибирск Изд-во ИЭОПП СО РАН, с. 593, 2008 г.

西伯利亚联邦区农工综合体的投资吸引力和生产潜力受到多种因素的影响，其中的一个因素是土地资源供给率高。该联邦区中部和南部地带拥有大量适于发展农业的尚未开发的土地，是其农工综合体进一步发展的重

---

① 马友君：《俄罗斯西伯利亚农业发展现状及趋势》，《西伯利亚研究》2010 年第 1 期。

要储备资源。农工综合体的现代化和大规模技术革新成为农业原材料生产和加工不断发展的基础，当地许多大型食品和加工企业利用本地原材料生产有竞争力的、优质纯绿色农产品。农工生产的持久稳步发展得益于俄罗斯农业科学院西伯利亚分院积淀的雄厚的科技和科学教育潜力的支撑。

西伯利亚联邦区农工综合体形成合理的行业结构，能够保障当地居民基本食品需求和加工业的原材料供应，可能使粮食价格下降、农业原材料成本减少。这不仅对该联邦区内部市场很重要，而且对增强本地产品在外部市场的竞争力也很重要。西伯利亚联邦区农工综合体在这方面具备极大的可能性，阿尔泰边疆区、克拉斯诺亚尔斯克边疆区、新西伯利亚州和鄂木斯克州将来每年能够向外部市场提供超过 400 万吨农业原材料。[①] 该联邦区农工部门加快发展的一个最为重要的条件是建立起来农业生产创新体系。为此，"西伯利亚"农工技术园区即是为创新而建立的，其任务是将农业科学与实际部门结合起来，推出现代科学思想、管理方法和新技术，向市场提供动植物新品种，为农工综合体行业科学发展，培训专业干部。该技术园区应成为向西伯利亚联邦区农业经济部门吸引投资的工具，其首要任务是使用新型机器、生物技术和节能工艺生产谷物。据俄罗斯农业科学院西伯利亚分院估计，三四年之后这方面的产品产值将达到 20 亿卢布。

"西伯利亚"农工技术园区的另一项任务是使奶牛养殖及工艺过程现代化。通过采用创新技术，牛奶创新产品产值将达到 10 亿卢布。与此同时，肉的产值也将达到这一数量。

西伯利亚联邦区农工综合体的快速发展具备一切必要条件。所采取的组织措施，如构建农工综合体创新技术运用机制、合理分配农业生产等，将大幅度提高农业的投资吸引力。

西伯利亚地区拥有较大的农业自然资源潜力，通过采取相应的经济促进措施和实施创新发展战略，该地区能够成为重要的纯绿色、优质和消费安全的食品生产基地，其地产农产品与其他地区农产品相比具有极大的竞争

① Анатолий Квашнин. сельское хозяйство Сибири выгодно для инвестиций. На Международной агропромышленной выставке «Зеленая неделя» 14 – 15 января 2010 года в Берлине. http：// www. sibfo. ru/news/publication. php？ action = art&nart = 5891.

优势。西伯利亚农业今后的继续发展必须走创新和集约化的道路。西伯利亚计划采取一些重要举措以保证农业的发展。这些举措包括（见表 3 - 2）：粮食产量达到每公顷 18 ~ 20 吨，年产奶量应达到每头牛 3500 ~ 4000 公斤，每年劳动生产率提高 5.5% ~ 6.5%。根据俄罗斯科学院西伯利亚分院植物和育种研究所的预测，2020 年前西伯利亚地区主要农产品，如牛奶、肉类、鸡蛋、大麦、蔬菜和土豆等完全能够满足当地的需求。而糖、植物油、喜温蔬菜和水果则只能适当地从其他地区输入或者从国外进口[①]（详见表 3 - 2）。

表 3 - 2 西伯利亚联邦区主要农产品生产预测

单位：万吨

产品	2004 ~ 2006 年 年均产量	2010 年		2015 年		2020 年	
		Ⅰ	Ⅱ	Ⅰ	Ⅱ	Ⅰ	Ⅱ
谷物	1227.8	1398.0	1470.0	1567.0	1660.0	1750.0	1820.0
土豆	651.9	675.0	680.0	706.0	715.0	720.0	725.0
蔬菜	203.9	199.0	202.0	223.0	224.0	225.0	230.0
牛奶	546.0	686.5	748.5	740.0	807.0	930.0	1020.0
肉	82.5	108.0	121.3	126.2	137.2	143.5	158.0
鸡蛋（亿个）	53.65	53.00	56.30	60.02	65.00	70.00	760.0

资料来源：В. В. Кулешов. Сибирь в первые десятилетия XXI века. Новосибирск Изд-во ИЭОПП СО РАН，с. 592，2008 г.

二 能源

俄罗斯在世界能源资源流通市场体系中占据主导位置，积极参与国际能源贸易并开展国际合作。最近几年，俄罗斯在石油开采量方面处于领先地位，为国际石油贸易提供 12% 的石油。俄罗斯 4/5 的石油出口到欧洲国家，占欧洲市场的近 30%。石油产品的主要出口方向也是欧洲市场。

作为国家能源战略的配套措施，俄罗斯政府先后出台了一系列指导性

---

① В. В. Кулешов. Сибирь в первые десятилетия XXI века. Новосибирск Изд-во ИЭОПП СО РАН，с. 591 - 592，2008 г.

文件，为其东部地区的能源发展做出详细规定。一系列指导性文件主要有：《2025 年前俄罗斯远东与贝加尔地区社会经济发展战略》《2030 年前俄罗斯东西伯利亚和远东地区能源综合体发展战略》《俄罗斯东西伯利亚和远东地区的石油加工设施发展规划》《关于在俄罗斯东西伯利亚和远东建立统一的天然气开采、运输和供应体系及出口到中国及亚太国家市场的规划》等。

（一）石油

最近 3 年，西伯利亚联邦区石油开采量的增长主要集中在克拉斯诺亚尔斯克边疆区（比 2008 年增长 1.51 亿吨）和伊尔库茨克州（比 2008 年增长 0.61 亿吨）。2011 年，西伯利亚联邦区石油开采 3538 万吨，比 2010 年增长 20.3%。该联邦区的石油开采主要集中在 5 个联邦主体，例如克拉斯诺亚尔斯克边疆区的石油开采量占 42.9%、托木斯克州油田的石油开采量占 34.0%、伊尔库茨克州的石油开采量占 18.7%。

2011 年，西伯利亚联邦区石油开采量占主导地位的是俄罗斯石油公司，产量达 1.507 亿吨，占该联邦区石油开采量的 42.6%；托木斯克石油公司产量达 0.743 亿吨，占该联邦区石油开采量的 21.0%；秋明石油公司产量达 0.591 亿吨，占该联邦区石油开采量的 16.7%。2011 年该联邦区企业石油初加工量为 0.3873 亿吨，比 2010 年增长 3.2%。托木斯克州的石油加工量占 52.0%，伊尔库茨克州的石油加工量占 26.0%，克拉斯诺亚尔斯克边疆区的石油加工量占 19.5%。该联邦区主要石油产品生产量：汽油为 654 万吨，比 2010 年增长 3.6%；柴油为 1166 万吨，比 2010 年增长 0.8%；航空燃油为 205 万吨，比 2010 年增长 6.0%；重油为 863 万吨，比 2010 年增长 2.0%。[①]

未来在能源基础设施建设方面，西伯利亚联邦区将建设以下几条输油管道：下瓦尔托夫斯克—安热罗—苏镇斯克—克拉斯诺亚斯克输油管道、图伊玛兹—鄂木斯克—安加尔斯克输油管道、东西伯利亚—太平洋输油管道。[②]

石油和天然气工业是西西伯利亚地区的经济基础，是市场专业化的主

---

① Нефтяная промышленность Сибирского федерального округа. http://www.cdu.ru/articles/detail.php？ID=311691.

② Нефтяная промышленность Сибирского федерального округа. http://www.cdu.ru/articles/detail.php？ID=311691.

要部门，是油气综合体（包括石油和天然气开采、生产合成产品和石油加工品、具有跨境和技术意义的输油管道以及化学和石油加工设备生产等）的重要组成部分。煤炭业也是该地区的市场专业化部门。在库兹涅茨克煤田和戈尔洛夫斯克煤田开采动力煤和炼焦煤。煤炭开采量占全俄的40%，炼焦煤占全俄的80%。在克麦罗沃州东北部有坎斯克—阿钦斯克煤田，褐煤是一种独特的燃料。①

东西伯利亚和远东地区能源基础设施薄弱。俄罗斯在确保能源安全领域的国家政策的战略目标是不断优化以下几个方面：燃料动力综合体有能力确保对能源载体相应质量和可接受的价格有经济基础的需求；消费经济部门有能力利用能源资源，防止社会对能源需求的不合理支出；能源部门能够沉着应对内外部经济、技术威胁，有能力将各种不稳定因素造成的损失降至最低。

（二）电力

西伯利亚地区的发电量占全俄的21.0%，而且以水电为主，克拉斯诺亚尔斯克边疆区、哈卡斯共和国、伊尔库茨克州和克麦罗沃州的电站是重要的电能生产地区，大中型水电站及发电能力：萨扬—舒申斯克水电站发电能力为640万千瓦时、克拉斯诺亚尔斯克水电站发电能力为600万千瓦时、布拉茨克水电站发电能力为460万千瓦时、乌斯季—伊利姆水电站发电能力为430万千瓦时、波古枪斯克水电站发电能力为400万千瓦时、伊尔库茨克水电站发电能力为70万千瓦时、库列伊水电站发电能力为70万千瓦时、寒台水电站发电能力为70万千瓦时。

热电站主要分布在库兹涅茨克煤田和坎斯克—阿钦斯克煤田，以及伊尔库茨克煤田、外贝加尔斯克煤田和远东煤田附近。

俄罗斯部门有关预测，2020年前俄罗斯国内市场对电能的需求量将在3110亿～3520亿千瓦时之间。根据西伯利亚联邦区经济发展状况，电能需求量年均增幅将为3.2%～4.2%。该联邦区东部的电力需求将增长较快，2020年前将增长1.5～1.8倍，西部的电力需求将增长1.5～1.6倍。除了满

---

① Западно-Сибирский промышленный район. http://otherreferats.allbest.ru/00120403_0.html.

足本地的电力需求外，还可以向其他地区输出电能，2015 年计划向蒙古国和中国分别出口 600 万和 360 亿千瓦时，2020 年分别出口 600 万和 360 亿千瓦时。在能源原料方案中，2015 年西伯利亚联合电力系统向乌拉尔联合电力系统和中央联合电力系统输送电能的总量分别为 54 万和 35 亿千瓦时，2020 年分别是 600 万和 255 亿千瓦时；在创新方案中，2015 年为 154 亿和 90 亿千瓦时，2020 年为 900 万和 415 亿千瓦时。从长期发展需要出发，还需要建设装机容量在 1500 兆瓦~3600 兆瓦规模的两座水电站。对实际情况的研究结果表明，西伯利亚联邦区热电站在电站总产能中的比重将下降。按照能源原料方案预测，将从 2006 年的 28.8% 降低到 2020 年的 20.2%；创新方案预测，将从 2006 年的 28.8% 降低到 2020 年的 17.5%。与此相反，使用液化天然气发电站的比重将增加，按照能源原料方案和创新方案，将从 2006 年的 21.3% 分别增长到 2020 年的 38.4% 和 44.4%。西伯利亚地区将首次建设大型核电站。俄联邦原子能机构建议托木斯克能源系统的核电站以在建的和正在使用的生产基地为基础，投入两个 1150 兆瓦的发电机组。俄罗斯西伯利亚联邦区电力发展投资纲要计划，在能源原料方案中，2020 年前实施解决电力需求的电网项目预计投资 8180 亿卢布，在创新方案中为 9210 亿卢布。在能源原料方案中，西伯利亚联邦区 2020 年前发展电力的投资总需求约为 19450 亿卢布，在创新方案中约为 23570 亿卢布。[①]

（三）煤炭

俄罗斯已探明的煤炭储量为 1570 亿吨，预测储量为 44507 亿吨。西伯利亚地区的煤炭资源占全俄的 66%。最适合开采优质煤炭的煤田集中分布在西西伯利亚的库兹涅茨克地区。库兹涅茨克煤田（库兹巴斯）的煤炭与其他煤炭的区别在于品质优良：灰分占 8%~22%，含硫 0.3%~0.6%，燃烧时的最高热量为每公斤 5600~8500 大卡。电力部门使用的褐煤中 81.4% 储藏在东西伯利亚，主要集中在克拉斯诺亚尔斯克边疆区的坎斯克—阿钦斯克煤矿。图瓦共和国拥有一些特别贵重的焦煤矿，据俄地质学家评估，其储量约为 9 亿吨。据预测，大量煤炭资源都集中在勘探时间不长的通古斯

---

① 赵欣然编译：《西伯利亚联邦区的电力》，《西伯利亚研究》2012 年第 5 期。

和列宁斯克煤矿。从 1998 年开始，俄罗斯的煤炭开采量稳定增长。2007 年煤炭开采量达到 3.15 亿吨，以后煤炭开采量年均增速为 3.5%。据俄罗斯科学院西伯利亚分院经济与工业生产组织研究所预测，在发展产能、技术工艺和基础设施投资稳定的条件下，2020 年前西伯利亚地区煤炭的年开采量将达到 3.5 亿~4.6 亿吨。[①]

表 3 - 3　西伯利亚地区不同方案煤炭产量情况

	2006 年	2010 年		2015 年		2020 年	
		能源原料方案	创新方案	能源原料方案	创新方案	能源原料方案	创新方案
西伯利亚联邦区（亿吨）	2.518	2.860	3.030	3.260	3.851	3.560	4.611
西西伯利亚（亿吨）	1.766	1.991	2.024	2.166	2.319	2.336	2.589
露天采煤（%）	51.1	50.1	48.8	48	46.9	46.3	44.7
地下采煤（%）	48.9	49.9	51.2	51.4	53.1	53.7	55.3
东西伯利亚（亿吨）	0.752	0.870	1.007	1.095	1.532	1.225	2.022
露天采煤（%）	99.4	96.6	97.1	88.2	91.5	89.4	93.6
地下采煤（%）	0.6	3.4	2.9	11.8	8.5	10.6	6.4

资料来源：Расчёты ИЭОПП СОРАН.

（四）能源行业的未来发展

俄罗斯政府对能源战略发展给予大力支持：在实施能源项目时发展私人伙伴和国家伙伴；建立能源部门长期投资风险保险体系；建立联合租赁公司，以确保能源部门组织拥有先进的技术和设备；兼顾行业特点和创新生产情况，以激发能源部门中小企业活动经济积极性；推动燃料动力综合体企业和部门技术革新与创新发展；组织和推动各层次燃料动力综合体提高职员的专业水平。

2030 年前俄罗斯能源发展战略规定：建立东部地区油气综合体、开发大陆架和北部地区碳氢化合物、能源基础设施的发展和多元化、发展非燃

[①]　赵欣然编译：《西伯利亚联邦区的电力》，《西伯利亚研究》2012 年第 5 期。

料能源、发展和提高能源储存。随着相应生产、运输和社会基础设施的发展，东部地区油气综合体，包括萨哈林大陆架、萨哈（雅库特）共和国、马加丹州、伊尔库茨克州和克拉斯诺亚尔斯克边疆区，不仅能够确保上述地区能源自给，而且可以使俄罗斯碳氢化合物的出口多元化，出口到亚太地区。当地碳氢化合物资源的工业开发推动石油化学和天然气化学的发展，将促进东西伯利亚和远东地区经济社会的超前发展，确保地区生产总值增长，超过全俄平均值0.5~1.5倍。①

开发俄罗斯大陆架和北部地区碳氢化合物在油气开采进程中发挥着稳定作用，将弥补2015~2030年西西伯利亚传统石油开采区开采的下降。建立在亚马尔半岛、巴伦支海、伯朝拉和喀拉海大陆架海上天然气田，能够满足未来经济发展对天然气的需求，确保国家能源安全，在经济对能源资源需求不断增加的情况下，保障燃料动力综合体的稳定发展。将来能源领域最重要的战略基础设施项目主要有：东西伯利亚—太平洋石油管道、"北方"—"南方"石油系统、"北方流"和"南方流"天然气管道、亚马尔半岛天然气跨境系统、发展港口和运输基础设施输送液态碳氢化合物。

从未来前景来看，到2030年西伯利亚联邦区生产的一次能源将比2008年增加2.2~2.9倍，而消费量增长0.4~0.6倍。一次能源自给率从2008年的42%上升到99%~100%。② 西伯利亚联邦区落实《2030年前俄罗斯能源战略》主要分为3个阶段：第一阶段，西伯利亚联邦区将增加石油和天然气开采量，继续开采克拉斯诺亚尔斯克和伊尔库茨克州的油田。采取积极措施综合利用伴生石油气，着手准备开发大型天然气田，建立新的石油天然气化学中心。在保持库兹涅茨克煤田开采量的基础上，提高坎斯克—阿钦斯克煤田的产量。继续铺设东西伯利亚—太平洋石油管道。加大工作力度推进该联邦区工业企业和居民住宅区实现天然气化。在独立工业区利用可再生能源生产热能和电能。第二阶段，西伯利亚联邦区将继续增加石

---

① Энергетическая стратегия России на период до 2030 года. http://minenergo.gov.ru/activity/energostrategy/.

② Энергетическая стратегия России на период до 2030 года. http://minenergo.gov.ru/activity/energostrategy/.

油，尤其是天然气的开采量。克拉斯诺亚尔斯克（索宾斯克—巴伊金斯克气田和尤鲁伯琴—托霍姆斯克气田）和伊尔库茨克州（科维科塔气田）的天然气中心投入运营。建立大型石油天然气化学综合体。更加重视最大限度地合理利用富含多种成分的碳氢化合物，包括氦的利用。利用现代创新技术使水能和煤炭发电取得长足进展。大型水电站将成为该联邦区构建能源工业综合体的基础。开发图瓦共和国和外贝加尔斯克边疆区新煤矿来继续发展煤炭工业。依托外贝加尔斯克边疆区和布里雅特共和国的铀矿资源，建立原子能原料基地。增加向俄罗斯欧洲部分煤炭的供应量，为此需要提高铁路的货运能力。扩大边远资源短缺地区可再生能源的利用率。在该联邦区继续实施天然气化工程。第三阶段，西伯利亚联邦区将继续增加石油和天然气的开采量。完成该联邦区天然气化工程。完成向俄罗斯欧洲部分输送电能的跨地区输电线路的敷设工作。

2030 年前，俄罗斯石油的开采前景主要取决于国内外市场对液体燃料的需求和价格、交通基础设施的发达程度、已探明的原料基地的数量和质量及其再生产的速度、税收和许可证条件、勘探和开采油田的科技成果等。创新方案中，俄罗斯 2025 ~ 2030 年每年的石油开采量将达到 5.91 亿 ~ 6.01 亿吨。2010 年西伯利亚联邦区的石油开采量将达到 2400 万吨，2025 年为 8000 万吨以上，2030 年为 8500 万吨左右。在实施能源原料方案时，2020 年俄罗斯石油开采量将达到 5.66 亿吨，随后在 2025 ~ 2030 年降低到 5.4 亿 ~ 5.6 亿吨。在创新方案中，俄罗斯 2010 年的天然气开采量将达到 6900 亿立方米，2020 年为 8100 亿立方米，2030 年为 9150 亿立方米。西伯利亚联邦区 2010 年的天然气开采量将达到 136 亿立方米，2020 年为 783 亿立方米，2030 年将超过 900 亿立方米。在能源原料方案中，全俄 2010 年的天然气开采量将达到 6900 亿立方米，但今后的增长速度将明显放慢，2020 年将达到 7900 亿立方米，2030 年为 8800 亿立方米。西伯利亚联邦区 2010 年的天然气开采量将达到 110 亿立方米，2020 年为 560 亿立方米，2030 年为 710 亿立方米。[①]

---

① Кулешов В. В. Сибирь в первые десятилетия XXI века. Новосибирск：Изд-во ИЭОПП СО РАН，2008. С. 450，452，455.

2030 年前,西伯利亚联邦区的炼焦煤和能源用煤的开采量会雄居俄罗斯首位,石油和天然气开采量位列第二,在俄罗斯领先的石化技术将在向俄罗斯和国际市场提供氢方面发挥主导作用。

发展电能输送基础设施和可再生能源的利用,不仅可以确保西伯利亚联邦区各地的能源安全,而且能够向俄罗斯其他能源匮乏地区不断地提供能源资源,并向国外出口。

三 冶金业

西伯利亚地区金属矿物原料储量丰富,开采潜力巨大。西伯利亚地区的金属矿物资源远景储量的价值达 140 万亿 ~ 150 万亿美元,采矿冶金综合体是全俄最大的。采矿冶金综合体是西伯利亚经济结构中优先发展的部门之一,其中黑色冶金业的产量占全俄的 15%,有色冶金业的产量占全俄的 60% 以上。

西伯利亚联邦区的黑色冶金业十分重要,生产全俄 13.1% 的钢、13.4% 的轧材。西西伯利亚冶金厂和库兹涅茨冶金厂是俄罗斯最大的钢铁企业,生产铁、钢和钢板。西西伯利亚冶金联合公司是俄罗斯唯一的生产钢轨的企业。还有古利耶夫冶炼厂和新西伯利亚轧制钢板厂。东西伯利亚有克拉斯诺亚尔斯克冶炼厂和彼得罗夫斯克—外贝加尔斯克冶炼厂,生产机器制造厂所需的钢材。

西伯利亚联邦区有色冶金业发达,对铜镍矿、铅锌矿、钨钼矿、锡矿和钴矿资源进行冶炼以及开采金矿是西伯利亚有色冶金业的主要发展任务。有色冶金业已成为东西伯利亚地区经济发展的支柱产业。作为市场专业化的铝的生产具有重要意义。矾土的产量占全俄的 29%,阿钦斯克冶金联合公司利用基亚—沙尔德尔霞石矿原料生产的矾土能够满足西伯利亚工厂 20% 的需求。粗铝产量占全俄的 84%,金属铝的生产可以利用安加拉—叶尼塞河梯级水力发电站的廉价电能。萨亚诺戈尔斯克有生产铝箔的工厂。东西伯利亚地区的金属铝具有非常高的品质,是俄罗斯生产成本最低的地区。新库兹涅茨克设有采用新技术的铝厂,克拉斯诺亚尔斯克冶金厂生产铝轧板。

　　从 1998 年起，西伯利亚联邦区的有色冶金部门开始进入恢复性的发展时期，铝、铜、镍、钴的产量和出口量不断增加。包括克拉斯诺亚尔斯克铝厂、布拉茨克铝厂和萨彦铝厂在内的多家企业的俄罗斯铝业股份公司是西伯利亚有色冶金业的支柱企业，原铝、氧化铝的产量分别为 300 多万吨、305 万吨。诺里尔斯克采矿冶金综合体镍的产量为 20 多万吨。克拉斯诺亚尔斯克边疆区是西伯利亚有色冶金中心。有色冶金业产值占该边疆区工业产值的 50% 以上，该边疆区约有 20 家冶金企业，能生产 30 多种有色冶金产品，提供全俄 27% 的初级铝、2/3 的铜、80% 的镍、75% 的钴、几乎全部的铂族金属。该边疆区还是全俄最大的黄金传统供应商。有色冶金企业在该边疆区的对外经济活动中起决定性作用，2/3 的铝、50% 的钴和50% 的镍均用于出口。诺里尔斯克采矿冶金综合体、克拉斯诺亚尔斯克有色冶金厂和铝厂、阿钦斯克采矿冶金综合体、戈列夫斯基铝镍联合体都是世界级企业。西伯利亚地区还是俄罗斯精锡和精铝的主要生产基地，金属锡产量占全俄总产量的 80%，主要生产者有赤塔州的沙洛瓦格尔斯克采矿综合体和新西伯利亚锡联合体。汉特—曼西斯克自治区和赤塔州的钼产量占全俄的 80%，布里亚特共和国和赤塔州的钨产量占全俄的 20%，克麦罗沃州别洛沃地区主要生产金属锌。[①] 西伯利亚南部的克拉斯诺亚尔斯克边疆区、克麦罗沃州、图瓦共和国和布里亚特共和国的矾土矿、霞石矿远景储量相当大，这正是生产金属铝所需的原料。但目前，上述地区对矾土矿、霞石矿的开发技术有待提高。另外，相关金属资源的开发，需要国家的大力扶持。

　　东西伯利亚正在兴建大型有色及黑色金属冶炼厂，机器制造业也随之发展，主要工业产品有：炼铝设备、水泥生产设备、桥式压力机、康拜因联合收割机、大马力推土机、机床、冷冻装置、黄金开采设备等。

---

　　① 　Развитие и размещение ведущих отраслей промышленности Сибирского федерального округа. http://revolution. allbest. ru/geography/00225199_0. html. 葛新蓉：《俄罗斯西伯利亚地区有色冶金业的现状及面临的问题》，《俄罗斯中亚东欧市场》2005 年第 7 期。

四 林业

俄罗斯是世界森林资源最丰富的国家之一，占世界森林资源总量的69%。西伯利亚地区森林资源丰富，是俄罗斯乃至全世界最大的林区之一。西西伯利亚地区森林覆盖面积达 7200 万公顷，木材总蓄积量约 100 亿立方米（占全俄的 11%），其中成熟林和过熟林 58 亿立方米（约占全俄的12%）。与俄罗斯其他林区相比，西西伯利亚地区以小叶树种和矮树种为主，针叶树种比例较高。该地区森林资源的绝大部分集中在西西伯利亚原始森林中，其余的分布在阿尔泰边疆区和克麦罗沃州的山地森林，约 5% 的森林资源分布于草原森林地带。由于成熟林和过熟林及其自然增长，西西伯利亚地区每年的木材采伐量将近 1 亿立方米。

东西伯利亚森林覆盖率高达 57%，木材总蓄积量 280 多亿立方米，占全俄木材总蓄积量的 35%，在俄联邦各经济区中列首位。针叶松在该地区的树种中占绝大部分，达 92%。从地理分布来看，50% 以上（145 亿立方米）的木材集中在克拉斯诺达尔边疆区，伊尔库茨克州为 80 亿立方米，其余地区为 60 亿立方米。东西伯利亚对木材的机械加工能力较低，木材以原木形式大量外运。主要锯木厂分布在列索西毕尔斯克、伊卡尔卡等地。对木材进行化学综合加工的企业较多，其中有贝加尔纸浆厂、克拉斯诺亚尔斯克纸浆厂、色楞格纸浆厂等。在东西伯利亚还建有多家大型森林工业综合体，对木材进行深加工，其中规模最大的是乌斯季—伊利姆斯克综合体，它是由前经互会成员国参加建设的大型木材综合加工企业，包括木材综合加工厂、木材水解厂、木材原料厂、刨花板厂等多家加工厂，已经形成了关联度很高的、完整的生产链。贝加尔森林工业综合体、布拉次克森林工业综合体的规模也很大。上述优势使森林工业成为东西伯利亚的支柱产业之一。

森林采伐和木材加工业在西伯利亚联邦区经济中占有重要地位，尤其是伊尔库茨克州、克拉斯诺亚尔斯克边疆区和布里亚特共和国，森工产值约占西伯利亚地区工业总产值的 20%～25%。目前，西伯利亚地区生产的60%～65% 的原木和其他木材以及 40%～45% 的纸浆运往全俄各地或远销国外，其森工企业的生产能力和发展速度均高于全俄平均水平。[①] 从经济角度来评估，西西伯利亚地区森林资源的重要意义与东西伯利亚地区和远东地区森林资源的意义接近。但是，由于阿尔泰边疆区和克麦罗沃州的原始森林山高林密、地面松软，最大的问题是道路建设，路通以后，才能将山中木材运出投放到市场。总体来看，西西伯利亚地区木材采伐工业产品的发展条件比克拉斯诺亚尔斯克边疆区和伊尔库茨克州南部及中心地区的条件略差一些。随着俄罗斯其他地区森林资源的日渐枯竭，对西西伯利亚地区木材的需求量将明显增加，新建铁路沿线和油田、天然气田附近的森林会优先得到利用。

林业部门在俄罗斯的出口额方面排在第四位，所创造的 GDP 列第五位。西西伯利亚的森林工业对俄罗斯的林业生产贡献显著，木材采伐量、人造板产量和锯材均占全俄的约 10%。在出口方面，西西伯利亚原木出口占俄罗斯原木出口额的 7%~13%，锯材占 6%~16%。但由于该地区缺少木材加工企业，未经加工的原木和锯材的出口被初加工的木材产品的净进口所抵消。另外，木材工业的实际生产能力和技术水平不具备充分利用森林年生长量所需的能力。

随着俄罗斯整体经济形势的好转，林业亦随之发生了较大的变化，人造板、纸浆、纸张和纸板等生产也出现增长。生产的家具、包装材料和纸产品的需求出现增长，但俄罗斯本国生产的初加工木产品与进口产品相比还不具备价格优势。

在今后 20~40 年时间里，将持续在俄罗斯西伯利亚和远东地区进行木材采伐。有关专家认为，虽然受到气候的不利影响，西伯利亚和远东地区的森林生产力不是很高，但其目前的生产力仅是其潜在生产力的 55%。到 21 世纪中期，仅西西伯利亚估计每年将可供应木材达 1.5 亿~2 亿立方米。鉴于西西伯利亚的巨大森林面积以及木材加工业生产力有望提高 70%~150%，预计该地区在满足世界木材供给方面将发挥重要作用。

[①]　葛新蓉：《俄罗斯西伯利亚地区林业经济发展态势分析》，《俄罗斯中亚东欧市场》2006 年第 5 期。

在 21 世纪，俄罗斯林业将扩大国内市场份额并为木材采伐、木材加工和林火探查设备生产以及运输市场的发展提供更加良好的条件。虽然外资在俄罗斯将面临高关税、高税收、高运输成本、产权和法规不清晰、体制透明度不够、流动资金不足、基础设施匮乏以及犯罪和腐败等主要问题的制约，但森林资源丰富、地方和联邦政府的支持、教育水平高而劳动力成本低等有利因素使俄罗斯富有较大的投资吸引力。预计 21 世纪俄罗斯能够满足世界范围内对森林资源日益增长的需求。

第二节　俄罗斯远东地区的产业发展

在俄罗斯远东地区经济结构中，工业占主导地位，工业产值在全俄工业生产总额中占 4.3%。该地区各工业部门在俄罗斯工业中所占的比重为：食品业占 8.8%，建筑材料业占 8.8%，木材、木材加工和纸浆造纸业占 8%，电能占 4.5%，机器制造和金属加工占 3%，燃料业占 2.7%，有色金属冶炼业占 1.6%，化学和石油化学占 1.2%，轻工业占 1.2%，黑色冶金业占 1.1%。在远东地区产业结构中，各工业部门在该地区工业总产值中所占比例为：食品业占 25.3%，有色金属冶炼业占 20.7%，电能占 19.3%，燃料业占 10.5%，机器制造和金属加工占 8.5%，木材、木材加工和纸浆造纸业占 5.4%，建筑材料业占 4.0%，面粉、谷类和饲料加工业占 2.0%，化学和石油化学占 0.7%，轻工业占 0.6%。

远东联邦区各联邦主体产业规模和结构不尽相同，滨海边疆区、哈巴罗夫斯克边疆区和阿穆尔州的产业是最发达和最多样的。在产业结构中，滨海边疆区渔业所占的比重最高，哈巴罗夫斯克边疆区机器制造业所占的比重最高，阿穆尔州当地农业原材料加工业所占的比重最高。此外，在远东联邦区南部林业、燃料动力、建筑材料轻工业和矿业发展较好。哈巴罗夫斯克、阿穆尔共青城、布拉戈维申斯克、比罗比詹、乌苏里斯克和阿尔谢尼耶夫等既是该联邦区最大的工业中心（机器制造、轻工业和食品业），也是港口。符拉迪沃斯托克和纳霍德卡既是最大的海港，又是渔业及其技术装备供应中心，还是船舶维修中心。

与此同时，远东地区有许多工业城镇，主要是以火车站、河流码头形成的木材采伐基地、渔业基地和矿藏基地。萨哈林州和堪察加边疆区的渔业产值分别占其全部工业产值的 1/2 和 3/4。滨海边疆区、萨哈林州和堪察加边疆区是远东地区最大的渔业基地。萨哈林州林业和燃料业发达，这两个行业的企业分布在滨海地区和岛屿上的许多小城市和村镇。萨哈林州的大型工业中心在南萨哈林斯克。堪察加边疆区除了渔业之外，船舶维修和林业发展较好，主要集中在彼得罗巴甫洛夫斯克。

远东地区北部（马加丹州和萨哈共和国）的工业主要以矿业为主，形成了雅库茨克和马加丹两个大型工业中心，约占全部工业产值的 50%。马加丹州的矿山设备维修及其零部件生产、捕鱼和养兽业发展很好。雅库特主要以林业和食品业为主。

远东地区原始森林里生活着许多毛皮兽和其他野兽，在北部的锡霍特和萨哈林州狩猎业和养兽业特别发达。建立动物养殖场，饲养紫貂、狐狸、银狐、麝香鹿和马鹿。

远东地区货物的输入大大超过货物的输出。输入的货物多数为石油产品、金属和粮食，几乎占输入货物的 2/3，其余的为机器和技术设备、日用工业品、盐和矿物肥料。输出的货物主要包括木材及锯材、水产品、有色金属、胶合板、纸张以及其他工业品。

远东地区现代经济发展的基础是生产各种产品的工业，有几千家工业企业，不过设备较为陈旧，固定生产基金磨损率平均为 60%，国防工业为 70%。由于设备的磨损问题非常严重，对所生产的产品质量产生影响，所以对新的高技术设备的生产前景必须予以重视，因为陈旧的设备增加了生产费用。

从地理位置和经济发展情况来看，远东地区在开展和扩大对外经贸合作方面拥有良好条件。在落实区域对外政策方面，投资合作对该地区具有特别的意义。创造良好条件向出口导向型行业吸引外资，能够促进本地对外贸易额的增长和生产的现代化。加强与外国的经贸关系，首先是与日本、中国、韩国和美国等国家，不断强化双方的经贸合作。一方面，这会加强远东地区在渔业、林业、石油和矿山开采业等领域的优势。另一方面，上述工业发达国家拥有大量资金和先进技术，这是远东地区进一步发展所必需的。

从远东地区的工业发展前景来看，未来将着力推进专门行业的快速增长，为进一步吸引居民和留住人才创造最好的物质生活条件，包括优先建设和完善甚至是超前发展社会的日常基础设施、建立高效的市场经济，包括组织单位、加快出口生产的发展、建立远东地区最大的进出口基地、在磨损率50%的情况下确保现有生产能力的稳定、扩大与邻国的经贸联系。

一 农业

由于客观条件不够理想，如气候条件较差和劳动力短缺，俄罗斯远东联邦区属于俄罗斯的农业落后地区，其农业包括种植业和畜牧业。种植业主要集中在该联邦区的南部地区：90%的农产品出自滨海边疆区的中部和南部、阿穆尔州和犹太自治州、哈巴罗夫斯克边疆区的南部。该联邦区的畜牧业分布比较均匀。

农业的发展对于远东地区经济社会的稳定和营造舒适的居住环境具有很大的现实意义，是该地区留住居民和进一步拓展发展空间的基础。在远东联邦区的农业综合体中，农业发挥着重要作用，主要农业区分布在阿穆尔河（黑龙江）中游、乌苏里江沿岸和兴凯湖平原，占该地区耕地面积的95%。远东联邦区农业用地666.3万公顷，可耕地280万公顷（2012年），其中谷物播种面积占36~37%，大豆播种面积占20%，土豆和蔬菜播种面积占10%~12%，饲料播种面积占32%（详见表3-4）。

表3-4 俄罗斯远东联邦农业用地的结构比例

单位：%

农业组织形式	2000 年	2005 年	2012 年
农民经济	38.7	43.1	20.8
农业企业	59.2	53.9	76.4
居民经济	2.1	3.0	4.6

资料来源：Основные показатели сельского хозяйства в России. http://www.gks.ru/wps/ publications/catalog/doc_1140096652250。

表3-5　俄罗斯远东联邦区人均农业用地

单位：公顷

年份	农业用地	耕地	种植面积
1990	665	319	289
1995	613	290	208
2000	426	229	141
2005	437	218	118
2010	427	220	138
2011	434	225	142

资料来源：Регионы России. Основные характеристикисубъектов РФ. http://www.gks.ru/ statistics/publications/doc_ 1138625359016。

从全俄来看，农业生产通常有三种组织形式：农业企业、居民经济和农民经济（家庭农户）。远东联邦区农业发展与全俄农业发展趋势基本保持一致，在农业生产中农业企业占主导地位（见表3-4）。在农产品的产量结构中，谷物、甜菜和向日葵主要是由农业企业和居民经济种植，占总产量的95%以上，土豆及其他蔬菜主要是家庭农户种植，占总产量的80%以上。

远东联邦区的谷物主要包括小麦、燕麦和荞麦，施肥较少，但是这些作物的收成低于全俄水平。由于土壤和空气湿度高，庄稼收割存在很大困难，导致损失较大。该地区约50%的谷物需求依靠从西伯利亚地区和哈萨克斯坦输入。兴凯湖沿岸始终以水稻种植为主，不过播种面积不大。乌苏里江流域低地种植区的生长季节温暖持续，肥沃的土壤有利于水稻种植面积的扩大。

远东联邦区的食品业（水产业除外）部门中，阿穆尔州、哈巴罗夫斯克边疆区和滨海边疆区的面粉业意义较大。这里有食用油、牛奶、肉类、罐头和糖等食品部门，不过食品业远远不能满足当地市场需求，相当数量的食品需要从西伯利亚和欧俄部门输入。乌苏里斯克和哈巴罗夫斯克有大型豆油加工企业，其部分产品向远东地区之外输出。有关部门已经决定在北部实施扩大食品生产企业建设项目，首先是肉类联合加工厂，以便利用当地不断增加的驯鹿，扩大城市牛奶厂网络的规模。

远东联邦区是俄罗斯唯一的一个大豆生产区，其南部种植土豆和蔬菜，完全能够满足滨海边疆区和阿穆尔州居民的需求，但是整个地区的需求还不能完全满足。因此，远东地区面临的任务是本地出产的土豆和蔬菜能够确保当地居民的需求。

远东联邦区饲养大角牲畜、猪和鹿，滨海边疆区和阿穆尔州饲养大角牲畜和猪，萨哈（雅库特）共和国、马加丹州、堪察加边疆区、楚科奇自治区饲养鹿。该地区畜牧业总体不发达，牲畜数量少，其产出率低于全俄。地产的肉类和牛奶仅能满足当地居民需求的约1/3。从未来前景来看，完全能够确保当地居民的鲜奶产品和鲜肉需求，因为该地区拥有扩大农业生产的潜力。

远东联邦区谷物产量逐年下滑，从1990年的130万吨，降至2004年的26万吨，减少了4/5。2005年起，谷物产量有所恢复，2011年增至61万吨。远东联邦区谷物生产主要在滨海边疆区和阿穆尔州，2011年分别收获9万吨和30万吨。蔬菜和马铃薯产量一直没有太大变化，蔬菜年产量约40万吨，土豆年产量约30万吨。

远东联邦区是俄联邦的大豆主要产区。1998~2002年，远东联邦区大豆播种面积在45万~48万公顷之间，2003~2009年在57万~85万公顷之间，2010年以来超过百万公顷，2010年达到120.57万公顷。仅以2011年为例就足见远东联邦区不愧为俄罗斯的大豆主产区。2011年远东联邦区大豆播种面积居俄联邦首位，为122.70万公顷，占全俄的65%。阿穆尔州的大豆播种面积为56.35万公顷，为全俄大豆播种面积的45%，比2010年增加了7.94万公顷。滨海边疆区播种面积约占全俄的12%，哈巴罗夫斯克边疆区播种面积约占1.2%，犹太自治州播种面积约占6.3%。从大豆产量来看，1998~2003年在30万~43万吨之间，2004~2009年在56万~95万吨之间，2010年以来超过百万吨，2010年达到122.23万吨，2011年高达174.93万吨。2011年阿穆尔州大豆总产量比2010年增加了25.68万吨。哈巴罗夫斯克边疆区大豆产量为1.44万吨。大豆单产为每公顷12.3公担，比2011年增长了9.4%。①

---

① 杜康、盖莉萍：《俄罗斯远东联邦区农业种植业调查》，《西伯利亚研究》2013年第3期。

远东联邦区农业综合体的主要战略目标是确保本地居民正常足额获取粮食资源。该地区农业的基本目标和任务包括发展农业区、提高农村居民的就业率和生活水平、在财政稳定和农业现代化的基础上增强俄罗斯农产品的竞争力、加快发展优先的农业下属各部门、保持和恢复用于农业生产的土地和其他自然资源的品质。

由于气候条件恶劣，国家对该地区农业产品的生产需要给予全面扶持。同时，继续推动广泛采用农业创新技术、高产动植物品种、利用新资源（如地热水）增加产品产量、改善土壤肥力、扩大优良作物品种的播种面积以达到更高标准、加快建立饲料基地、加强作物培育、利用现代技术设备使畜禽养殖场现代化、挖掘畜牧业的遗传潜力、吸引投资、开发和应用创新技术、从改变卫生条件入手，改变农村生活条件（包括发展社会基础设施、集中建设居民点）、完善农村居民就业基础条件和培训农业教育机构人才等。

培育农作物和提高谷物的产量对于发挥远东联邦区在国内外市场中的巨大潜力具有重要战略意义。远东联邦区最富有前景的是创造良好条件向西伯利亚地区和亚太市场提供小麦。但是，谷物的出口受到运费高、港口吞吐能力的限制。为此，需要完善基础设施和降低运费。在远东联邦区的一个港口建立粮食运输终端，既可以创造更多的就业岗位，又能够增加地区预算收入。同时利用别国原材料生产和加工经验为俄罗斯农产品生产者创造竞争优势，奠定开展边境合作的牢固基础。

二　能源

俄罗斯远东联邦区拥有较为丰富的能源资源，石油、天然气和煤炭的开采及出口量逐年增加，加工能力，不断增加，电能生产能力及出口量持续增强和增长。远东联邦区对外能源合作潜力巨大。

（一）油气

俄罗斯远东联邦区拥有丰富的油气资源，石油远景预测储量为96亿吨，天然气远景预测储量为14万亿立方米。据俄罗斯有关权威机构统计，远东联邦区现有55个石油和天然气田，其中13个为油田、13个为天然气伴生油田、16个为石油伴生气田、13个为凝析油气田，可开采储量达到19.69

亿吨（ABC1 标准）和 15.72 亿吨（C2 标准）。另据俄罗斯科学院有关机构
初步估计，远东联邦区陆地和水域下面的石油勘探储量约为 4.10 亿吨，其
中鄂霍次克海大陆架约 1.65 亿吨。远东联邦区的石油品质好、含硫量低，
其基本参数超过俄罗斯的出口标准。这里储藏的石油大部分（68.2%）黏
稠度低于 0.87 克/立方米，约 78% 的石油含硫量在 0.5% 以下。远东联邦区
的天然气勘探储量接近 2 万多亿立方米，其中鄂霍次克海大陆架约 0.73 亿
立方米，初步估计储量达到 1.3 万亿立方米以上，其中鄂霍次克海大陆架超
过 0.25 亿立方米。①

　　进入 21 世纪之后，远东联邦区的石油开采量才出现明显的持续增长趋
势。2000 年远东联邦区的石油开采量为 376.4 万吨，2001 年为 415.0 万吨，
2002 年为 365.2 万吨，2003 年为 357.2 万吨。2004 ～ 2005 年"萨哈林 – 1"
号项目投入工业开发之后，远东联邦区的石油开采量逐年增长。2004 年为
390.3 万吨，2005 年为 442.7 万吨，2006 年为 664.2 万吨，2007 年突破千
万吨，达 1242.0 万吨。新的项目陆续得以实施，2008 ～ 2009 年萨哈（雅库
特）共和国的塔拉坎油田的开发、2009 年"萨哈林 – 2"号项目开始全年常
态化开采，因而 2007 年以后远东联邦区的石油开采量持续增长，2008 年为
1369.2 万吨，2009 年为 1737.9 万吨，2010 年为 1828.4 万吨，2011 年为
2083.6 万吨，2012 年为 2089.0 万吨。② 2014 年远东联邦区石油开采量最高
的萨哈林州为 1450 万吨，比 2013 年增长 4.3%（详见表 3 – 6）。

表 3 – 6　2007 年以来远东联邦区的石油开采量情况

单位：万吨

	2007 年	2008 年	2009 年	2010 年	2011 年	2012 年
萨哈（雅库特）共和国	37.8	75.9	195.1	351.9	56.02	680.6
萨哈林州	12.401	1293.3	1542.9	1476.5	1523.4	1408.5
远东联邦区	1242.0	1369.2	1737.9	1828.4	2083.6	2089.0

①　陈迪：《俄罗斯远东地区能源发展态势》，《商业经济》2011 年第 16 期。
②　Конторович А. Э.（康多罗维奇 А. Э.）и др. Нефтяная промышленность Дальнего Востока：
　　современное состояние и перспективы развития. Бурение и нефть. №7 – 8, 2013 г.

	2007 年	2008 年	2009 年	2010 年	2011 年	2012 年
俄罗斯联邦	49130.6	48848.6	49424.7	50513.0	51142.0	51804.3
东西伯利亚和远东地区占全俄的(%)	2.5	2.8	3.5	3.6	4.1	4.0

资料来源：Конторович А. Э. （康多罗维奇 А. Э.）и др. Нефтяная промышленность Дальнего Востока：современное состояние и перспективы развития. Бурение и нефть. №7 - 8, 2013 г.

从石油加工来看，2012 年远东地区原油总加工能力为 1230 多万吨，初加工能力为 1140 万吨。拥有共青城炼油厂（隶属于"俄罗斯石油公司"）和哈巴罗夫斯克炼油厂（隶属于"联盟"公司）两个大型炼油厂，还有一个小型炼油厂萨哈林"彼得罗萨赫"。共青城炼油厂的年加工能力为 800 万吨，2012 年完成了 94%。哈巴罗夫斯克炼油厂的年加工能力为 435 万吨，2012 年完成了 90%。萨哈林"彼得罗萨赫"的年加工能力为 20 万吨，2012 年实际加工了 6.5 万吨。

2012 年 9 月，"俄罗斯石油"公司在远东地区的纳霍德卡开工建设"东方石化公司"，目标是将"东方石化公司"建成石油加工和石油化学综合体，年加工能力达 1000 万吨，工程总投资 110 亿美元，主要向亚太地区国家市场出口石化产品。在该项目建设的第一阶段（2011～2017 年），设计和建设年石脑油混合物加工能力为 344 万吨，生产聚乙烯、聚丙烯、乙二醇、丁二烯和汽油等产品。在该项目建设的第二阶段（2018 年第三季度），计划从东西伯利亚—太平洋石油管道获得 5000 万吨原油。第二阶段投产后，可以生产聚乙烯、汽油、柴油、煤油、重油等产品。该项目建设的第三阶段（2018 年第四季度），计划从"萨哈林 - 3"号项目获得 150 万吨凝析气。由此可见，未来远东地区的石油加工能力将不断提高，一方面，依靠扩大现有的共青城炼油厂和哈巴罗夫斯克炼油厂的生产规模；另一方面，通过建设新的石化和石油加工综合体。[①]

油气综合体是俄罗斯远东联邦区的一个富有战略性的工业领域。该地

---

① Конторович А. Э. （康多罗维奇 А. Э.）и др. Нефтяная промышленность Дальнего Востока：современное состояние и перспективы развития. Бурение и нефть. №7 - 8, 2013 г.

区设有两个年生产能力达 1000 万吨的石油加工厂及若干小型石油加工厂，还有几家专门生产各种化学产品的化工和石化企业。哈巴罗夫斯克石油加工厂和阿穆尔共青城石油加工厂是远东联邦区石油加工业的两家大型主导企业，但是这两家企业不能保障该地区对石油产品的需求，因为这两家企业的生产量只达到其设计能力的 50% ，需要进行改造升级。远东联邦区对天然气的消费量还相当低。目前，在萨哈（雅库特）共和国的中央地区、哈巴罗夫斯克边疆区的部分地区和萨哈林州正在实施天然气化工程。据预测，到 2015 年油气管道敷设开通后，远东联邦区对石油及其产品的需求量将达到 3000 万吨，对天然气的需求量将达到约 350 亿立方米。因天然气化学企业的建立，到 2020 年需求量将达到 450 亿立方米。

俄罗斯远东联邦区计划建立以下大型天然气开采中心：在萨哈林岛大陆架油气田（"萨哈林 - 1"号和"萨哈林 - 2"号）的基础上建立萨哈林天然气开采中心，并依靠实施"萨哈林 - 3"号、"萨哈林 - 4"号、"萨哈林 - 5"号和"萨哈林 - 6"号来进一步发展该中心；在恰扬金斯克油气田基础上建立雅库茨克天然气开采中心，开发邻近的油气田——中波图奥宾斯克油气田、塔阿斯—尤利亚赫斯克油气田、维柳伊斯克油气田等。[①]

由于实施《2030 年前俄罗斯能源战略》，远东联邦区一次能源生产量将出现实质性的增加，因而远东联邦区将从能源短缺地区转变为能源丰裕出口的地区。与 2008 年相比，到 2030 年远东联邦区一次能源生产量将增长 3.4 倍。在利用现代能源储存技术后，远东联邦区将建立起实力雄厚的工业基地。因此，远东联邦区一次能源的消费量将比 2008 年增加 0.7 ~ 0.9 倍。

俄罗斯远东联邦区油气行业的发展潜力巨大。随着基础设施条件的逐步完善和相应政策措施的落实，其所开采的石油和天然气及其产品，除了满足当地需求之外，与亚太地区国家的能源合作将大幅度扩展。因为亚太地区国家油气产品市场需求空间广阔，这是俄罗斯远东联邦区开展能源国际合作得天独厚的优越客观条件。

---

① Энергетическая стратегия России на период до 2030 года. http://minenergo. gov. ru/activity/ energostrategy/.

据俄罗斯科学院有关部门和国际组织预测，到 2020 年，亚太地区国家的石油需求量将达到 20.70 亿 ~ 22.00 亿吨，2030 年达到 23.50 亿 ~ 24.80 亿吨。中国、韩国、日本、美国的市场需求量增长最为迅速。届时，中国对石油的年需求量将分别达到 5.70 亿吨和 6.30 亿吨；日本分别增长到 3 亿吨和 3.10 亿吨；韩国分别增长到 1.60 亿吨和 1.70 亿吨。到 2020 年，亚太地区国家的天然气需求量将达到 8000 亿立方米，2030 年达到 10000 亿立方米。中国对天然气的年需求量 2020 年达到 20000 亿立方米，2030 年达到 35000 亿立方米；日本分别增长到 1100 亿立方米、1300 亿立方米；韩国分别增长到 600 亿立方米、900 亿立方米。美国能源情报署在其《2001 年国际能源展望》中预测，2010 年和 2020 年中国的原油需求量将分别达到约 2.9 亿吨和约 3.9 亿吨。相应的石油缺口将分别为 1.2 亿吨和 2.1 亿吨左右。到 2020 年，中国天然气的需求量将达到每年从 300 亿立方米增加到 1600 亿立方米，其中只有 1100 亿立方米为中国自产，34% 的天然气需要进口。[①]

在实施《2030 年前俄罗斯能源发展战略》第一阶段，继续开发萨哈林州油气田，包括陆上和鄂霍次克海大陆架油气田、萨哈（雅库特）共和国的塔拉坎和上琼斯克油田。使纳霍德卡的石油终端现代化，以萨哈林天然气为基础继续推进远东联邦区的天然气化。第二阶段，增加远东联邦区的石油和天然气开采量。继续开发鄂霍次克海大陆架，即"萨哈林－3"号、"萨哈林－4"号、"萨哈林－5"号和"萨哈林－6"号项目。建立新的石油和天然气化学中心，滨海边疆区石油加工厂。继续推进本地区的天然气化工作，敷设通往亚太地区国家的天然气管道。扩大天然气的生产和出口。建成东西伯利亚—太平洋石油管线。着手开发雅库特埃尔金煤田。煤炭开采量的增加要求西伯利亚大铁路扩大东（向亚太地区国家出口）西方向的运输能力。依靠热电站和水电站加快电力业的发展，将雅库特中心电力区与东部电力系统连接起来。第三阶段，着手开发雅库特天然气、马加丹州和太平洋西堪察加地区的碳氢化合物矿藏。增加现有煤田的煤炭开采量，使马加丹州新煤炭投入运营。继续将萨哈（雅库特）共和国和马加丹州的

---

① 陈迪：《俄罗斯远东地区能源发展态势》，《商业经济》2011 年第 16 期。

电纳入到国家电网。建成东部天然气网和统一的天然气供应系统。大规模发展电网，解决将西伯利亚地区和远东联邦区能源载体连接起来的战略任务。2030 年远东联邦区将是大型能源富裕地区，完全能够确保本地区对一次能源的需求，其中包括满足国内其他地区对一次能源的需求以及向亚太地区出口，确保远东联邦区的能源安全，并大幅度地提高该地区的经济能源效率。① 远东联邦区未来的油气开采还与萨哈（雅库特）共和国、西堪察加和萨哈林大陆架的大型油气田开采密切相关，同时勘探北冰洋和太平洋大陆架油气，完善东西伯利亚—太平洋管线系统。石油加工的任务是通过改造现有石油加工厂来提高生产效率，增加对石油进行深加工的数量，运用现代设备生产产品并使之达到国际标准，建立新的石油加工综合体。

据有关专家预测，远东地区及海洋大陆架的石油及凝析气总开采量，2015 年达到约 2800 万吨，2020 年达到 2930 万吨。2020 年前，萨哈（雅库特）克共和国的石油开采量将增加到 1400 万吨，2020 年以后，该共和国的石油开采量将开始减少，2030～2035 年将降至约 700 万～800 万吨。2020 年以后，萨哈（雅库特）共和国的石油开采量将保持在 500 万～700 万吨。2015～2020 年，萨哈林州的石油开采量将逐渐减少，"萨哈林－1"号 2020 年的石油开采量将保持在 700 万吨的水平，2025 年减少到 500 万吨，2030 年减少到 400 万吨。"萨哈林－2"号 2015 年的石油开采量为 650 万吨，2020 年减少到 500 万吨，2025 年减少到 400 万吨，2030 年减少到 350 万吨。"萨哈林－3"号至"萨哈林－9"号未来石油储量和开采量将增加，2020 年石油储量开采量将达到 700 万～800 万吨。②

利用丰富的天然气资源，大力发展东西伯利亚和远东联邦区的天然气工业，从天然气开采和敷设输气管道系统到利用天然气加工高附加值产品。油气加工的最重要的方向是在哈巴罗夫斯克、共青城和符拉迪沃斯托克的工厂以及南萨哈林超前经济发展区生产合成产品，以满足当地在艰苦气候

---

① Энергетическая стратегия России на период до 2030. http://www.zakonprost.ru/content/base/part/645999.

② Конторович А. Э. （康多罗维奇 А. Э.）и др. Нефтяная промышленность Дальнего Востока: современное состояние и перспективы развития. Бурение и нефть. №7－8, 2013 г.

条件下工作的消费者的需求。另外，发展氢气行业（例如在萨哈共和国）在该地区也是富有前景的。

（二）煤炭

远东地区已探明的煤炭储量为 200 亿吨，远景预测储量达 3547 亿吨。萨哈共和国已探明的煤炭储量为 93.91 亿吨，居远东地区第一位，是远东地区唯一拥有大规模炼焦煤储量的地区，埃利吉石煤田和坎加拉瑟褐煤田开发项目，已探明储量达 60 亿吨。3 个露天煤田年开采能力共 3300 万吨。阿穆尔州已探明的煤炭储量为 38.13 亿吨，居远东地区第二位，年开采能力为 1000 万～1200 万吨。主要煤田赖奇欣斯克、博古恰内和叶尔科夫齐煤田，年开采能力均在 450 万吨左右。斯沃博德内煤田已探明储量为 8.7 亿吨，谢尔盖耶夫卡褐煤田储量为 2.91 亿吨，年开采能力约 15 万～200 万吨。滨海边疆区已探明的煤炭储量为 26.21 亿吨。主要煤田有：比金煤田年开采能力为 1200 万～1400 万吨，巴甫洛夫斯克褐煤田年开采能力为 500 万～600 万吨。萨哈林州已探明的煤炭储量为 18.45 亿吨。哈巴罗夫斯克边疆区已探明的煤炭储量为 15 亿吨，主要产煤田为乌尔加尔煤田，可露天开采 3.4 亿吨，地下可开采 10.6 亿吨。此外，上布列亚煤田预测储量达 180 亿吨，主要是发电用煤。马加丹州已探明的煤炭储量为 5.73 亿吨，这里的煤田开采成本高、难度大。楚科奇自治区已探明的煤炭储量为 2.12 亿吨。[①]

20 世纪末至 21 世纪初，远东地区的煤炭开采一直处于基本停滞状态，进入 21 世纪逐步恢复。2002 年远东地区采煤 3000 万吨，比 2000 年增长 16%，但与 1998 年的 5550 万吨产量相比差距还很大。目前，远东地区采煤企业共 52 家，主要有滨海煤炭和卢泰克公司、雅库特煤炭和埃利吉煤炭开放型股份公司、远东煤炭开放型股份公司、乌尔加尔煤炭开放型股份公司、北乌尔加尔煤炭公司和萨哈林煤炭公司等公司。[②]

远东和贝加尔地区煤炭的未来开采水平取决于国内市场需求和出口量的大小，以及煤炭运输基础设施和运费情况。到 2025 年煤炭开采量计划增

---

① 刘慧丽：《俄罗斯远东地区的煤炭资源》，《俄罗斯中亚东欧市场》2006 年第 12 期。
② 刘慧丽：《俄罗斯远东地区的煤炭资源》，《俄罗斯中亚东欧市场》2006 年第 12 期。

加 0.9 ~ 1.6 倍，开发南雅库特新煤田和发展富有前景的现有炼焦煤企业。在远东和贝加尔地区的许多拥有单独能源系统的地方开发当地煤炭将极大地提高燃料输送的便利性。该地区煤炭行业的优先任务是建设现代选矿厂生产高附加值产品，改造损耗超过 80% 的煤矿企业的固定生产基金，降低煤炭成本和提高煤田矿藏开采率。

（三）电能

远东联邦区拥有丰富的水利电力资源，占全俄的 30%，但尚未形成大规模的梯级式水力发电网。目前该地区有 6 个主要电力系统：堪察加边疆区、马加丹州、萨哈林州、萨哈（雅库特）共和国 4 个地区构成独立系统，哈巴罗夫斯克边疆区和滨海边疆区组成了东部联合电力系统。该地区电力工业以火电站为主，其潜力巨大的水力资源还没有得到应有的开发利用。据测算，远东联邦区大中型河流有效的水力能源约为 2700 亿千瓦时，总潜力为 1 万亿千瓦时，目前已开发的仅 6%。

目前，远东联邦区装机容量超过 10 万 ~ 30 万千瓦的电站有 25 个，其中水电站 3 个、核电站 1 个、地热电站 1 个，其余的都是火力发电站。有 36 个电力网络，还有为了满足局部地区的需要而建的单独电站。该地区发电厂的发电能力为 1110 万千瓦时，其中火力发电 420 万千瓦时、水力发电 270 万千瓦时、国有地区发电 415 万千瓦时、核发电 5 万千瓦时。现有 1416 个生产单位发电和供热，其中火力发电厂为 1180 座、水力发电站有 4 座、维柳伊斯克第一和第二水电站、结雅水电站、科累马水电站。

从远东和贝加尔地区来看，该地区在全俄电能生产和分配中占 10% 以上，电能、天然气和水的生产及分配占其地区生产总值的 5%（俄罗斯平均占 4%），不过楚科奇自治区占 19%，马加丹州占 12%。在电能、天然气和水的生产及分配领域，远东和贝加尔地区将近 4% 的有劳动能力的居民在该领域就业，楚科奇自治区约 10%，马加丹州约 6%。在该地区的电能结构中，水电站的发电量占 54%，热电站的发电量占 46%，核电站及新能源电站的发电量占不到 0.6%。

布里亚特共和国、外贝加尔边疆区、哈巴罗夫斯克边疆区、滨海边疆区和萨哈林州的热电站发电量达 100%。伊尔库茨克州水电站发电量达

77%，阿穆尔州达 88%，马加丹州达 94%。堪察加边疆区利用新能源电站的发电量占 29%，楚科奇自治区核电站的发电量占约 47%。

在电站燃料消费结构中，远东联邦区煤炭占约 70%，贝加尔地区约 90%。当地的热电站在很大程度上倾向于使用萨哈（雅库特）共和国、哈巴罗夫斯克边疆区、滨海边疆区、阿穆尔州和楚科奇自治区开采的煤炭。

俄联邦政府对远东和贝加尔地区电业发展的扶持措施：通过联邦专项纲要、吸引投资、支持贷款和租赁等多种方式给予输电网和新建发电设施以补助、向居民和联邦预算消费者提供补助以补偿用电支出，这样可以降低关键经济部门工业消费者的生产费用，帮助低收入人群、采取税收措施促进投资。

三　机器制造业

苏联时期，远东联邦区的机器制造业主要以军事工业企业为主，满足军事工业是其首要任务。军事工业综合体产值在远东联邦区军事工业企业总产值中所占比例很高，有的年份高达 90% 以上。该地区 51% 的机器制造业和机器修理业的产品是由军事工业企业生产的。在军工企业中，造船、修船和航空工业占企业总产值的 90% 左右，在民用机器制造业中，37% 的产品是两用（民用和军用）产品。1991～1997 年远东联邦区机器制造业的生产下降 4/5 以上，其中 1996～1997 年机器制造业生产衰退到历史最低点，1997 年的产量仅为 1996 年的 16.4%。所有的机器制造业企业中只有 5 家企业能保持生产高质量产品。从 1993 年起机器制造业生产开始大幅度下降，船舶制造业、柴油机制造业、机床制造业、动力机器制造业和电子工业所属企业同时出现下降。与 1990 年相比，1991～1997 年其产值分别为 107.6%、102.1%、82.7%、40.5%、27.7%、16.5%、14.5%。[①] 随着全俄经济形势的逐渐好转，远东联邦区机械制造业出现了稳步增长的趋势。

远东联邦区机械制造业的发展在相当大的程度上依靠当地富有前景的相关行业的需求，目标是发展创新高技术部门，从而提高落实原材料、能

---

① 马蔚云：《俄罗斯远东机器制造业综合体》，《西伯利亚研究》2000 年第 4 期。

源和基础设施方案的经济效益。发展造船业以满足渔业和采掘业的需求，发展航空制造业以满足军用和民用航空技术需求，进而使该地区运输更加便捷。敷设油气管道、地质勘探、钻井及其作业、能源设备及其配套服务是该地区富有发展前景的领域。发展服务企业为渔业提高服务，包括水产品加工业，为远东联邦区滨海地区的捕捞船队提供服务。

远东联邦区机械制造业在向亚太地区国家、欧洲和独联体国家市场出口方面拥有很大潜力。为此，该地区需要在实施大型自然资源和基础设施项目的基础上推动本地区的、全俄的机器制造企业与国际同业企业开展一体化。

在国家促进行业发展的措施中，增加国家订货对处于初级阶段的现有生产基地的发展发挥着重要作用。国家订货既包括军用产品，也包括民用产品。在远东联邦区按照机器制造的行业建立工业经济特区有利于包括机器制造业在内的整个工业的发展，例如在滨海边疆区和哈巴罗夫斯克边疆区建立船舶制造经济特区，在滨海边疆区、哈巴罗夫斯克边疆区等地建立飞机制造经济特区，在阿穆尔州建立农工综合体机器制造经济特区。

吸引外国技术或进口成套设备对远东联邦区船舶制造的发展意义很大，不仅可以与外国生产者开展合作生产，逐渐增加在俄罗斯境内的产品产量，而且可以进行技术创新。在船舶制造框架内，使现有生产现代化，更新捕捞船队和油气化学船队，在符拉迪沃斯托克、共青城和瓦尼诺经济区开展新的生产活动。

俄罗斯政府计划在远东联邦区建立机器制造技术园：在滨海边疆区和哈巴罗夫斯克边疆区建立船舶制造和航空制造技术园，在阿穆尔州建立宇航技术和农业机械制造技术园。给予那些获得高技术设备的企业贷款利息率和技术创新最低附加值税率方面的优惠。通过发展高等教育培养专门人才来帮助企业解决人才短缺问题。实行严格透明的关于石油、木材和其他资源收入的获得和分配制度。

远东联邦区的发展需要进行油气化学及其加工生产，建立铝厂，为油气开采项目提供勘探、开采、加工和运输所需的船舶设备，敷设输气管道和建设海港以完善基础设施，确定技术商品在出口中的比例、科学研究和试验设计支出在利润中的标准。这些措施有助于推动技术创新的发展。

2025 年前远东联邦区机械制造业的发展目标：对东方港的船舶制造和维修企业进行改造和建设，建立远东"星"工厂开放型股份公司生产综合体，建立俄韩船舶制造集团公司（滨海边疆区），建立远东技术创新中心和远东船舶租赁公司（滨海边疆区），组织生产民航支线客机 SSJ－100（哈巴罗夫斯克边疆区），生产技术设备开发大陆架油气资源，包括石油和天然气开采平台和油轮，生产玄武岩材质管道（哈巴罗夫斯克边疆区），建立生产核电站所需的热控制电缆企业（阿穆尔州），在滨海边疆区建立生产淡水净化系统的化学和生物技术机器制造厂，既可以保障向远东联邦区城乡居民提供优质生活用水，也可以向中国、印度等国家出口淡水净化装置，在滨海边疆区哈巴罗夫斯克边疆区按照机器制造企业的订单（包括飞机制造和船舶制造）组织特种工具生产。① 为了发展机器制造业，需要在符拉迪沃斯托克、（阿穆尔）共青城和哈巴罗夫斯克建立地区工业区以发展享受税收优惠政策的风险投资和高新技术企业，完善金融制度支持创新生产计划、完善基础设施和挖掘人才潜力。

四 渔业②

（一）鱼类资源

俄罗斯是渔业资源极为丰富的国家，从分布来看，远东联邦区居首位。远东联邦区陆上河湖众多、东濒太平洋、海岸线漫长，这种优越的自然条件使其拥有丰富的渔业资源，为俄罗斯最重要的渔业经济区。远东联邦区的各联邦主体（不濒临江河湖海的除外）是俄罗斯渔业综合体发展的支柱，这些联邦主体通往太平洋和北冰洋，拥有漫长的海岸线，海洋生物资源潜力巨大。在工业生产总额中，捕捞和鱼类加工约占 15～17%，堪察加边疆

---

① Стратегия социально-экономического развития Дальнего Востока и Байкальского региона на период до 2025 года. Утверждена распоряжением Правительства Российской Федерации от 28 декабря 2009 г. N 2094 - р . http://www. consultant. ru/document/cons_ doc_ LAW_ 96571/? frame = 8.

② 关于远东地区渔业问题因中俄文资料有限，因而此处主要引用辛亚梅的黑龙江大学硕士学位论文《俄罗斯远东地区渔业的现状、问题和前景》（2013 年）中的相关材料。

区这一指数相当高，达到 50% ~ 60%。渔业综合体组成复杂、行业多样。除了渔业本身的行业和生产（捕捞、加工、储存和渔业资源再生产），渔业综合体还包括一系列辅助性的服务行业和部门，以及生产和社会基础设施，其中最为重要的是造船、建筑、运输、港口、包装和织网。

该地区以海洋渔业为主，其渔业资源主要集中在北部海域和东部海域，尤其是东部海域。滨海边疆区堪察加边疆区和萨哈林州是远东联邦区的 3 个重要的渔业经济区。滨海边疆区的捕捞量占远东联邦区总捕捞量的 50%，堪察加边疆和萨哈林州的捕捞量占 40%。远东联邦区鱼类捕捞主要在公海，由大型渔业船只进行，鱼类品种繁多。为了丰富捕鱼种类和增加该地区特别盛产的珍贵的鲑鱼的捕捞数量，俄罗斯与日本签署了关于调节鲑鱼捕捞量的专门协议。在堪察加和其他州建立了许多人工养殖鲑鱼和其他珍贵鱼种的工厂。

北极海域中，拉普捷夫海的水生物资源量在该海域居第二位，仅次于巴伦支海。藻类以冰藻为主，鱼类以鲑鱼和鲟鱼为主。在注入河的下游和河口地区鲑鱼种类较多，包括大北鲑、白鲑、秋白鲑、穆松白鲑、宽鼻白鲑、西伯利亚欧白鲑、哲罗鱼、茴鱼和红点鲑等。河口三角洲地区鲟鱼较多，如西伯利亚鲟鱼和稀有的小体鲟等。鲱鱼、大西洋鳕鱼、极地比目鱼、太平洋毛鳞鱼、亚洲胡瓜鱼和大马哈鱼为开放海域南部地区的重要经济鱼类，欧白鲑、秋白鲑和穆松白鲑为主要的捕捞鱼类。海兽资源极为丰富，尤其是在西北部群岛地区，海豹数量最多，还有海象和北极熊等。由于该地区气候条件恶劣和水生物资源储量相对较少的特点，其海洋捕鱼业发展缓慢。

东西伯利亚海的渔业资源相对匮乏，主要集中在注入河流的下游地区和个别沿岸地区。主要捕捞白鲑，例如穆松白鲑、秋白鲑、宽鼻白鲑、欧白鲑等。在海区东部的近岸海域时常出现北鳕群。该海区的海兽捕猎业相对较为发达，对海豹等海兽进行限额捕捞，这是当地沿岸居民的重要作业之一。楚科奇海有浮游植物 33 属 103 种，主要有格鲁菱形藻、诺登海链藻和聚生角毛藻等。主要经济鱼类是白鲑、茴鱼、胡瓜鱼、宽突鳕、极地比目鱼、鰕虎鱼、红点鲑、大北鲑和北鳕等。由于该海域水文条件较差，仅南部海区具有渔业发展潜力，渔业作业主要是当地居民的沿岸捕鱼业。楚科奇海的海兽捕猎业相对鱼类捕捞业较为发达，弗格兰岛、施密特角和瓦卡列姆角附近是海豹聚集的地方，在沿岸地区的海象和白鲸数量也较多。

东部海域的白令海、鄂霍次克海和日本海是远东联邦区渔业资源储量最丰富的海区。鲑鱼、鳕鱼、比目鱼和藻类是远东联邦区的主要渔业资源。

白令海是沿岸许多国家远洋捕捞作业的优良基地。这里蕴藏着丰富的水生动植物资源。白令海区的鱼类约有 315 种，其中深水鱼类 50 余种，经济鱼类 25～30 种，其中最为重要的经济鱼类为鲑鱼（大马哈鱼、细鳞大马哈鱼、大鳞大马哈鱼、红大马哈鱼）、鲱鱼、胡瓜鱼、宽突鳕、比目鱼、大西洋鳕、明太鱼、鲽鱼等。鲑鱼类主要聚集在阿留申群岛和堪察加半岛地区，深度为 12～15 米的上层水域是鲱鱼栖息地，宽突鳕主要分布在沿岸地区，比目鱼产量最高的地区在堪察加半岛东南沿岸地带、白令海区中部和南部。此外，该海区还是海狮、海豹、海象、海狗和鲸类等哺乳类海洋生物的栖息地。白令海生物资源以鲑鱼和蛤科类产量最大。但全球变暖对白令海的渔业资源影响很大，与前 30 年相比，该海区的气候变化使得其虾蟹资源逐渐减少，而鲑鱼和其他生长在海底的鱼类数量则不断增加。该海区的浮游植物共有 25 属 71 种，以硅藻为主，主要分布在浅海区域。浮游动物以喜冷的跷足甲壳类为主，距离海岸越远，其数量越多。褐藻、红藻、海带和海草等海底植物产量丰富，主要分布在海区南部沿岸地带的浅水区域。白令海是世界上大叶藻产量最高的海域。海底动物主要包括海绵、甲壳类、棘皮类和软体动物，无论是在浅水区，还是深水区，都很富饶。

鄂霍次克海的渔业资源储量在俄罗斯所有海区中位居第一。海产品种类超过 3000 种，其中鱼类约有 300 种（有 50 多种为深海鱼类）。鲱鱼、鲑鳟鱼（大马哈鱼、细鳞大马哈鱼、大鳞大马哈鱼、红大马哈鱼、银大马哈鱼）、比目鱼、大西洋鳕、鲽鱼、毛鳞鱼、胡瓜鱼、秋刀鱼等是该海区的主要捕捞对象。主要的捕捞基地在北部海岸、舍利霍夫湾、堪察加西部大陆架地区、千岛群岛和萨哈林岛南端。

鲑鳟鱼是鄂霍次克海的重要经济鱼类之一，主要分布在千岛群岛北部海峡地区，以及萨哈林岛和堪察加半岛西岸的河口外水域。鲱鱼储量也及其丰富，该海区鲱鱼的年捕获量占全俄鲱鱼年捕获量的 65%，产卵期和育肥期的鲱鱼群主要集中在吉日加湾、阿尼瓦湾、舍利霍夫湾、陶伊湾、约翰岛和鄂霍次克城附近海域。与之储量相当的还有比目鱼，鱼群主要集中在堪察加半岛西岸、萨哈林岛东岸、捷尔佩尼耶湾南部海域。此外还有大西洋鳕和明太鱼，特别是明太鱼群，其捕捞基地在堪察加半岛西南部海岸和北海道岛东北部海岸地区。秋刀鱼主要分布在千岛群岛南部和北海道岛附近海域。堪察加半岛东部附近海域有世界上最大的捕蟹场。

在萨哈林岛南部和鄂霍次克海沿岸地区扇贝的储量极为丰富。海区海水营养盐类较多，有利于海洋生物的繁殖。浮游植物量达 20 克/立方米，主要属硅藻门，其次为甲藻。

在尚塔尔群岛、陶伊湾、品仁纳湾、阿尼瓦湾、堪察加半岛西北部海岸、萨哈林岛东南部海岸盛产褐藻类，千岛群岛附近的海带储量丰富。日本海的水生生物资源储量十分丰富，其渔业资源量约为北部海域的资源总量。该海区拥有 603 种鱼类，最具经济价值是鲭鱼、比目鱼、大西洋鳕、鲱鱼（包括太平洋沙丁鱼）、鲑鱼、秋刀鱼和明太鱼，此外还有鳀鱼、鱿鱼、墨鱼等。鲱鱼主要生活在彼得大帝湾、鞑靼海峡和萨哈林岛南部的西海岸地区。大西洋鳕主要分布在萨哈林岛的东海岸和西海岸附近。海区南部的明太鱼储量最为丰富。鲭鱼的捕捞基地主要分布在滨海边区沿岸和日本海南部。比目鱼群沿鞑靼海峡和整个滨海边区海岸分布。鲑鱼主要聚集在河口区和北海道岛的东部和南部海域。该海区除鱼类外，还盛产软体动物、海参和海藻等。在浅水和沿岸海域有丰富的虾类，蟹类数量较多，分布在整个日本海域。海底软体动物中最具经济价值的牡蛎主要聚集在自朝鲜半岛至阿穆尔河口湾和萨哈林岛附近水深约 6 米处的水域里。扇贝类资源尤其丰富，多集中在沿岸地带的彼得大帝湾和萨哈林岛南部海域。在日本海南部水深约 50 米处，包括彼得大帝湾在内的海域可捕捞海参。沿岸海域盛产藻类，以褐藻为主，主要生长在滨海边区沿岸和萨哈林岛西南沿岸。东部海域（远东海域）属于温水海域，水生物资源十分丰富，是俄罗斯重要的渔业原料基地。在俄罗斯太平洋 200 海里水域里估计有鱼 2600 万吨，虾、蟹、螺等非鱼类海产品 260 万吨，生物物种有 6000～7000 种。该海域的海洋鱼量在全俄海洋总鱼量中所占比重达 90% 以上。浮游生物稀少，鱼类约有 39 种，主要集中在水温较高的河口地区。捕捞业主要在河流下游水域，主要捕捞对象包括穆松白鲑、大北鲑、秋白鲑、哲罗鱼、江鳕等。上游地区渔业捕捞对象是经济价值稍低的鱼类，有细鳞鱼、茴鱼、雅罗鱼、狗鱼和河鲈等。堪察加河发源于堪察加半岛中部山区，注入太平洋，长度约 758 公里，流域面积为 9.59 万平方公里。堪察加流域是太平洋海域鲑鱼的产卵地，捕捞对象以鲑鱼为主。阿穆尔河是中俄界河，发源于额尔古纳河，注入太平洋，全长约 4500 公里，居世界第 8 位。阿穆尔河渔业资源量是俄罗斯河流之最。

据统计，光在阿穆尔河就栖息着 100 多种鱼类，其中有 20 种为特有品种。主要的经济鱼类是鲑鱼（大马哈鱼、细鳞大马哈鱼和卡达白鲑），捕捞时间主要是在夏秋两季。除鲑鱼外，该流域的鲫鱼、鲤鱼、白鲢、阿穆尔鲇鱼、狗鱼、白阿穆尔鱼和黑阿穆尔鱼等鱼类的储量也很丰富。乌苏里江是中俄两国的界河，长度为 897 公里，流域面积约 19 万平方公里。该河水产品种类亦非常丰富，浮游植物有硅藻、绿藻、蓝藻、甲藻等，主要鱼类为鲑鱼（大马哈鱼和细鳞大马哈鱼），其他经济鱼类还包括鲫鱼、鲤鱼、鲟鱼、鳇鱼、狗鱼、哲罗鱼、茴鱼、鲇鱼、鮊鱼、江鳕、鳊鱼和鳜鱼等。

在堪察加南部和西部水域以及千岛群岛教学螃蟹养殖，生产的螃蟹罐头在国际市场供不应求。远东联邦区近海有海象、海豹养殖基地。除了进一步发展鱼类、螃蟹和海兽养殖之外，远东联邦区的一个重要任务是采集种类丰富的海产品：食用海带、扇贝、虾、海参和鱿鱼。

（二）捕捞、加工、出口和未来发展前景

远东联邦区的海域是俄罗斯最重要的捕渔区，年捕鱼量达 300 万吨左右，捕鱼量占全俄捕鱼总量的近 65%，其海洋鱼量占全俄海洋总鱼量的 90% 以上。[1] 我们想尽各种方法试图搜集 1992 年以来远东联邦区的捕鱼量，但是中俄文文献资料有限，只找到该地区主要捕渔区部分年份的生产情况。2002 年远东联邦区的捕鱼量为 157 万吨，2003 年为 171 万吨。2005～2009

---

[1]　王殿华：《中国与俄罗斯渔业合作的潜力分析》，《俄罗斯中亚东欧市场》2006 年第 11 期。

年间，俄罗斯鱼类和海产品捕捞量的年增幅为 4～5%，食用鱼类产品（不含罐头类）产量年增幅超过 4%。在全俄鱼类和海产品的捕捞量，以及鱼类产品的加工和产量方面，远东联邦区所占比例超过了 60%，

2010 年堪察加州的捕鱼量为 90.8 万吨。2011 年，堪察加州的捕鱼量（含各种水生物）超过 100 万吨，达 100.2 万吨，创近 20 年来的最高纪录，成为俄罗斯国内第一个也是唯一一个捕鱼量超百万吨的地区。这一成绩的取得主要得益于渔民捕鱼积极性的提高、高质量的捕捞组织工作、政府与企业间建设性关系的形成。滨海边疆区的捕鱼量为 77.3 万吨，同比增长 4%。其中明太鱼、鲱鱼的捕捞量有明显提高。与此同时，该边疆区 2011 年螃蟹、鱿鱼及鳕鱼的捕捞量也有良好表现。哈巴罗夫斯克边疆区的捕鱼量为 20.91 万吨，较 2010 年增长 0.2%。2012 年，哈巴罗夫斯克边疆区捕鱼量为 22.63 万吨，较上年增长 8.1%。鲑鱼捕捞量创下了近 100 年来的新纪录，达 5.16 万吨，较上年增长 50%。各类鱼产品产量约 19 万吨，其中高附加值产品达 2.9 万吨，较上年增长 8%。这得益于该边疆区积极引进生产储藏设备、建立鱼品加工综合体、增加生产线数量。有超过 130 家企业从事捕鱼与鱼品生产加工，其中实现盈利的企业数量较上年增长 70%。2013 年，远东联邦区的鱼类和海产品捕捞量约 280 万吨。

远东联邦区鱼类加工业主要包括：冷冻、保鲜、腌制、罐头、鱼粉的生产等。但是，在远东联邦区出口的鱼类和海产品中，90% 左右为加工程度较低的鲜鱼、冻鱼、虾类和软体动物等。

远东联邦区的鱼类和海产品出口量在总捕捞量所占比重约为 50%。滨海边疆区的鱼类和海产品出口量居首位，其比重占该地区鱼类和海产品出口总量的 42%。远东联邦区传统的出口国家和地区为中国、日本、韩国等亚太地区国家，首先是中国（占该地区捕捞量的 61%）。远东海洋捕捞产品的三分之一出口到韩国，仅有 5% 出口到日本，日本从俄罗斯购买的海产品主要是蟹、虾、蛤、海胆、鲑鱼子和红大马哈鱼。

2010 年远东联邦区向国外市场出口水生生物资源达 130 万吨，总值 20 亿美元，与 2009 年相比增长了 20% 以上。速冻鱼类占该地区出口总量的 91%，其出口量增长了 28%。在出口产品构成中，以明太鱼、肝脏、鱼子、

速冻鱼卵、鲱鱼和大西洋鳕鱼为主。出口的软体动物、水生无脊椎动物是海胆。第二大类出口产品为鱼粉，占出口总量的 4%，净鱼肉和甲壳类各占 2%，成品鱼罐头和鱼肝油出口量不足 0.1%。2011 年，远东联邦区出口的鱼类和海产品达 140 万吨，比 2010 年增长 7%。2012 年，远东联邦区出口的鱼类和海产品达 132.3 万吨，价值 22.16 亿美元，同比分别增长 0.3% 和 8.2%。其中向远邻国家的出口总值为 22.11 亿美元，同比增长 8.1%。在该地区鱼类和海产品出口总量中，明太鱼所占比重为 58.9%，鲱鱼占 14.2%，鱼肝、鱼子、鱼精占 3.4%，甲壳类产品占 2.4%。明太鱼出口量同比下降了 4%，但出口值增长了 5.1%。鱼肝、鱼子、鱼精出口量增长了 5.2%，出口值增长了 42.6%。2013 年，远东联邦区鱼类和海产品出口量达 134.12 万吨，比 2012 年增长 0.98%。在出口产品结构中，仍以冷冻鱼类为主，比重占 93.5%，达 125.47 万吨。由于甲壳类动物、鱼肉和成品出口量增加，2013 年冷冻鱼类所占比重较 2012 年下降了 0.7 个百分点。在冷冻鱼类出口结构中，鲑鱼的比例从 7.2% 增加到 7.4%，鲱鱼的比例从 16.1% 上升到 18.7%，甲壳类的比例从 2.4% 上升到 2.5%，而明太鱼的比例从 59% 减少到 57.5%，鳕鱼的比例从 2.8% 降至 2.3%。在其他出口鱼类中，鲽鱼出口量增加 36.2%，为 1.16 万吨，螃蟹出口量增加 4.6%，为 2.6 万吨，软体动物出口量增长 17%，为 9100 吨，而比目鱼出口量下降了 51.3%，为 8200 吨。与此同时，鲑鱼类的平均出口价格从每公斤 2.54 美元上涨到 3.11 美元，增长 22.7%，明太鱼从每公斤 1.14 美元上涨到 1.21 美元，增长 6.3%，鲽鱼从每公斤 4.01 美元上涨到 4.12 美元，增长 2.7%，比目鱼从每公斤 1.1 美元上涨到 1.16 美元，增长 5.7%，螃蟹从每公斤 8.04 美元上涨到 8.95 美元，增长 11.4%，而鲱鱼的平均出口价格从每公斤 0.77 美元下降到 0.76 美元，跌幅为 1.7%，鳕鱼从每公斤 2.33 美元降至 2.19 美元，跌幅为 5.9%。

提高鱼类产品质量和降低其生产费用，不仅可以减少俄罗斯国内市场鱼类产品的即刻份额，而且能够在彻底清除非法供货情况下增强其在国际市场（首先是亚太地区国家的市场）的占有率。为渔业综合体创造基础设施条件，提供沿海运输和现代交通通信服务，包括恢复小型飞机跑道、为渔业作业船队提供综合服务的海上终端、依靠非传统能源建设电力系统。改造海港水产品码头终端设施、完善港口基础设施以及建立经济特区将为捕捞鱼类产品的外运提供更好的条件。按照俄罗斯联邦法律的规定，在商品交易所进行水生生物资源及其产品的销售。

远东联邦区近海良好的自然气候和水域条件，再加之有效利用国内外的科学技术和先进经验，大力发展渔业，改造现有鲑鱼孵化场，开展水生生物资源养殖。为此，必须采取储存、再生产和有效利用水生生物资源方面的措施，包括税收、海关、反垄断和制度改革，实行技术法规体系、国家标准和规范以提高渔业企业的经济活动效率和水产品的质量。

未来远东联邦区渔业综合体的主要发展方向与为增加当地就业岗位和在沿海地区形成舒适的宜居环境创造条件紧密相关。为此，需要给予该行业主要经济支持措施，补贴用于捕捞船只和加工生产的贷款的利息、调整进出口关税税率、降低水产生物资源及其加工产品在俄罗斯境内的运费、给予税收优惠、在国内外市场打造"远东鱼和海产品"品牌，以强化远东联邦区在俄罗斯形成和推广健康饮食文化方面的作用。

为了确保远东联邦区的经济发展，该地区应增加造船和船舶修理以及改装渔船、改造现有加工设备、从海上半成品加工向岸上加工转变等业务活动。到2020年，远东联邦区的鱼类加工能力提高到占全俄的50%，其中60%生产罐头，20%进行冷冻。

五 林业

远东联邦区森林面积约3亿公顷，占全俄森林总面积的37.1%，森林覆盖率为48.0%，木材蓄积量约209亿立方米，占全俄木材总蓄积量的24.8%。森工产业欠发达，远远落后于俄罗斯其他地区。苏联时期，远东联邦区主要生产人造板、纸浆、纸张等高附加值产品。苏联解体后，远东联邦区森工产业深陷危机，人造板厂、纸浆厂、造纸厂几乎全部停产，木材产量也急剧下滑。原木产量由1990年的2960万立方米降至1998年的800万立方米，锯材产量也由1990年的540万立方米降至1998年的65万立方米。1999年以后随着林木产品出口的增加，远东联邦区的森工产业开始恢复，2007 年原木产量达 1620 万立方米，锯材产量达 134 万立方米。但近年来，俄罗斯政府不断提高关税来限制原木出口，这使俄远东联邦区木材产业深受影响。2008 年的国际金融危机，使得俄远东木材产业的境况进一步恶化，2009 年远东联邦区的木材产量又回到 2000 年年初的水平。俄远东联邦区的森林一半以上位于永久冻土地带，且基础设施薄弱，开发困难。目前远东林业开发主要集中在南部的阿穆尔州、哈巴罗夫斯克边疆区、滨海边疆区 3 个州（区）。[①] 2010 年远东采伐木材 1134.5 万立方米，同比增长 6.4%；生产锯材 132.1 万立方米，同比增长 18.7%。滨海边疆区和哈巴罗夫斯克边疆区分别占远东木材采伐量和锯材生产量的 31.33%、51.6% 和 24.98%、46.66%。除此之外，远东初加工木材 106.8 万立方米同比增长 10%；生产非金属建筑材料 1561.8 万立方米，同比增长 3.3%。[②]

苏联时期，远东联邦区出口木材的高峰出现在 1987 年，出口量一度达到 860 万立方米。出口到 13 个国家，其中出口最多的是日本，占远东联邦区木材出口总量的 2/3。该地区林业综合体企业木材采伐量在 500 万～800 万立方米之间。

远东联邦区森林经济区分为阿穆尔州森林经济区、哈巴罗夫斯克边疆区森林经济区、萨哈林州森林经济区、滨海边疆区森林经济区和东北森林经济区（包括堪察加边疆区、马加丹州和萨哈共和国）。

阿穆尔州森林经济区森林覆盖率达 65.9%，森林面积为 2348 万公顷（成熟林、过熟林占总面积的 38.6%，占木材蓄积总量的 51.9%），木材蓄积量为 20.5 亿立方米。落叶松占全部木材蓄积量的 70% 左右，其中具有较大经济价值的红松占其木材总蓄积量的约 3%，年木材采伐量为 100 万～200 万立方米。该森林经济区主要以木材采伐为主，但是木材加工水平较为滞后。木材加工企业主要分布在布拉戈维申斯克市、结雅市、斯沃博德内市、施曼诺夫斯克市和马格达恰市等城市，主要木材产品有枕木、制材、家具和房屋标准装配组件等。受俄罗斯限制原木出口、提高原木出口关税

---

① 封安全：《俄罗斯远东地区森林资源开发与利用研究》，《对外经贸》2012 年第 7 期。
② 孙晓谦：《俄罗斯远东经济形势分析》，《西伯利亚研究》2011 年第 5 期。

的影响，远东联邦区锯材生产有所增加。

哈巴罗夫斯克边疆区森林经济区包括南部森林带和鄂霍次克海沿岸森林带。南部森林带包括犹太自治州和阿穆尔河（黑龙江）流域以及鞑靼海峡沿岸。该森林经济区 86% 的木材蓄积量都集中在南部森林带。从木材品种的丰富多样和蓄积量以及工业开发价值来考量，南部森林带在哈巴罗夫斯克边疆区具有极为重要的现实意义。

哈巴罗夫斯克边疆区森林覆盖率达 66.5%，森林面积为 5239 万公顷，森林经济区年允许木材采伐量为 2400 万立方米，实际采伐量仅达到 30%。该森林经济区能够满足远东联邦区约 40% 以上的锯材、70% 的胶合板和 20% 的厚纸板的需求。木材加工业发达，有木材工业综合体、制浆造纸联合企业、房屋建筑联合企业和木材加工厂等主要生产加工方面的企业。此外，还有为渔业产品生产包装材料的专业工厂。主要木材加工产品有：房屋标准装配组件、包装材料、胶合板和纤维素粉等。因俄罗斯政局动荡、经济形势恶化，1992～1997 年哈巴罗夫斯克边疆区木材产量持续下降。1998 年以后木材产量不断增加，2007 年原木采伐量达 850 万立方米。受提高原木出口关税和国际金融危机的冲击，2008～2009 年原木产量有所下降，2009 年原木产量 594 万立方米。近年来锯材生产快速增长。

萨哈林州森林经济区森林覆盖率高达 2/3，其北部地区大部分是落叶松林，中部和西海岸地区多是云杉林，南部地区则是混交林。木材年均采伐量 300 万立方米左右、锯材产量 66 万立方米、纸张和厚纸板产品分别为 19 万吨和 8 万吨。拥有 7 家制浆造纸联合企业，主要生产纤维素、纸张和厚纸板。

滨海边疆区森林经济区森林资源丰富，森林覆盖率达 74%，森林面积为 1077.6 万公顷，木材蓄积量为 19.2 亿立方米。年允许木材采伐量为 650 万立方米，实际木材采伐量为 400 万立方米。木材多优质、贵重木材如朝鲜雪松、水曲柳、胡桃楸、黄蘗等蓄积量巨大。林业和木材加工业比较发达，木材采伐、制浆造纸和木材加工能力均居远东联邦区第二位。年木材采伐量为 500 万左右立方米、锯材产量约 100 万立方米、胶合板产量约 4 万立方米。主要的生产企业有木材加工联合企业、木材生产企业。主要木材产品有：锯材、胶合板、刨花板、木纤维、家具、房屋标准装配组件、雪橇等。

上述产品 2/3 左右向边疆区外输送，同时向国外出口。

东北森林经济区由堪察加边疆区、马加丹州和萨哈（雅库特）共和国组成。萨哈（雅库特）共和国的森林面积占该森林经济区的 84%，森林覆盖面积为 1.19 亿公顷，木材蓄积量占该森林经济区的 88%。总木材蓄积量约为 110 亿立方米，占全俄木材蓄积量的 15% 左右，针叶林木材占 98%，其中落叶松木材蓄积量占 87%、松树木材占 11%。可是年均采伐量仅达到年计划采伐量的 20% 左右，约为 350 万立方米。堪察加州边疆区的森林覆盖面积约 1873 万公顷，其中针叶林占 10%、硬质木材林占 53%、软木林占 9%、灌木林占 28%。年木材采伐量几十万立方米。木材加工能力很薄弱，主要木材产品为原木、锯材、房屋标准装配组件、渔业产品包装箱和木桶。马加丹州森林覆盖率为 15%，森林面积约为 1700 万公顷，多数为落叶松疏林。年木材采伐量约为 50 万立方米，林业和木材加工业比较落后，锯材产量为 23 万立方米。

远东联邦区林业综合体发展的主要方向是扩大森林资源的利用，提高低档软木材的深加工水平。俄罗斯国家对林业发展的扶持政策包括提高木材利用效率、建立必要的法律基础、木材长期优先使用效率、独立监督体系和灵活调节森林租赁费率以及原木及其加工产品的进出口关税。木材加工的相当大的推动力是赋予开展木材采伐和加工的企业签订长期木材利用合同的优先权。

在阿穆河沿岸地区建立锯木 – 木材加工综合体对于挖掘和落实远东和贝加尔地区木材加工行业的出口潜力具有特别的作用，其中包括发展伊尔库茨州的纸浆造纸工业，哈巴罗夫斯克边疆区刨花板、胶合板、纸浆、中高密度纤维板的生产，滨海边疆区木板、层积材、三层实木复合板、夹心板和永久性建筑纤维板的生产，阿穆尔州层积材、组装房和木板的生产。

在远东联邦区木材采伐和加工集中生产的地方将建立生物技术企业。该地区生物技术行业发展的战略目标是建立纸浆废弃物深加工、生物燃料和农产品生产企业集团及化学工业，发展医药和食品市场。

第四章
俄罗斯东部地区的对外经济合作

西伯利亚联邦区和远东联邦区的对外经济活动，在 1992～1999 年间总体处于低迷状态，其原因在于全俄和地区经济发展不景气拖累了对外经济合作的发展。进入 21 世纪后，随着国家和地方经济社会形势的日渐好转，这两个地区的对外经济活动不断活跃起来，尤其是与亚太地区国家的经济合作日益密切，规模不断扩大、领域不断拓宽、层次不断提升。

第一节　俄罗斯西伯利亚地区的
对外经济合作

2008 年国际金融危机之前，西伯利亚地区的对外贸易规模总体呈现出不断增长的态势，形成了主要的贸易对象国，商品清单不断扩大。该地区的产品广泛销往国际市场。石油及石油产品、天然气、煤炭和金属供应到欧盟、亚太地区以及独联体国家；机器制造产品出口到独联体国家和亚太地区国家；原木出口到亚太地区国家；纸浆和纸制品在世界各地销售。进口主要解决生产和投资问题，面向国内居民的日常生活需求。

一 西伯利亚地区对外贸易的发展进程

西伯利亚地区在俄罗斯联邦对外贸易中占据重要地位,其主要出口对象国为亚太经合组织国家,占该地区出口总额的约50%。其中中国占50%,欧盟国家占20%以上,独联体国家占10%左右,其他国家占20%;西伯利亚地区的主要进口对象国包括亚太经合组织国家(占该地区出口总额的约40%)、独联体国家(约占30%)、欧盟国家(占20%以上)、其他国家(占10%以下)。

20世纪90年代中期,西伯利亚地区的出口占全俄的近50%,在全俄外汇收入中占27%。从远邻国家[①]的进口占全俄的9%。机器设备进口增加,其原因在于俄罗斯国产产品在国际市场的竞争力不强。这表明,俄罗斯经济面临着进口替代的艰巨任务,使军事工业综合体转向生产燃料动力、农工综合体和冶金综合体所需的设备(见表4-1)。

表4-1 1994年西伯利亚地区对亚太地区国家的出口商品结构

单位:万美元,%

商 品	出口额	占地区出口的百分比
粮 食	1090	0.4
原 材 料	920	0.3
能源载体	18000	6.2
化学产品	20730	7.2
日 用 品	1850	0.6
林 产 品	10970	3.8
机器设备	6040	2.1
黑色金属	77400	26.8
有色金属	151990	52.6
总 计	288990	100

资料来源:КовалёваГ. Д. (科瓦廖娃 Г. Д.) НовоевторговлеСибирисостранамиАзиатско-Тихоокеанскогорегиона // Регион:экономикаисоциология. - 1996. - №3 стр. 49.

———————————

① 俄罗斯把独联体国家称为"近邻国家",把其他国家称为"远邻国家"。

以 1994 年为例，我们可以看出西伯利亚地区的进出口商品结构情况。该地区的出口持续增加，并且占主导地位，黑色金属和有色金属是出口原材料的主要组成部分。林业产品市场是该地区富有前景的市场，向国际市场提供的林业产品达 77 个品种（圆木、锯材等，占 93.3%，板材、面板和胶合板占 5.3%），出口所创外汇占全俄的 20%。林业产品的主要出口市场是日本、泰国、中国台湾、中国香港和新加坡。日本是西伯利亚地区的主要木材市场伙伴，从该地区购买大量木材。[①]

表 4-2　1994 年西伯利亚地区自亚太地区国家的进口商品结构

单位：万美元，%

商　　品	进口额	占地区进口的百分比
粮　　食	9420	16.3
原 材 料	66850	11.9
能源载体	2350	4.1
化学产品	3270	5.7
日 用 品	5910	10.2
林 产 品	150	0.3
机器设备	27690	48
黑色金属	1950	3.4
有色金属	70	0.1
总　　计	117660	100

资料来源：Ковалёва Г. Д. НовоевторговлеСибирисостранамиАзиатско-Тихоокеанского региона // Регион：экономика и социология. - 1996. - №3 стр. 53。

西伯利亚地区从亚太地区国家进口的商品品种繁多，在进口商品结构中机器设备占主导地位，比例达 48%。西西伯利亚地区的进口商品占西伯利亚地区进口商品总量的 2/3。西伯利亚地区 11 家企业进口货值的 35% 和进口货物总量的 45% 来自亚太地区国家。这表明，俄罗斯本国市场无法保障国内市场需求。

---

① А. Г. Фарахов（А. Г. 法拉霍夫）. Внешняя торговля Сибири. http://www. ref. by/refs/98/ 22791/1. html.

从进口结构来看，西伯利亚地区需要加强国内生产，优化进口商品结构，采取措施发展面向出口的、有竞争力的成品的生产。西伯利亚联邦区政府增强与世界各国建立联系的积极性是扩大西伯利亚地区贸易规模的一个重要推动力。

进21世纪以来，随着国际市场能源原材料价格不断上涨，俄罗斯经济步入稳步快速发展的轨道，西伯利亚联邦区的经济发生了同样的变化，其对外贸易的发展拉动了该地区经济的发展：增加了地区的财政收入和就业机会，扩大了产品销售市场和服务贸易领域，在经济、社会和管理技术等方面吸引外资，加强了联邦区与外界科技、文化和经济等领域的交流。西伯利亚联邦区有140多个贸易伙伴，十分重视与毗邻国家边境地区的经济合作，西伯利亚与中国的贸易额占中俄贸易总额的20%以上，增强与中国边境省份的经贸联系是西伯利亚联邦区对外贸易的重要方向之一。①

西伯利亚联邦区对外贸易规模不断扩大。2001年，西伯利亚联邦区的对外贸易额为130.693亿美元，其中出口额为105.345亿美元，进口额为25.348亿美元。2002年为127.783亿美元，其中出口额为108.817亿美元，进口额为18.966亿美元。2003年为160.27亿美元，其中出口额为138.89亿美元，进口额为21.38亿美元，出口额是进口额的6倍多。2004年为222亿美元，其中出口额为191亿美元，进口额为31亿美元。2005年为278亿美元，其中出口额为242亿美元，进口额为36亿美元。2006年为360亿美元，其中出口额为310亿美元，进口额为50亿美元。2007年为393亿美元，其中出口额为327亿美元，进口额为66亿美元。2008年为420亿美元，其中出口额为260亿美元，进口额为160亿美元。

2008年国际金融危机爆发后，西伯利亚联邦区对外贸易发展受到了较大冲击，对外贸易额有所下降。2009年为313.6亿美元，其中出口额为255.4亿美元，进口额为58.2亿美元。2010年为370.79亿美元，其中出口额为308.37亿美元，比上年增长12%；进口额为62.42亿美元，比上年增长29.7%。2011年为379.67亿美元，其中出口额308.85亿美元，比上年

①　邹秀婷：《俄西伯利亚联邦区与中国贸易合作前景分析》，《西伯利亚研究》2010年第4期。

增长 3.7%；进口额 70.82 亿美元，比上年增长 25%。2012 年为 312.051 亿
美元，其中出口额为 236.243 亿美元，比上年增长 75.7%；进口额为
75.808 亿美元，比上年增长 24.3%。2013 年为 322.82 亿美元。2014 年 1 ~
9 月，西伯利亚联邦区的外贸总额为 296.42 亿美元，其中出口额为 247.63
亿美元，进口额为 48.79 亿美元。

西伯利亚联邦区的进出口商品结构比较稳定，多年变化不大，尤其是
出口商品中能源原材料的比例一直较高。以 2013 年为例，主要出口商品为
矿产品（占出口的 43.1%，其中燃料能源产品占 41.3%）、金属及其制品
（占 34.8%）、木材及纸浆造纸制品（占 10.5%）、化工产品（占 5.9%）、机
械设备、交通工具（占 4.1%）。主要进口商品为机械设备和交通工具（占
46.1%）、化工产品（占 25.1%）、食品及农产品原料（占 7.7%）、金属及
其制品（占 7.2%）、矿产品（占 3.2%）。

二　西伯利亚地区的对外贸易结构

以 2003 年、2008 年西伯利亚地区对外贸易情况为例，西伯利亚地区对
外贸易的国别结构和进出口商品结构多年来变化不大，原材料和加工程度
低的产品在出口中占很高比重。国别结构基本保持不变，一直是欧盟各国、
独联体国家和亚太地区国家（详见表 4-3、4-4、4-5）。

西伯利亚地区向欧盟各国、独联体国家和亚太地区国家出口的商品主
要是石油及其制品、煤炭和钢材，同时亚太国家和独联体国家也是该地区
机电设备的重要进口国。该地区木材产品主要是向中国等东北亚国家出口，
纸浆出口到世界各地。欧盟市场是西伯利亚地区传统的商品需求市场，向
欧洲市场提供能源产品、原材料、化工产品、钢材、电子和零部件。

表 4-3　2002 ~ 2005 年西伯利亚联邦区出口商品结构

单位：%

	出　口			
	2002 年	2003 年	2004 年	2005 年
食品及其生产原料	4.8	6	4	2.4
化工产品	4.4	3.5	3	3.4

续表

	出　口			
	2002 年	2003 年	2004 年	2005 年
金属及其制品	23.1	20.4	20	15.8
矿产品	61.2	64.3	68	73.8
机器、运输工具、仪器	1.9	1.9	2	1.2
其他商品	4.6	3.9	3	3.4

资料来源：Структура товаров по экспорту Сибири в 2003 г. https：//yandex. ru/images/。

表 4 - 4　　2002 ~ 2005 年西伯利亚联邦区进口商品结构

单位：%

	进口			
	2002 年	2003 年	2004 年	2005 年
食品及其生产原料	8.3	8.1	7	7.2
化工产品	15	15.1	13	11.6
金属及其制品	11.2	11.8	13	14.7
矿产品	12.5	12	15	14
机器、运输工具、仪器	43.3	42.6	43	48.3
其他商品	9.7	10.4	9	4.2

资料来源：Структура товаров по экспорту Сибири в 2003 г. https：//yandex. ru/images/。

表 4 - 5　　2008 年西伯利亚联邦区的进出口商品结构

单位：亿美元

	农产品		能源产品		化工产品和橡胶		木材和纸浆制品		金属及其制品		机器设备和运输工具	
	出口	进口	出口	进口	出口	进口	出口	进口	出口	进口	出口	进口
西伯利亚联邦区	4.459	9.201	71.114	5.129	31.99	28.29	36.19	0.907	136.89	6.165	16.71	39.87
秋明州	0.113	0.468	59.35	0.562	0.370	0.589	0.652	0.047	0.038	1.809	0.544	14.71
阿尔泰共和国	0.045	0.178	0.011	0.000	0.076	0.004	0.000	0.000	0.139	0.061	0.013	0.236
布里雅特共和国	0.289	0.175	0.001	0.006	0.053	0.055	2.158	0.006	0.017	0.068	0.684	1.446
图瓦共和国	0.003	0.036	—	—	0.000	0.017	0.000	0.000	0.000	0.000	0.005	0.012
哈卡斯共和国	0.051	0.120	0.831	0.596	0.004	6.533	0.093	0.005	19.76	0.052	0.073	0.758

续表

	农产品		能源产品		化工产品和橡胶		木材和纸浆制品		金属及其制品		机器设备和运输工具	
	出口	进口	出口	进口	出口	进口	出口	进口	出口	进口	出口	进口
阿尔泰边疆区	1.537	2.057	4.990	0.633	0.768	0.192	3.188	0.031	0.217	0.570	1.952	2.620
外贝加尔边疆区	0.032	2.225	0.000	0.004	0.002	0.099	1.951	0.039	0.125	0.584	0.005	1.154
克拉斯诺亚尔斯克边疆区	0.383	0.232	0.212	0.709	13.309	6.606	6.512	0.256	61.75	0.643	1.672	9.480

资料来源：Внешнеэкономическая деятельность Сибири. https://lib. nspu. ru/umk/c59fa3ebaffb1c-7a/t5/ch4. html。

2009 年西伯利亚联邦区的主要出口商品有石油及石油产品、煤、铝及铝合金、镍和镍合金、铜及铜合金、钢铁半成品、矿产品、配电池、木材和铁路用建材等。木材和纸浆及纸制品的出口额占全俄的 32%，金属及其制品占全俄的 31.9%。主要进口商品包括机器制造、化学和食品工业产品等，占该联邦区进口额的 80% 以上。与独联体国家贸易额为 42.6 亿美元，与远邻国家贸易额为 271 亿美元。

2010 年西伯利亚联邦区的主要出口商品有燃料动力产品（占出口总额的 34.7%）、金属及其制品（占 32%）、化工产品（占 10.9%）、木材和纸浆及纸制品（占 10.4%）、机器制造产品（占 8.3%）等。主要进口商品包括机器设备和运输工具（占进口总额的 34.6%）、化学工业产品（占 31.1%）和农业原材料（占 10.6%）等。与独联体国家贸易额为 49.69 亿美元，与远邻国家贸易额为 321.1 亿美元。主要贸易伙伴国为中国、美国、瑞典、日本、乌克兰、土耳其、荷兰、印度、哈萨克斯坦和法国。[1]

2011 年，西伯利亚联邦区的主要出口商品有木材、油气、矿产品、配电池、铁路用建材等。主要进口商品包括汽车、各类机械设备等。中国是该联邦区最大的贸易伙伴，双边贸易额为 74.82 亿美元，占该联邦区对外贸易的 19%，同比增长 22.3%。对中国出口 49.89 亿美元，占其外贸出口额

[1] Внешнеторговый оборот регионов Сибирского федерального округа в 2010г. вырос на 12% - до 37，079 млрд долл. http://www. rbc. ru/rbcfreenews/20110128050010. shtml。

的 16.2%，从中国进口 24.93 亿美元，占其外贸进口额的 35.2%。

2012 年西伯利亚联邦区的主要出口商品有金属及其制品（占出口总额的 43.7%）、燃料动力产品（占 17.6%）、木材和纸浆及纸制品（占 14.4%）、化工产品（占 10.4%）、机器制造产品（占 8.6%）等。主要进口商品包括机器设备和运输工具（占进口总额的 51..2%）、化学工业产品（占 22.4.%）、金属及其制品（占 7.7%）和农业原材料（占 5.8%）等。与独联体国家贸易额为 33.717 亿美元，与远邻国家贸易额为 278.334 亿美元。①

2013 年西伯利亚联邦区主要出口商品包括矿产品（占出口总额的 43.1%），其中包括燃料能源产品（占 41.3%）、金属及其制品（占 34.8%）、木材及纸浆造纸制品（占 10.5%）、化工产品（占 5.9%）、机械设备、交通工具（占 4.1%）。主要进口商品为机械设备、交通工具（占进口总额的 46.1%）、化工产品（占 25.1%）、食品及农产品原料（占 7.7%）、金属及其制品（占 7.2%）、矿产品（占 3.2%）。2013 年中国在西伯利亚联邦区贸易伙伴中位列第一，双方贸易额为 87.9 亿美元，占联邦区外贸总额的 20.9%。对中国出口 61.4 亿美元，占出口总额 17.8%。从中国进口 26.49 亿美元，占进口总额 35.3%。其余主要贸易伙伴有：荷兰（58.86 亿美元，占 14%）、日本（32.29 亿美元，占 7.7%）、美国（27.69 亿美元，占 6.6%）、韩国（23.32 亿美元，占 5.5%）、乌克兰（21.18 亿美元，占 5%）、土耳其（19.51 亿美元，占 4.6%）、英国（18.39 亿美元，占 4.4%）、德国（17.39 亿美元，占 4.1%）、中国台湾（16.29 亿美元，占 3.9%），等等。

2014 年西伯利亚联邦区的主要出口商品为矿产品（主要是燃料能源产品）、金属及其制品、木材及纸浆造纸制品等。主要进口商品为机械设备及交通工具、化工产品、食品及其原料等。中国继续为西伯利亚联邦区最大的贸易伙伴，2014 年 1~9 月，双方贸易额为 58.63 亿美元，向中国出口 40 亿美元，自中国进口 18.63 亿美元。其他主要贸易伙伴依次为：荷兰

---

① Внешнеторговый оборот в Сибири сократился за год на 16%. http://www.resfo.ru/news/12-news-16.html.

（43.38 亿美元）、韩国（14.93 亿美元）、中国台湾（14.22 亿美元）、土耳其（13.95 亿美元）、英国（13.63 亿美元）、德国（12.69 亿美元）、美国（11.06 亿美元）。

三 西伯利亚地区对外经济合作存在的问题

西伯利亚地区对外经济合作产生影响的问题主要有：现有条件下传统创汇行业出口粗放式发展的可能性消耗殆尽；西伯利亚地区出口结构中原材料的份额持续增加（例如 1996 年高达 90.7%）；成品和原材料的竞争力非常低；机器制造业出口中军事工业综合体企业产品的额度较高（有时超过 50%）；对商品质量的保障和监督机制尚未建立起来；等等。

西伯利亚地区的投资环境有待进一步完善，目前依然是投资高风险地区。存在着许多制约投资的问题：生产费用高（包括运输和能源费用），气候条件差，远离欧俄中心地区，运输、银行和通信联系等服务不尽完善，国家保障不到位，缺乏可靠的保险机制，海关服务不完善，贷款利息高，税赋沉重，等等。

为了解决上述问题，需要减免税率、降低铁路运费、给当地留下大部分海关收入、增强吸引外资的能力、提高对输入产品质量的监督、使海关清关期限与国际标准接轨。

四 西伯利亚地区调整贸易结构的措施

西伯利亚地区对外贸易的地域结构将发生实质性的变化，部分进出口会由西欧国家转向快速发展的亚太地区国家。对西欧国家的出口份额将明显缩减，而对独联体国家、亚洲、大洋洲和东欧国家的出口比重将上升。从世界其他地区的进口不会发生变化。针对完善对外经济结构和克服出口原材料倾斜问题，《西伯利亚发展战略》提出了以下几个关键措施[①]：

---

① Стратегия социально-экономического развития Сибири до 2020 года. http://www.sibfo.ru/strategia/strdoc.php#strategia.

第一，利用工业政策措施来提高原材料加工层次和转向生产具有高附加值的商品。有关分析表明，出口转型最富有前景的方向是生产塑料及其制品、纸浆及纸产品、胶合板、家具、黑色金属制品（包括钢管、桥梁构件和闸门设备等复杂金属件）、基础化学品。因而，为推动加工生产的发展将不对原材料产品出口加以限制，而是发展生产、运输和信息基础设施扶持加工企业，增加贷款，抵制国外的不正当竞争。

第二，促进运用高技术方法开采、运输和加工自然资源。在自然资源开采和运输方面使用高技术方法，同时在生产环节运用先进科技方法以提高出口产品的技术含量，不仅可以改变出口商品结构，增加高技术商品的比重，而且在新技术研发和应用阶段依靠高级专业人才将现代高效工作方法运用到原材料行业。给予资本需求量大、回收期长的项目必要的支持，首先确保其获得贷款，然后为其创造稳定的纳税条件。

第三，建设面向亚太地区出口的基础设施。因为经济持续快速增长，亚太地区成为对西伯利亚地区产品的重要需求地区。这种良好的条件能够为提高西伯利亚地区经济增长速度做出相当大的贡献。

目前，对西伯利亚地区与亚太地区往来最大的障碍是连接西伯利亚地区与亚太地区国家市场的运输设施不发达。开展对外经济活动的现代基础设施应具备发达的物流终端，向现代贸易企业提供世界级的铁路、航空和水上运输服务、现代公路、宾馆、会展、海关和边检、通信和银行服务。为此，需要对发展相应基础设施的投资给予国家扶持，确保出口运输方向的多元化，以避免出口供货仅限于某个方向。

在区域经济一体化的进程中，西伯利亚地区适时参与大中亚地区（包括中亚地区国家、蒙古国西部和中国西部）的经济合作。这不仅要求加强对上海合作组织多边合作的参与力度，而且应理顺与大中亚地区每个国家的关系，密切沟通和联系。

五 西伯利亚地区对外经济合作发展战略

2000 年以来，总统普京高度重视西伯利亚地区的经济社会发展问题，通过了多个相关文件，逐步确定了西伯利亚地区的对外贸易发展战略。

（一）经济发展的外向型定位

新俄罗斯推行自由市场经济改革，1992～1999 年几乎整个叶利钦总统执政时期，俄罗斯经济陷入长期衰退，联邦政府无暇顾及各地区的经济社会问题。在这种情况下，西伯利亚地区得不到联邦政府的政策和资金支持，与其他地区的经济联系也中断了，导致其经济发展不断恶化，经济增长速度和主要经济指标低于全俄平均水平。为了摆脱经济发展困境，西伯利亚地区需要调整经济发展思路，明确定位外向型发展。

西伯利亚地区是欧洲和亚洲联系的重要中间地带。西伯利亚大铁路从其境内横贯而过，使其成为欧亚大陆运输通道上的重要节点。该地区两条南北走向的鄂毕河和叶尼塞河，使之与北方海路相连通，组成了巨大的北方海路物流运输体系。这一独特的地缘区位优势为西伯利亚地区开展全方位对外经济贸易活动创造了良好的客观条件：与独联体国家和波罗的海沿岸国家开展新型经贸合作关系；与比利时、荷兰、法国、德国、波兰、捷克和匈牙利等欧洲国家开展密切的多领域、多层次的经贸合作，努力实现与欧洲的区域经济一体化；与中亚各国密切双边和多边政治、经济关系，开展互利合作；积极参加与东北亚地区乃至亚太地区的经济合作，大力推进与中国、韩国和日本的能源合作，签订长期油气合作协议。

为了积极参与世界经济一体化，西伯利亚地区需要得到俄联邦政府的政策支持。目前，俄联邦政府扶植西伯利亚地区发展外贸关系的主要方针是：中央政府将加强对外贸活动的调控，刺激制成品的出口，为西伯利亚产品打入国际市场创造条件；保护国内市场和产品有竞争力的生产企业；促进多领域多形式的合作，如投资合作、科技与生产合作和各种服务项目的交流；维护西伯利亚与远东联邦区在开发亚太地区方面应得的利益；发挥西伯利亚地区在俄罗斯与欧盟及亚太地区经贸合作中的纽带作用；支持西伯利亚地区参加大型国际组织的活动。为保障上述方针的实施，俄政府建议俄经济部、外贸部、司法部、税务和海关等部门制定相应的优惠政策。在出口方面，为提高西伯利亚商品竞争力，经济部、财政部和交通部应大幅度下调铁路运价，以减少出口商品成本；在进口方面，为鼓励引进进口替代企业和出口导向企业所需的先进设备，经济部、财政部和海关总署应降低具有国家和地区意义的大型项目引进设备的关税，免征其增值税；在开展投资合作方面，为拓宽引资渠道，增加出口，经济部、外贸部应研究在西伯利亚地区建立几个试验性自由经济区的问题，并对其实行相应的优惠税收政策。①

西伯利亚地区把扩大出口作为其对外贸易的长期战略目标，加快产业结构调整步伐，努力增强其产品在国际市场的竞争力，逐步摆脱资源型经济发展模式，减少自然资源，尤其是能源原材料的出口额度。由于面临着资金短缺、技术工艺水平低下、高科技人才匮乏等现实问题，西伯利亚地区要实现上述目标还是一个漫长的过程。

（二）对外经济合作发展战略

2000 年以来，普京总统重视西伯利亚地区的经济社会发展问题，逐步确定了西伯利亚地区对外贸易发展战略。

第一，明确发展西伯利亚地区对外贸易的总体目标。西伯利亚地区对外贸易活动的宗旨是推动当地生产的快速发展，逐渐缩小该地区与俄罗斯经济发达地区的差距，巩固其自然资源生产基地，增强出口创汇能力。

为了实现上述目标，就要提高对外贸易效益和扩大贸易规模。具体作法：优化西伯利亚地区外贸的部门结构和商品结构、扩大对外贸易区域、完善联邦和地区行政机构关于对外贸活动的监督制度、国家行政机关负责帮助地方解决外贸活动的重大任务、建立和实行个人责任制，各级行政部门和官员因非法干预外贸活动而给外贸企业和国家造成损失的应承担相应的经济责任、外贸部门工作人员应实行工作报告制度，以形成监督和管理外贸活动的有效机制、增加海关管理的透明度。②

第二，不断扩大外贸规模，加大引进外资力度。西伯利亚地区坚持开展全方位对外贸易活动，依据自身资源禀赋，针对不同伙伴国和地区，采取不同合作方式，不断扩大合作领域、提高合作层次，进而扩大贸易规模。

---

① 葛新蓉：《俄罗斯西伯利亚地区对外贸易发展战略评述》，《商业研究》2007 年第 5 期。
② 葛新蓉：《俄罗斯西伯利亚地区对外贸易发展战略评述》，《商业研究》2007 年第 5 期。

西伯利亚地区投资潜力巨大。要努力不断改善投资环境，通过加强吸引外资，大力开展投资领域的合作，以弥补中央和地方财政资金投入不足的问题，促进地区经济社会的快速发展。

六　西伯利亚地区对外经济活动的未来发展指标

《西伯利亚发展战略》确定了 2020 年前西伯利亚地区对外经济活动的发展指标[①]：出口增长 1.4 ~ 1.6 倍，包括机器制造产品出口增长 3.1 ~ 3.5 倍；进口增长 2.6 ~ 2.8 倍，包括日用品和食品进口增长不超过 0.2 ~ 0.3 倍；商品流通额增长 1.7 ~ 2 倍；贸易顺差增长 0.6 ~ 0.8 倍。

到 2020 年，西伯利亚地区主要依靠优先扩大本地区内部市场和经济的总体增长来降低出口在地区总产值中的比重至 30% ~ 32%；服务出口在出口总额中的比例将达到 13% ~ 15%，达 150 亿 ~ 175 亿美元，其中运输服务将占 40% ~ 45%，教育和医疗服务将占 8% ~ 10%，旅游休闲服务将占 16% ~ 20%。

表 4 - 6　西伯利亚地区对外经济活动基本指数预测

单位：亿美元（以 2007 年价格计算）

年份	出口	进口	商品流通额	贸易差额	出口/进口
2007	430	165	595	265	2.6
2015	650 ~ 680	240 ~ 270	890 ~ 950	410	2.7 ~ 2.5
2020	1050 ~ 1100	600 ~ 630	1650 ~ 1730	450 ~ 470	1.7

资料来源：Стратегия социально-экономического развития Сибири до 2020 года. http://www. sibfo. ru/strategia/strdoc. php#strategia.

到 2020 年，西伯利亚地区累计吸引外国投资将超过 1500 亿美元，其中 35% 将投向道路及其基础设施建设，30% 将投入到工业，10% 将用于边境地区的发展，其余将投入到服务领域。

[①]　Стратегия социально-экономического развития Сибири до 2020 года. http://www. sibfo. ru/strategia/strdoc. php#strategia.

第二节　俄罗斯远东地区的对外经济合作

远东联邦区拥有得天独厚的资源和区位优势，是俄罗斯实现与亚太国家和地区经济一体化的重要前沿。该地区积极与亚太国家和地区开展形式多样、领域广阔、水平梯级分布的经济合作。未来东亚和东北亚地区将成为远东联邦区的主要对外经济合作地区。俄罗斯把东亚和东北亚地区作为自己在远东主要的对外经济伙伴是由以下因素决定的：1. 对外贸易和对俄罗斯经济的投资规模已事实存在，同日本、中国和朝鲜之间合作的构架已经稳固；2. 东亚国家（日本、中国和韩国）的自然资源不足，对与西伯利亚和远东进行长期的投资合作感兴趣，并可能动用其大笔的外汇储备来巩固这种合作；3. 地区内的高速增长不仅为西伯利亚和远东在扩大出口方面提供了可能，而且也使来自日本和韩国的资源密集型产业在此落户，同时也吸引西伯利亚和远东加入到中国发展交通和能源的大型计划；4. 能够在完全平等和互惠互利的基础上参与地区性的一体化合作计划，如图们江计划、"日本海明珠"计划，这些计划记载了俄罗斯东部地区作为主要的合作中心对于实施这些计划所发挥的重要作用。①

一　远东地区的对外经济合作进程

1991 年年底俄罗斯宣布对外贸易自由化，于是远东联邦区的企业从事对外贸易有了更大的自主权，并取得了一定的成绩。对外贸易在很大程度上弥补了远东联邦区因经济危机所导致的商品匮乏，对保持远东联邦区的社会稳定起到了积极作用。

自 20 世纪 90 年代初以来，远东联邦区的对外经济合作呈现出波浪式发展态势，大致经历了快速增长（1992～1993 年）、大滑坡（1994 年）、持续增长（1995～1997 年）、下滑（1998～1999 年）和恢复增长（2000 年至

---

① 安·弗·奥斯特洛夫斯基、崔志宏：《俄罗斯远东和西伯利亚参与亚太地区经济合作的主要方向》，《东北亚论坛》2000 年第 4 期。

今）五个阶段。2000 年，俄罗斯远东联邦区的对外贸易形势，尤其是出口，朝着积极的方向发展。对外经济合作的增长（42%）几乎完全依靠出口（79.4%）来拉动，但此时进口却呈现出下降（21.2%）趋势。

表 4－7　远东联邦区对外贸易额增长率

单位：%

2000 年	2001 年	2002 年	2003 年	2004 年	2005 年	2006 年	2007 年	2008 年	2009 年
38.0	24.0	－ 0.4	32.1	37.5	25.2	15.1	38.2	25.2	－ 26.6

资料来源：孙晓谦：《俄罗斯远东经济形势分析》，《西伯利亚研究》2011 年第 5 期。

　　2008 年远东联邦区外贸总额达 229 亿美元，比上年增长 13.5%，增幅略有减小（2007 年比 2006 年外贸额增长 20.5%）。外贸额占地区生产总值的 45%。出口额为 140.6 亿美元（占其外贸总额的 61.4%），比上年增长 12.6%。主要出口商品为：能源及燃料产品（占其出口总额的 76.5%）、木材及纸浆制品（占 11%）、金属及金属制品（占 6.6%）、食品（占 2.7%）、机械设备（占 1.9%）等。进口额为 88.4 亿美元（占其外贸总额的 38.6%），比上年增长 14.2%。主要进口商品为：机械设备（占进口总额的 53.7%）、食品（占 11.8%）、纺织品及鞋类（占 11.2%）、金属及金属制品（占 7.6%）、化工制品（占 6.8%）、矿产品（占 2.6%）、木材及纸浆制品（占 1.5%）等。

　　2009 年远东联邦区对外贸易总额为 168 亿美元，比上年减少 26.6%。其中出口额为 119 亿美元（占其外贸总额的 70.9%），比上年减少了 15.4%。进口额为 49 亿美元（占其外贸总额的 29.1%），比上年减少了 44.6%。主要出口商品为：能源和燃料商品（占出口总额的 62.1%）、鱼和海产品（占出口总额的 13.8%）、宝石和贵金属（占出口总额的 10.1%）、木材及其制品（占出口总额的 7.5%）。主要进口商品为：机械、设备和交通工具（占进口总额的 39.2%）、食品（占进口总额的 17.8%）、纺织品和鞋（占进口总额的 16.7%）。

　　2010 年远东联邦区外贸总额 235 亿美元，比上年增长 52.5%。2011 年远东联邦区外贸总额为 339.6 亿美元，比上年增长 29.4%，其中出口额为 247.8 亿美元，比上年增长 33.3%。进口额为 91.8 亿美元，比上年增长

19.9%。出口主要大类商品为：油气（占出口总额的 64.4%）、水产品（占出口总额的 8.3%）、木材及其制品（占出口总额的 4.7%）。进口主要大类商品为：机械设备和交通工具（占进口总额的 46.3%）、纺织品和鞋（占进口总额的 14%）及食品（占进口总额的 11.8%）。

2012 年远东联邦区外贸总额为 363.9 亿美元，比上年增长 6.6%，其中出口额为 258.3 亿美元，比上年增长 3.3%。进口额为 105.6 亿美元，比上年增长 15.9%。出口主要大类商品为：油气（占出口总额的 65.8%）、水产品（占出口总额的 9%）、木材及其制品（占出口总额的 3.8%）。进口主要大类商品为：机械设备和交通工具（占进口总额的 50.1%）、纺织品和鞋（占进口总额的 11.5%）及食品（占进口总额的 10.5%）。

2013 年，远东联邦区对外贸易总额为 398.6 亿美元，比上年增长 10.2%，其中进口额为 122.1 亿美元，比上年增长 19%。出口额为 276.5 亿美元，比上年增长 6.8%。远东联邦区出口的主要大类商品为：油气（占出口总额的 67%）、海产品（占出口总额的 8.4%）、木材及其制品（占出口总额的 3.5%），进口的主要大类商品为：机械设备和交通工具（占进口总额的 57.5%）、食品（占进口总额的 9.2%）和金属及其制品（占进口总额的 8.5%）。

2014 年，远东联邦区外贸总额为 389.8 亿美元，比上年下降 2.7%，其中出口额为 284.9 亿美元，比上年增长 1.6%。进口额为 104.9 亿美元，比上年下降 12.8%。该联邦区的主要出口商品为：油气产品（占出口总额的 68.2%）、水产品（占出口总额的 7.7%）、木材及纸浆制品（占出口总额的 3.6%）。主要进口商品为：机械设备和交通工具（占进口总额的 51.6%）、金属及其制品（占进口总额的 11.3%）、食品（占进口总额的 10.9%）、化工产品（占进口总额的 9.3%）、纺织品及鞋类（占进口总额的 6.8%）。

二　远东地区对外经济合作的结构状况

（一）商品结构

在远东联邦区出口东北亚国家的商品结构中，传统的自然资源占主导地位：能源燃料占 44.6%、林业和渔业分别为 21.9% 和 19.6%。俄罗斯出口到东北亚国家 43% 的木材、45% 的燃料、60% 的石油产品、97% 的海产品均来自远东联邦区。①

远东联邦区出口商品结构单一，原材料是其主要出口商品（黑色金属、有色金属、木材和鱼产品等），鱼是远东联邦区第一大宗出口商品。在俄罗斯鱼和海产品出口中，远东联邦区所占的比重曾达到 51.5%。2000 年俄远东联邦区的对外贸易商品结构发生了明显变化。在出口商品结构中，石油和石油产品的出口额占有较大比重。2000 年石油和石油产品的市场行情看好，其出口急剧增加。与 1999 年相比，石油和柴油的国际市场价格上涨了0.7 倍，分别达到每吨 203.7 美元和 182.5 美元。重油的实际平均价格比 1999年上涨 0.5 倍。在这种情况下，与 1999 年相比，2000 年远东联邦区的石油和石油产品出口额由 3.358 亿美元增加到 10.112 亿美元，其在远东联邦区出口中的比重增加了 1 倍，达到 27.1%。与 1999 年相比，2000 年远东联邦区的机械设备在出口结构中的份额增加，由 6.6% 增至 13.6%，军工产品的比重最大。2000 年远东联邦区民用机械制造产品的出口也出现了增长。

远东联邦区的传统出口商品，如鱼类产品、木材商品和煤炭在出口结构中的比重明显下降。此前，鱼和海产品是当地的拳头出口商品，现在其比例已由 39% 降至 28%，林业产品由 18.7% 降至 11.6%。2000 年远东联邦区的进口继续走低，几乎全部进口商品的进口额都减少了，进口商品结构发生了重大变化。在进口商品结构中，用于投资的商品进口的比重最大，占 38.8%，用于消费需求的占 29.8%。

（二）国别结构

目前俄罗斯远东联邦区与世界 95 个国家开展贸易活动，其主要的贸易伙伴是中国、日本、韩国和美国，这 4 个国家的对外贸易额占远东联邦区外贸总额的 67%。上述国家是远东联邦区主要进口商品的供应国，也是该地区主要出口产品的销售市场。

远东联邦区充分发挥地缘优势，积极与亚太地区国家开展经贸合作。在该地区的对外经贸关系中，亚太地区国家始终位居前列，占其对外贸易

---

① 崔亚平：《俄罗斯远东地区与亚太国家的经济联系》，《俄罗斯中亚东欧市场》2008 年第 8 期。

额的 90%。例如 1993 年，中国占远东联邦区对外贸易的比重为 40%，日本为 36%，韩国为 6%，美国为 3%，其他国家为 15%。中国、日本和韩国已成为俄罗斯远东联邦区对外贸易的三个重要伙伴国。

中国、日本、韩国与俄罗斯远东联邦区的进出口贸易活动已具有明显的专业化性质：如向中国出口的 80% 是机械设备、石油和木材，向日本出口的 94% 为原木、鱼类产品和煤炭，向韩国提供的 76% 是石油和天然气及鱼类产品。

2000 年远东联邦区向中国的出口额占其出口总额的 25% 以上。在对中国的出口商品中用于投资的产品，特别是军事装备占较大比重。此外，还有石油产品、经济用材、金属和鱼类产品。最近几年，远东联邦区从中国的进口额一直在低位徘徊。2000 年从中国的进口额占远东联邦区进口额的 16.5%。远东联邦区与日本的贸易活动依然呈现颓势。尽管双方的贸易额出现了一定的增长，由 1999 年的 7.657 亿美元增至 2000 年的 8.878 亿美元，但是与 1999 年相比，2000 年日本在远东联邦区对外贸易额中所占的份额由 22.4% 降至 18.9%。

目前日本市场仍然是俄远东联邦区传统的原材料商品的主要消费者。在对日本的出口结构中，木材、煤炭和鱼类产品占较高比例。2000 年，韩国居远东联邦区进口额的首位。远东联邦区对韩国出口的主要商品为传统商品：原油及其制品、鱼类产品、经济用材、黑色金属。

2000 年远东联邦区与美国的贸易额明显下滑，尤其是进口减少幅度较大。以前从美国进口的主要是消费品，2000 年在从美国进口的商品中 50% 以上为用于投资的商品。在远东联邦区的进口额中，美国占 18.3%。远东联邦区出口的增长推动了当地工业的发展，2000 年远东联邦区工业生产增长 106.8%。

2008 年，远东联邦区最大的贸易伙伴仍是日本、韩国和中国。2008 年远东联邦区对中国贸易额为 48.57 亿美元，占其外贸总额的 18.5%。其中对中国出口 16.50 亿美元，比上年减少 5.6%。从中国进口 32.07 亿美元，比上年增加 26%。对中国出口的主要商品是木材及木制品（占对中国出口总额的 63.7%）、石油及石油产品（占 19.4%）、鱼类及水产品（占 6.3%）

等。对中国出口的主要地区是哈巴罗夫斯克边疆区（占远东联邦区对中国出口总额的 47.9%）、滨海边疆区（占 27.3%）、萨哈林州（占 13.1%）和阿穆尔州（占 8.7%）。以上 4 州（区）对中国出口额占远东联邦区对中国出口额的 97%。自中国进口的主要商品是鞋（占自中国进口总额的 19.8%）、汽车及机械设备（占 8.3%）、机电产品（占 4.8%）、服装（占 4.7%）、铁制品（占 4.6%）、塑料制品（占 4.2%）等。从中国进口商品的主要地区是滨海边疆区（占从中国进口总额的 66.9%）、哈巴罗夫斯克边疆区（占 16.2%）和阿穆尔州（占 12.2%）。上述三州（区）自中国进口的商品占远东联邦区从中国进口总额的 95.3%。

2010 年，远东联邦区与中国的贸易额为 69.4 亿美元，比上年增长 58.1%。占远东联邦区外贸总额的 29.6%，为远东联邦区第一大贸易伙伴。远东联邦区向中国出口 30.3 亿美元，比上年增长 27.5%，占远东联邦区出口总额的 19.1%，中国是远东联邦区第三大出口目的国（前两位分别为日本和韩国）。远东联邦区自中国进口 39.1 亿美元，比上年增长 94.3%，占远东联邦区进口总额的 51.5%，中国是远东联邦区第一大进口来源国。

2013 年，远东联邦区与中国的贸易额为 111.9 亿美元，同比增长 13.6%，占该联邦区外贸总额的 28.1%，中国为远东联邦区的第一大贸易伙伴。日本（与远东联邦区贸易额为 107.8 亿美元，占 27%）、韩国（与远东联邦区贸易额为 96.5 亿美元，占 24.2%）分别列第二、三位。远东联邦区对中国出口额为 54.3 亿美元，同比增长 4.8%，占远东联邦区出口总额的 19.6%，中国是远东联邦区的第三大出口目的国。从中国进口额为 57.6 亿美元，同比增长 23.4%，占远东联邦区进口总额的 47.2%，中国为远东联邦区的第一大进口来源国。

2014 年，远东联邦区与中国的贸易额达 101.4 亿美元，同比下降 8.5%，占该联邦区外贸总额的 26%，中国成为远东联邦区的第三大贸易伙伴。日本（占 26.3%）、韩国（占 26.2%）分别列第一、二位。远东联邦区从中国进口 47.2 亿美元，同比下降 16.1%，占该联邦区进口总额的 45%，中国为远东联邦区的第一大进口来源国。远东联邦区对中国出口额为 54.2 亿美元，同比下降 0.5%，占远东联邦区出口总额的 19%，中国成为远东联邦区第三大出口目的国。

三 远东地区在主要领域开展的国际经济合作

（一）石油和天然气的国际合作开发

石油和天然气开采是俄罗斯近两三年允许对外开放的国际合作领域。远东联邦区的石油、天然气储量丰富，日本、美国、韩国、中国及英国等国家早已看上了该地区的石油和天然气。其主要原因是亚太地区，尤其是日本、韩国、朝鲜、中国、蒙古等东北亚地区国家以及世界市场对石油天然气的需求量呈现出急剧增加的态势。

日本、韩国、蒙古国等国仍将是天然气的最大进口国，1996～2005年期间，这些国家的天然气进口量增长了50%～100%。通过共同开发俄罗斯西伯利亚和远东地区的石油、天然气田，并通过共同铺设的管道获取石油、天然气将对各方都有利。许多国际著名的石油公司组成集团，制定参与萨哈林石油、天然气的开发方案，通过招标，最终确定了3个方案：

"萨哈林–1号"方案：2000～2005年完成。参加该方案的有两家俄罗斯石油公司（萨哈林石油公司和萨哈林大陆架海上石油天然气公司）、一家日本公司（Sodeco）和一家美国公司（Exxon）。这4家公司组成了一个国际投资集团，俄方占40%的股份，美、日各占30%，共投资150亿美元。开发区包括奥多普杜海域的油气田、恰沃伊海域的油气田和阿尔库通达根海域的油气田。可供开采的石油为1.81亿吨，天然气凝析油为3300万吨，天然气为4210亿立方米。该方案于1996年6月开始实施，第一阶段的全面勘探工作已完成。投资方宣布2000年开始产油，2005～2006年开始产天然气。投资集团除按租赁协议缴纳租金外，还须按产品分割协议法把15%的产品交给俄联邦和萨哈林州财政。该方案计划收入1650亿美元，纯利润可达420亿美元。

"萨哈林–2号"方案：2010～2015年完成。该方案由5家外国公司组成的投资集团参与实施，其中日方2家（三菱、三井）占30%的股份、美方2家（麦克德蒙特和马拉森）占50%、英国与荷兰联合组建的罗亚尔达奇公司占20%，投资总额为100亿美元。开发区包括整个尤斯科耶油气田和毕利通阿斯托赫斯科耶油气田。可供开采的石油为 9600 万吨、天然气凝析油为 3700 万吨、天然气为 4600 亿立方米。方案于 1996 年 6 月开始实施，计划于 1999 年前完成第一阶段的开发计划，1999 年开始产油，2003 年开始产天然气。该方案可带来 250 亿美元的纯利润。投资方案规定除缴纳租金以外，还要把 10% 的产品上缴给俄联邦和萨哈林州，其余 90% 的产品按比例在投资方之间分配。

"萨哈林 - 1 号"和"萨哈林 - 2 号"方案计划在 40 年内开采石油 1.4 亿吨、天然气 7 万亿立方米。

"萨哈林 - 3 号"方案：开发区域在东奥多普京海大陆架，包括 4 处油气田，总面积 2.04 万平方公里。可供开采的石油为 1.4 亿吨、天然气凝析油为 7000 万吨、天然气为 9000 亿立方米。共需要投资 100 亿 ~ 150 亿美元。已有 3 家美国公司（埃克森、美孚、德士古）就 3 处油气田的开发与俄罗斯签订了租让合同，但尚未开始实际开发。

俄罗斯把萨哈林大陆架的石油、天然气资源租给外国石油公司开发是开发远东自然资源最重要的举措，不仅对远东，而且对全俄罗斯经济的发展将产生重要作用。已开始实施的"萨哈林 - 1 号"和萨哈林 - 2 号"开发方案，可吸引 350 多亿美元的外资，远远超过俄罗斯改革开放以来至今吸引外资的总和。俄方从这两个方案实施中可获得 550 亿美元的收入，其中地方财政收入为 200 亿美元。俄罗斯于 1996 年已实际获得收入 2500 万美元。方案还提供了大量的就业岗位。除萨哈林州外，哈巴罗夫斯克边疆区也将是受益较大的地区。萨哈林大陆架的天然气将使该地区全部使用管道天然气，仅以天然气代替煤一项即可使该地区节省 30 亿美元。阿穆尔州共青城的炼油厂也将得到充足的原油供应，产值将大幅度提高。从该开发方案中受益的还有日、韩等亚太国家和地区，从 21 世纪初起它们也可进口廉价的萨哈林石油和天然气。萨哈（雅库特）共和国是远东第二大石油和天然气产地，韩、日等国对开采这里的石油和天然气产生浓厚兴趣。1992 年，萨哈（雅库特）共和国和韩国签订了《雅库特天然气合作计划》。该计划包括联合开发萨哈（雅库特）共和国 26 处天然气田，铺设从天然气产地经布拉戈维申斯克、符拉迪沃斯托克和平壤，最终抵达汉城（今首尔）的输气管道。计划实施后，每年可开采 250 亿～300 亿立方米天然气，连续开采 15 年，预计总投资 170 亿美元。由于朝鲜对合作态度不积极，最后决定输气管道不经过朝鲜而取道中国东北前往韩国。韩国表示承担该计划的论证费。该项目计划于 20 世纪末开始实施。

日本对开采萨哈（雅库特）共和国和东西伯利亚的石油和天然气态度积极。1995～1996 年俄日两国有关部门联合制定了有关方案，其中包括联合开发萨哈（雅库特）共和国、伊尔库茨克州和克拉斯诺亚尔斯克边疆区境内的石油和天然气。在这一地质板块里，石油的预测开采量达 13 亿吨，天然气 3.6 万亿立方米。已探明的天然气保证每年 400 亿～500 亿立方米的开采量。当时计划铺设自伊尔库茨克州科维克塔天然气田—乌兰巴托—二连浩特—北京—日照港的跨国天然气输气管道方案。①

2014 年 5 月 21 日，中俄两国政府签署了《中俄东线天然气合作项目备忘录》，中国石油天然气集团公司和俄罗斯天然气工业股份公司签订了《中俄东线供气购销合同》。根据双方商定，从 2018 年起，俄罗斯开始通过中俄天然气管道东线向中国供气，输气量逐年增长，最终达到每年 380 亿立方米，总价值达 4000 亿美元，有效期为 30 年。

2014 年 9 月，中俄两国政府签署了《关于通过中俄西线管道自俄罗斯联邦向中华人民共和国供应天然气领域合作的备忘录》《中国石油天然气集团公司与俄罗斯天然气工业公司关于经中俄西线自俄罗斯向中国供应天然气的框架协议》。俄罗斯将从西伯利亚西部通过阿尔泰管道向中国每年供应额外 300 亿立方米天然气，为期 30 年。

随着中俄东西线天然气管道项目的落实，未来俄罗斯东西伯利亚、萨哈（雅库特）共和国和萨哈林州的石油和天然气将大量出口到亚太地区。

（二）林业领域的国际合作

俄罗斯一直积极寻求与外国合作开发利用远东地区和西伯利亚地区的森林资源，合作潜力巨大，前景广阔。俄罗斯 1/3 的森林面积和 1/4 的木材储量集中在远东地区。远东联邦区森林以落叶林为主。落叶林面积达 1.7 亿

---

①　姜振军：《俄罗斯远东地区的国际经济合作问题》，《东欧中亚市场研究》2002 年第 10 期。

公顷，占远东地区森林面积的 60.9%。其次是桦树林，面积 2070 万公顷，占 7.6%。再次是云杉林和冷杉林，1500 万公顷，占 5.5%。珍贵树种有 300 万公顷，其中红松林 40 万公顷，占 0.1%。此外，在远东南部还有 310 万公顷柞树林，80 万公顷椴树林，40 万公顷水曲柳林，灌木林共 4780 万公顷。成熟林和过熟林占 45.9%，木材蓄积量为 122 亿立方米，为大规模采伐提供了条件。经济长期下滑，远东联邦区每年的采伐量只有 3000 万立方米左右，占全俄木材采伐量的 10% 左右。每年都有大量的过熟林烂在山中。远东联邦区的木材加工业十分薄弱，每年只有 47% 的木材制成加工品。这种资源和产出极不成比例的现状迫使远东联邦区加大发展森林工业的力度。

哈巴罗夫斯克边疆区等行政区都把森林工业确定为支柱产业，试图发展该产业以增加出口，牵动机器制造业、运输业等相关产业的发展，增加就业岗位，使远东联邦区摆脱经济危机。然而在发展森林工业时，远东联邦区遇到了难以克服的困难，其中有：① 缺少资金，不能开发新林区。② 机器设备严重老化和破损，无资金使之更新和大修，生产效率下降。③ 生产方式落后，生产技术远远落后于世界先进水平。④ 缺少劳动力。远东自改革以来人口流失 100 多万，林业区人口流失更为严重。目前林业职工仅有 54 万多人，占远东联邦区有劳动能力人口的 12%。此外远东林区前些年连续发生森林大火，数百万公顷的过火林地得不到及时采伐，不仅造成木材损失，而且导致森林病虫害蔓延。在这种情况下，远东各州、边疆区都积极寻找国外合作伙伴，希望他们能向远东森林工业注入资金，带来先进设备、技术和管理经验，开发新产品，为社会提供就业岗位。同时把紧急采伐过火林的希望寄托在劳动力富裕且价格便宜的中国。1998 年远东联邦区发生森林大火，过火森林面积达 300 万公顷。为保持木材产量，俄政府批准开辟新伐区，为此需要大量的外国劳务人员。有关专家计算，为清理过火林，远东联邦区急需引进 6000 名伐木工和 5 万台伐木机械。

远东联邦区的森林工业包括森林采伐和木材加工，它是对国外投资者最具吸引力的投资部门经济合作之一。目前日本、美国、中国、韩国、新加坡、菲律宾、澳大利亚、朝鲜、芬兰、瑞典、英国等国不同程度地参与了远东联邦区森林资源的开发和利用。日本是远东联邦区森林工业最大的投资国，韩国次之，其投资主要集中在森林采伐。美国参与远东森林资源开发虽然起步较晚，但有后来居上之势。例如一家美国公司计划投资 2.5 亿美元，用先进的机械设备改造萨哈林州的森工综合体。

我国东北地区对远东地区和西伯利亚地区的林业合作主要包括林业劳务合作、林业科技合作、林业生产合作、林业旅游和环保合作等。今后应适应俄罗斯的相关政策，着重开展木材初加工和深加工合作，提升合作的层次和水平。

（三） 利用外资

远东联邦区在俄罗斯的外国直接投资方面占据主导地位。目前，无论是在全俄罗斯的经济中，还是在各联邦主体的经济中，外资尚未发挥实质性的作用。该地区吸引外资经历了起步调整阶段（1992 ~ 1998 年）和稳步发展阶段（1999 年至今）。

在起步调整阶段（1992 ~ 1998 年），远东联邦区发挥其拥有丰富的自然资源的优势，加上国家和地方给予外资企业相当多的优惠政策，客观上该地区市场商品短缺与纳霍德卡自由经济区的建立这些因素使远东联邦区对外国投资者产生了很强的吸引力，外资企业纷纷涌入。1992 年，远东联邦区外资企业注册数量高达 579 家，1993 年更是达到创纪录的 781 家。[①] 此时远东联邦区外资企业注册的数量远远超过全俄的平均水平。

这一阶段，远东联邦区的外资主要集中在贸易和服务等第三产业，约占外资企业总数的 43% 。而投入到生产加工领域的外资额度非常少。

为了加大吸引外资的力度，俄罗斯政府调整了吸引外资的方向，俄罗斯于 1995 年 12 月出台了《与俄罗斯本国和外国投资者签订租让协议法》和《产品分割协议法》等鼓励外国投资者参与其自然资源开发的政策法规，允许外国投资者以租让形式进入远东联邦区和西伯利亚地区的自然资源开采和利用领域。《俄联邦外国投资法》规定外资企业享受免缴 2 年所得税的优惠，而远东联邦区则把这一优惠期定为 3 年。在纳霍德卡自由经济区的外

---

① 殷剑平、陈明凡：《俄罗斯远东利用外资进程浅析》，《西伯利亚研究》1996 年第 6 期。

国投资者享受的优惠还要更多一些。上述种种优惠政策为远东联邦区创造了良好的投资环境。

这引起了世界各国，尤其是亚太地区（中、美、日、韩等）各国的极大兴趣。这些国家纷纷行动起来，欲在俄西伯利亚和远东联邦区的自然资源开发中抢占先机。租让制实施后，美、日、韩、英、荷兰等国的大企业前来远东联邦区租赁油田、金矿和森林。当时萨哈林大陆架的石油天然气资源对外资最具有吸引力，俄罗斯把该油气田分为 6 块，称为"萨哈林 1 - 6 号"方案，公开对外开展国际合作开发。

在稳步发展阶段（1999 年至今），2000 年普京总统执政后，实施了一系列政治经济改革措施。一方面，俄罗斯政治局势日趋稳定，社会平静；另一方面，刺激经济快速增长、改善投资环境的强有力的政策措施使经济形势逐渐向好，外国投资者增强了对俄罗斯经济投资的信心。例如 2000 年，外国直接投资占远东联邦区固定资产投资总额的 18% 左右。远东联邦区的主要投资者仍然是日本和美国，两国的投资大部分都投向了萨哈林的石油项目。

2002～2009 年远东联邦区投资来源国及占比依次为荷兰（49.2%）、日本（12.1%）、英国（8.8%）、巴哈马群岛（6%）、印度（3.7%）、埃及（3.2%）。90% 的外资都投入到了能源矿产开采领域。这一时期，远东联邦区吸引外资总额从 6 亿美元增长到 84 亿美元，增长幅度在 1300% 以上，其中 2007 年该地区吸引外资 62.6 亿美元。2008 年远东联邦区吸引外国投资 59 亿美元，比上年下降 6.4%。其中外国直接投资的比率占外资总额的 71%，比 2007 年的 65% 略有上升。合资及外资企业数量占当地注册企业总数的 2.5%。2009 年吸引外资总额在俄罗斯七个联邦区中居第三位，人均吸引外资额为 1238 美元，居全俄第二位。2003 年远东联邦区与外贝加尔地区共引进外资 28.29 亿美元，比 2002 年增长了 2.3 倍。① 2010 年，远东联邦区吸引外资 73.1 亿美元，占全俄吸引外资总额的 6.4%。其中直接投资为

---

① 王利荣：《俄罗斯远东地区吸引外资的态势分析》，《广东技术师范学院学报（社会科学版）》2010 年第 2 期。

11.7 亿美元，债券投资 4825 万美元，其他投资（包括贷款）60.9 亿美元。该联邦区吸引外资较多的联邦主体有萨哈林州（49.8 亿美元）、萨哈（雅库特）共和国（13.4 亿美元）、哈巴罗夫斯克边疆区（4.2 亿美元）、阿穆尔州（3.8 亿美元）和滨海边疆区（1.1 亿美元）。2011 年，远东联邦区吸引外资 99 亿美元，占俄罗斯外资总量的 5%。2012 年，远东联邦区吸引外国投资达 136 亿美元，比上年增长 37%，但直接投资仅占 16%。该地区各联邦主体中吸引外资最多的是萨哈林州，占该地区外资总额的 78.4%。以下依次是：滨海边疆区（增长 4.2 倍）、萨哈林州（增长 50%）和哈巴罗夫斯克边疆区（增长 40%）。对吸引外国投资额最具吸引力的行业是采掘业，吸引外资达 125.7 亿美元，占总额的 93%。该行业主要分布在萨哈林州、萨哈（雅库特）共和国、阿穆尔州、马加丹州和楚克奇自治州。该地区外国投资的主要来源国为：荷兰（84 亿美元）、卢森堡（12.6 亿美元）、塞浦路斯（11.7 亿美元）、巴哈马群岛（7.6 美元）和印度（4.8 亿美元）。2013 年前 9 个月，中国对远东联邦区的投资总额达 6550 万美元，占该联邦区吸引外资总额的 1.8%，其中直接投资 5230 万美元（占 80%），其他投资 1310 万美元（占 20%）。主要投向阿穆尔州（47.9%）、滨海边疆区（39.9%）和哈巴罗夫斯克边疆区（9.0%）。

这一阶段，远东利用外资的主要特点是：① 投入能源领域的外资迅速扩大，资源雄厚的联邦主体成为外国资本投入的主要场所。租让制的实施改变了外资向远东联邦区投入的领域和地理方向。以前外资主要集中在滨海边疆区和哈巴罗夫斯克边疆区。俄罗斯通过租让制形式开放自然资源后，燃料资源成为对外资具有吸引力的领域，萨哈林州、萨哈（雅库特）共和国等资源丰富的地区成为外国资本的主要投资场所。② 鼓励企业进入资源深加工领域投资。随着俄罗斯经济的逐渐好转以及政府加强对产业结构的调整，俄罗斯政府将会不断加大限制原材料出口的力度，鼓励企业向资源深加工领域投资。①

---

① 王利荣：《俄罗斯远东地区吸引外资的态势分析》，《广东技术师范学院学报（社会科学版）》2010 年第 2 期。

四　远东地区与中国东北地区的经济合作

俄罗斯远东联邦区和中国东北地区（以下简称"中俄东部毗邻地区"）在各自国家的经济发展中扮演着重要角色、发挥着重要作用。为了平衡国家区域间的发展，确保国家经济安全和边疆安全稳定，中国和俄罗斯先后提出了老工业基地振兴与东部地区经济开发国家政策，并着手实施相应的开发与振兴战略。这为中俄两国东部毗邻地区开展经济合作，共同发展和繁荣创造了良好的政策条件。

自 20 世纪 90 年代初以来，中俄东部毗邻地区间经济合作在曲折中不断向前发展。经济合作形式日益多样化，由最初单一的易货贸易，逐步发展到目前的边民互市贸易、边境小额贸易、一般贸易和投资合作等多种方式，形成了以边境小额贸易为主、一般贸易快速发展、其他贸易为补充和加工贸易正在兴起的格局。经济合作规模呈现出不断扩大的总体态势。经济合作领域由少到多，日益多样化，已经涵盖木材贸易、能源领域、矿产资源开采、科技合作、承包工程与劳务合作、旅游合作、园区建设合作和边境物流通道建设合作等诸多领域，而且还有继续扩展的潜力与可能。

在中俄全面战略协作伙伴关系的大背景下，中俄不断加大两国东部毗邻地区的开发力度，同时借助俄罗斯加入世界贸易组织、普京政府成立远东联邦区经济发展部、APEC 峰会在符拉迪沃斯托克举行等重大利好事件，通过"双向点轴合作开发模式"和"网状经济合作模式"，中俄两国东部毗邻地区区域间经济合作面临新的机遇。我们相信，双方的经济合作具有广阔的发展前景。

（一）中俄东部毗邻地区经济合作的地位和作用

中国东北地区和俄罗斯东部地区在各自国家的经济发展中扮演着重要角色、发挥着重要作用。为了平衡国家区域间的发展，确保国家经济安全和边疆安全稳定，中国和俄罗斯先后提出了老工业基地振兴与东部地区经济开发国家政策，并着手实施相应的开发与振兴战略。

1. 中国东北地区在我国的地位和作用

我国东北老工业基地在全国的经济发展中起着十分重要的作用，为国家的经济发展、改革开放和现代化建设作出了历史性的重大贡献。然而，改革开放以来，尤其是 20 世纪 90 年代以来，由于体制性和结构性矛盾日趋显现，东北老工业基地的企业设备老化，竞争力下降，就业矛盾突出，资源性城市主导产业衰退，经济发展遇到了前所未有的困难，与沿海发达地区的发展差距不断扩大。为了在全面建设小康社会过程中促进区域经济协调发展，党和国家在实施西部大开发战略以后，不失时机地开始实施振兴东北等老工业基地的战略。实施东北老工业基地振兴战略，东北地区具有许多基础性的有利条件。东北地区自然资源、人力资源有一定的优势，具有较为雄厚的产业技术基础，拥有较为便利发达的交通运输网络，具备振兴所需要的条件。

从发挥东北地区的优势出发，针对需要解决的严峻问题，国家提出：振兴东北老工业基地，必须进一步解放思想、深化改革、扩大开放，着力推进体制创新和机制创新，形成新的经济增长机制；按照走新型工业化道路的要求，坚持以市场为导向，推进产业结构优化升级，提高企业的整体素质和竞争力；坚持统筹兼顾，实现东北地区等老工业基地经济和社会全面、协调和可持续发展。同时，国家还明确提出原则要求：一是坚持深化改革、扩大开放，以改革开放促调整改造。二是坚持主要依靠市场机制，正确发挥政府作用。三是坚持有所为、有所不为，充分发挥比较优势。四是坚持统筹兼顾，注重协调发展。五是坚持以自力更生为主，国家给予必要的扶持。六是坚持从实际出发，讲求实效。

2002 年 11 月，中共十六大报告明确指出，支持东北地区等老工业基地加快调整和改造，支持以资源开采为主的城市和地区发展接续产业。2003 年 9 月 10 日，温家宝总理主持召开国务院常务会议，研究实施东北地区等老工业基地振兴战略问题，提出了振兴东北地区等老工业基地的指导思想和原则、主要任务及政策措施。2003 年 10 月，中共十六届三中全会通过《中共中央关于完善社会主义市场经济体制若干问题的决定》，进一步明确提出加强对区域发展的协调和指导的重要方面是振兴东北地区等老工业基地。此后不久，又下发了《中共中央关于实施东北地区等老工业基地振兴战略的若干意见》，就振兴东北地区等老工业基地作出系统部署、制定专门政策，决定成立国务院振兴东北地区等老工业基地领导小组。以出台《关于实施东北地区等老工业基地振兴战略的若干意见》为标志，实施东北老工业基地振兴战略以来，东北三省经济持续快速增长，体制改革和对外开放不断深入，发展机制创新步伐加快。

为深入贯彻落实科学发展观，进一步加快东北地区振兴步伐，促进区域经济协调发展，经国务院批复同意，国家发展和改革委员会和国务院振兴东北地区等老工业基地领导小组办公室于 2007 年 8 月正式发布《东北地区振兴规划》。《东北地区振兴规划》标志着东北老工业基地振兴工作进入了新阶段。规划范围包括辽宁省、吉林省、黑龙江省和内蒙古自治区呼伦贝尔市、兴安盟、通辽市、赤峰市和锡林郭勒盟（蒙东地区），土地面积 145 万平方公里，总人口 1.2 亿。规划确定了东北振兴的总体思路、主要目标和发展任务，明确提出：经过 10~15 年的努力发展，将东北地区建设成为体制机制较为完善，产业结构比较合理，城乡、区域发展相对协调，资源型城市良性发展，社会和谐，综合经济发展水平较高的重要经济增长区域；形成具有国际竞争力的装备制造业基地，国家新型原材料和能源保障基地，国家重要商品粮和农牧业生产基地，国家重要的技术研发与创新基地，国家生态安全的重要保障区，实现东北地区的全面振兴。

结合已经实施、正在实施和可能实施的重要政策举措，全面振兴东北老工业基地，以下十个方面不容忽视：第一，调整产业结构，促进产业振兴。第二，调整所有制结构，大力发展民营经济。第三，调整国有经济结构，深化国有企业改革。第四，切实加强企业技术改造，这是振兴东北老工业基地的重要环节。第五，积极培育、扶持和发展接续产业。第六，促进东北老工业基地积极参与东北亚地区的经济技术合作，促使东北地区成为我国新的开放地带。第七，建立东北地区区域经济区合作框架和协调机制，推进区域经济一体化进程。第八，多渠道筹集振兴东北老工业基地所需要的资金。第九，积极搞好就业和社会保障体系建设，这是振兴东北老工业基地的重要保证。第十，完善振兴东北老工业基地的支持政策。①

---

① 邹东涛：《中国改革开放 30 年（1978~2008 年）》，社会科学文献出版社，2008，第 23 页。

2. 远东地区在俄罗斯的地位和作用

从俄罗斯来讲，开发与开放东部地区是其重要的经济社会发展战略。不论在苏联时期，还是在当今的俄罗斯，政府都高度重视其东部地区的发展，因为这里集中了俄罗斯70%～80%的各种重要资源。因而，东部地区对俄罗斯来说，具有重要意义：一是自然资源丰富，是目前世界上"唯一尚未得到很好开发的自然资源宝库"，可以为俄罗斯经济提供资源保障和出口创汇。二是实现俄罗斯与亚太地区的经济一体化。凭借丰富的资源优势，俄罗斯东部地区，不仅受到俄罗斯联邦政府的高度重视，而且也引起世界许多国家的关注并进行投资，因此该地区成为俄罗斯与东北亚地区开展国际经济贸易合作的热点地区之一，是实现俄罗斯与亚太地区经济一体化的重要前沿。这对俄罗斯来说，具有重要的地缘经济意义。三是东部地区对俄罗斯具有重要的地缘政治意义。开发远东联邦区，有利于维护俄罗斯的领土、主权等国家安全。四是开发东部地区，有利于俄罗斯经济与社会的发展，缩小地区间的差距。

俄罗斯远东和外贝加尔地区占其国土总面积的45.2%，但该地区经济所占的比重较低，社会发展也严重滞后。自20世纪90年代中期以来，俄罗斯十分重视其东部地区的开发，制定了一系列有利于东部地区开发的联邦政策，努力发挥其地缘、资源、技术等方面的优势，实现与亚太地区的经济一体化。

叶利钦执政时期，俄罗斯政府出台了《俄联邦远东与外贝加尔地区1996～2005年经济社会发展专项纲要》，旨在推动该地区经济与社会的发展，缩小俄罗斯东西部的发展差距。俄罗斯于1996年制定了《俄联邦远东和外贝加尔1996～2005年及2010年前社会经济发展专项纲要》。该纲要阐述了此后这一地区经济发展的总目标，即最大限度地减轻阻碍本地区适应新经济形势各种因素的影响；充分利用现有的发展条件，为迅速摆脱危机和以后加速发展创造条件。普京担任俄罗斯总统后，面对新的国际国内形势，十分重视俄罗斯远东联邦区经济的发展问题，加大了对东部地区的开发力度。2002年3月19日，俄联邦政府发布了第169号命令，批准执行重新修订的《俄联邦远东与外贝加尔地区1996～2005年及2010年前经济社会发展专项纲要》。2007年3月27日，俄罗斯政府制定了《远东及外贝加尔地区2013年前经济社会发展联邦专项纲要》，计划投资220亿美元，加强远东联邦区的基础设施建设，支撑俄罗斯远东联邦区的GDP由2007年的800亿美元提高到1400亿美元。俄罗斯国内对实施东部大开发普遍看好，认为已经进入从政策转为实施行动的新阶段。

梅德韦杰夫对俄罗斯东部地区的发展寄予厚望。2009年12月28日，俄罗斯政府批准了《2025年俄联邦远东及贝加尔地区前经济社会发展战略》。该文件从地缘政治利益视角，对远东和贝加尔地区的社会经济现状、进一步发展面临的挑战与威胁进行了详尽的阐述，指出远东和贝加尔地区的发展首要战略目标，是实现巩固人口数量的地缘政治发展任务，推动相关联邦主体建立起经济发达、生存条件舒适的发展环境；强调其发展模式为"加速战略"，2011~2025年该地区要以超过俄罗斯全国GDP平均增长速度0.5个百分点的累积发展，实现达到俄罗斯经济社会发展平均水平的目标。

2012年普京再次执政后，俄罗斯更加重视东部地区的开发，强化其"东方政策"，成立了远东联邦区发展部，主导远东联邦区的开发工作，这在历史上都是前所未有的。俄罗斯远东联邦区发展部在国家层面对国家计划和与各联邦主体计划进行协调，并管理相关各联邦主体的财产和事务。该部的成立加强了俄罗斯总统及中央政府对远东联邦区的直接领导，以及对该地区资源开发的调配能力，为远东联邦区的发展创造了良好机会。

普京"面向东方"的发展策略由来已久。早在2000年普京第一次担任俄罗斯总统时，他就已看出，想依靠西方来实现俄罗斯的真正复兴是不现实的，必须借助"东方的力量"。2007年，普京政府出台了《远东和贝加尔地区经济社会发展战略》，把提高远东和东西伯利亚地区居民的生活水平作为一项主要政策提了出来。2009年，中俄双方正式批准了《中国东北地区同俄罗斯远东及东西伯利亚地区合作规划纲要》。2009年年底，时任总理的普京又签署了第2094号俄联邦政府令，批准俄联邦《2025年前远东和贝加尔地区经济社会发展战略》。2012年4月，俄罗斯又准备组建直属于总统的"远东和西伯利亚国家发展公司"。上述这一系列的动作表明，无论是作为国家总统还是作为政府总理，普京"面向东方"的意愿未曾改变，并且越来越强。

俄罗斯远东和西伯利亚地区最大的优势和吸引力，就是能源和原材料资源，俄罗斯开发远东联邦区的战略将以此为核心。不仅是能源和原材料的出口，更重要的是吸引外资，通过发展深加工行业促进远东联邦区经济发展，从而达到改善基础设施、增加就业机会、提高人民生活水平、减少人口流失的目的。

通过远东发展部的建立和一系列未来远东联邦区发展计划的出台，俄罗斯中央政府能够更好地将政策贯彻到各联邦主体，改善远东联邦区的投资环境，增强投资吸引力，通过加强与中、日、韩等东北亚国家的务实合作，最终将远东联邦区打造成俄罗斯经济增长的新动力。

3. 中俄东部毗邻地区经济合作的地位和作用

中俄东部毗邻地区经济合作在加强两国地区和双边之间的经济往来、推动东北亚地区的经济一体化进程等方面发挥着重要作用。

第一，加强两国地区和双边之间的经济发展和往来。目前，中国经济发展呈现区域化趋势，国家相继推出"西部大开发"、"振兴东北"及"中部崛起"等大型发展战略，表明今后一定时期内，区域经济发展的整体性和协调性将是国家经济发展的主要特点之一。虽然中国东北和俄罗斯远东以及西伯利亚地区在两国中属于相对落后的地区，但是彼此利用比较优势进行资源整合从成本收益角度来说是双赢的。基于此，在对外开放方面，东北地区加强同俄罗斯的经贸合作是势在必行的选择。与此同时，俄罗斯的繁荣有赖于远东和西伯利亚，远东和西伯利亚的繁荣有赖于同中国等东北亚地区国家的合作。同样，中国的振兴寄希望于东北，东北的振兴寄希望于同俄罗斯的合作。相互依赖、相互依存的观点强烈地表现在中俄两国东部毗邻地区的经济合作中，并得到了中俄双方人士的普遍认同。东北东部铁路和哈大客运专线的建设将在能源、交通、物流及旅游等多方面使东北形成合力，极大地提升整个东北地区对俄经贸合作的能力。

中俄东部毗邻地区的经济合作是双边经济合作的重要组成部分和基础，并占据很大比例，对于扩大中俄经济合作发挥着重要作用。以黑龙江省对俄贸易为例，仅"十一五"期间，该省对俄贸易额累计实现440.6亿美元，年均增长23.3%，成为拉动全省对外贸易和经济增长的重要力量。"十二五"时期，作为破解东北地区经济结构性矛盾和问题的重要手段，扩大对俄经济合作可以在很大程度上缓解制约东北地区发展的资源、能源不足和原材料成本较高等问题，并带动生产性服务业发展，促进就业，保障和支持东北地区经济社会发展。东北地区加快发展同俄罗斯东部毗邻地区的经济合作，不仅可以促进企业加快技术升级步伐，提高产品竞争力，实现与国际接轨，而且可以弥补东北地区经济外向度较低的"短板"，转变经济发展方式，进一步完善东北地区开放型经济格局。黑龙江省的"哈大齐工业走廊"、吉林省的"长吉图开放开发先导区"、辽宁省的"辽宁中部城市聚集经济区"和"五点一线沿海开放带"，已经为东北地区与俄罗斯开展合作奠定了坚实的产业经济基础。对俄沿边大开放作为中国对外开放战略布局中的重要组成部分，对于促进东北地区的务实合作，加快推动东北老工业基地振兴意义重大。国际金融危机爆发后，我国对俄经贸合作进入了战略性调整时期，也为东北地区对俄经贸合作提供了机遇。随着东北振兴和俄远东联邦区开发互动对接的全面展开，为东北地区进一步强化以地方经贸为主的"桥头堡"和"枢纽站"的功能和作用创造了有利条件。①

第二，有利于维护两国东部毗邻地区的安全与稳定。通过开展互利共赢的经济合作，中俄两国东部毗邻地区的经济社会得到了稳步快速发展，振兴两国边境地区的社会经济，不断加深两国人民的传统友谊，促进边疆的共同繁荣和安全稳定，进而有利于巩固中俄全面战略协作伙伴关系。

第三，有利于推动东北亚地区的经济一体化进程。东北亚是世界三大区域经济一体化中心之一，作为欧亚大国的俄罗斯在无望加入欧盟的时候选择参与东北亚经济一体化进程是明智而现实的决定。俄罗斯远东和西伯利亚地区以其地缘优势、资源优势和市场容量优势成为俄参与东北亚经济一体化的最佳选项。中俄同为东北亚主要国家，积极推进该地区经济一体

---

① 沈悦：《东北三省同俄罗斯远东地区经济合作现状及发展前景研究》，《黑龙江对外经贸》2011年第9期。

化进程是双方的共同诉求，符合双方的国家利益。中国是东北亚地区经济成长速度最快的国家，俄罗斯加强与中国的经济合作就是搭上了中国经济增长的高速列车，并驶入经济增长的快车道。中俄东部毗邻地区自然也成为两国经济合作的优先地带，引起各界的广泛重视。

（二）中俄东部毗邻地区区域间经济合作的状况

1. 区域间经济合作的形式

中俄东部毗邻地区的经济合作形式日益多样化，由最初单一的易货贸易，逐步发展到目前的边民互市贸易、边境小额贸易、一般贸易和投资合作等多种方式，形成了以边境小额贸易为主、一般贸易快速发展、其他贸易为补充和加工贸易正在兴起的格局。边境贸易是毗邻国家之间特有的一种贸易方式，是我国全方位开放的重要内容。1982年经中俄两国政府换文批准，恢复了同苏联的边境贸易，边境贸易往来逐步走上了稳步快速发展之路。边境贸易发展历程大体上可分为起步、恢复、快速发展、稳步提高四个历史阶段，贸易结算方式由最初的记账贸易逐渐向易货贸易、易货和现钞贸易、现汇贸易、边境小额贸易方向转变。

与此同时，中俄东部毗邻地区的经济合作领域不断拓宽，包括木材贸易、能源领域、矿产资源开采、科技合作、承包工程与劳务合作、旅游合作、园区建设合作和边境物流通道建设合作等。

2. 区域间经济合作的规模

（1）对俄边贸规模不断扩大。中俄区域经贸合作，是以边境贸易为先导的。自1983年恢复边境贸易以来，这一领域的合作一直以较快的速度发展，是两国经贸合作的一个重要组成部分，起着"富民、兴边、强国、睦邻"的重要作用。也就是说，边境经贸合作不仅肩负着发展双边经济的职能，而且在促进民间沟通、加深了解和增进友谊等方面都有着重要的意义。两国边境地区之间经济互补性强，经中国国务院与当地省级政府批准设立的中俄边民互市区共有12个，交通基础设施逐步完善。这些有利条件为中俄东部毗邻地区区域间经济合作创造了良好的基础条件。①

---

① 陆南泉：《中俄区域经贸合作发展趋势分析》，《俄罗斯中亚东欧市场》2009年第9期。

表4-8 2000～2008年中俄边境贸易情况

单位：亿美元，%

年份	中国边贸额	中俄边贸额	中俄边贸额占中国边贸额的比重
2000	45.6	23.7	52.0
2001	41.2	22.5	54.6
2002	57.0	31.8	55.8
2003	77.8	35.2	45.2
2004	94.7	42.0	44.4
2005	131.3	55.7	42.4
2006	—	69.8	—
2007	213.0	83.5	39.2
2008	309.0	83.7	27.1

资料来源：中国历年海关统计。转引自陆南泉：《中俄区域经贸合作发展趋势分析》，《俄罗斯中亚东欧市场》2009年第9期。

从上表可以看到，中俄边境贸易额是逐年增加的，2000年为23.7亿美元，2006年达到69.8亿美元，到2008年达到83.7亿美元。2009年中俄边境贸易额下降到57.3亿美元，在双边贸易总额中占14.8%。2011年为93.6亿美元，在双边贸易总额中占11.8%。2012年为104亿美元，在双边贸易总额中占11.8%。2013年为223.6亿美元，在双边贸易总额中占25.1%。

（2）中俄东部毗邻地区区域间经贸合作规模不断扩大。2000年以来，中俄东部毗邻地区区域间经贸合作呈现出整体快速发展的趋势，规模不断扩大，涨幅都在几十个百分点，个别省区有的年份增长幅度较大，例如2006年吉林省对俄贸易额同比增长145%。在我国东北地区对俄贸易中，黑龙江省一直居领先地位，内蒙古自治区列第二位，辽宁省处于第三位，吉林省排在第四位。

以黑龙江省对俄贸易为例。俄罗斯是黑龙江省第一大贸易伙伴。据海关统计，1990～2008年，黑龙江省对俄进出口贸易总额累计完成562.7亿美元，年均增长23.1%。其中出口总额累计完成346.3亿美元，年均增长33.23%；进口总额累计完成216.4亿美元，年均增长18.9%。2008年，黑龙江省对俄进出口实现110.6亿美元，是1990年贸易额的18倍，占全省外贸进出口总额的 48.3%，占全国对俄贸易总额的 19.5%。其中出口完成 79.7 亿美元，是 1990 年的 23 倍；进口完成 30.9 亿美元，是 1990 年的 11.4 倍（详见表 4-9）。

表 4-9 1990~2008 年黑龙江省对俄进出口情况

单位：亿美元

年份	进出口		出口		进口	
	金额	同比%	金额	同比%	金额	同比%
1990	6.1	—	3.5	—	2.7	—
1991	8.5	39	4.9	40.6	3.6	36.8
1992	17.4	104.8	9.7	100.3	7.7	110.8
1993	18.9	8.9	8.4	-13.4	10.5	37.3
1994	8.0	-57.7	2.9	-65.4	5.1	-51.5
1995	7.0	-12.3	2.1	-27.7	4.9	-3.4
1996	7.9	12.2	2.0	-5	5.9	19.6
1997	8.5	8.1	3.4	72.2	5.1	-13.7
1998	6.7	-21.4	1.8	-48.9	4.9	-2.8
1999	9.2	36.8	2.3	32	6.8	38.5
2000	13.7	50	4.7	100.4	9.1	33
2001	18.0	30.9	7.8	67.7	10.2	12
2002	23.3	29.7	9.7	24.7	13.6	33.5
2003	29.6	26.7	16.4	68.5	13.2	-3.2
2004	38.2	29.4	21.5	31.5	16.7	26.8
2005	56.8	48.5	38.4	78.2	18.4	10.2
2006	67.9	17.8	45.4	18.3	21.5	16.7
2007	107.3	60.4	81.7	80	25.6	19.1
2008	110.6	3.1	79.7	-2.5	30.9	20.9

资料来源：《黑龙江省统计年鉴》，1990~1991 年数据是黑龙江省对苏联进口情况。

2009 年黑龙江省对俄进出口总值 55.8 亿美元，比上年下降 49.7%。黑龙江省以边境小额贸易方式对俄进出口总值 34.3 亿美元，下降 35.6%，占同期全省对俄进出口总值的 61.5%。其中，出口 20.8 亿美元，下降 34.5%；进口 13.5 亿美元，下降 37.2%。以一般贸易方式对俄进出口总值

17.2 亿美元，下降 64.3%，占比为 30.8%。其中，出口 8.7 亿美元，下降 78.1%；进口 8.5 亿美元，增长 1%。2009 年黑龙江省对俄出口超亿美元的主要商品中，服装及衣着附件出口 8.7 亿美元，下降 68.1%；鞋类出口 6 亿美元，下降 13.1%；机电产品出口 5.5 亿美元，下降 69.8%；箱包及类似容器出口 2.8 亿美元，下降 19.8%；农产品出口 2.6 亿美元，下降 8.2%；纺织纱线、织物及制品出口 1.9 亿美元，下降 53.3%；家具及其零件出口 1 亿美元，下降 84.8%。

2010 年黑龙江省对俄实现进出口总额 74.7 亿美元，占中俄进出口总额的 13.47%（中俄贸易额为 554.5 亿美元）。2011 年，黑龙江省对俄进出口总额实现 189.9 亿美元，占中俄进出口总额的 23.96%（中俄贸易额为 792.5 亿美元），比历史最高年份 2008 年的 110.8 亿美元高出 79.1 亿美元，比 2010 年增长 154%。同年，俄罗斯也是黑龙江省最大的贸易伙伴。从主要贸易方式看，该省对俄一般贸易、边境小额贸易、其他贸易同比实现增长，增长幅度分别为 542%、30.1% 和 4.04%，加工贸易出口增幅达 52%。对俄一般贸易完成 107 亿美元，边境小额贸易完成 60 亿美元，占对俄贸易比重分别达到 61% 和 34%。2012 年为 213.1 亿美元，占中俄进出口总额的 24.17%（中俄贸易额为 881.6 亿美元）。对俄出口 51.6 亿美元，增长 18.6%，比同期我国对俄出口增长 5.4%，总值排在第四位，前三位分别是浙江省、广东省和江苏省，这是黑龙江省第一次被其他省份超过。自俄进口 161.5 亿美元，增长 10.4%，比同期我国对俄出口增长 1.2%，总值排在第一位。2013 年为 223.6 亿美元，占中俄贸易总额的 25.07%（中俄贸易额为 892 亿美元）。2013 年，黑龙江省对俄边境小额贸易出口达 46 亿美元，占全省对俄出口总值的 66.5%，其中旅游贸易（其他贸易）出口完成 15.9 亿美元。同比增长 89.2%。对俄旅游贸易占对俄进出口总值的 7.1%。据海关统计，2008～2013 年，全省对俄旅游贸易出口累计完成 46.8 亿美元。2014 年为 232.8 亿美元，占同期中俄贸易总额的 24.43%（中俄贸易额为 952.8 亿美元）。

2006 年和 2007 年吉林省对俄贸易额分别为 3.9925 亿美元和 8.0190 亿美元，分别比上年增长 123% 和 101%，呈现出快速增长的态势。其中，延边朝鲜族自治州 2006 年实现对俄贸易 6.3431 万美元，占全省对俄贸易总额的近80%。截至2007年年末，吉林省有业绩的对俄贸易企业已达到205家，比两年前增加75家，出口超百万、过千万美元的企业分别达26家和8家。全省累计在俄罗斯设立企业48户，投资总额近4亿美元。2009年，中俄边境贸易在双边贸易中的比例为29.9%，其中与黑龙江省的对俄贸易额占两国贸易总额的17.5%，内蒙古自治区占6%，辽宁省占3.6%。

总体来看，中俄东部毗邻地区区域间经济合作基础牢固，呈现出合作形式日益多样化、合作规模不断扩大的趋势。

3. 区域间经济合作的具体领域

（1）木材贸易合作

俄罗斯的森林资源总蓄积量达到807亿立方米，中国约为125亿立方米。伴随经济建设的快速发展，中国木材市场的需求量在逐年增加。根据2006年公布的全国森林资源清查结果，中国木材供需缺口基本为2亿立方米，2015年缺口将扩大到3亿立方米左右，缺口主要靠进口来补充。俄罗斯是我国第一大原木进口来源国。2006年中国从俄进口原木2183万立方米，占进口原木总量的70%。2007年进口2539万立方米，占进口原木总量的68.45%。[①]2008年从俄进口木材1964万立方米，2009年为2000万立方米。

满洲里口岸、绥芬河口岸和二连浩特口岸居我国进口俄罗斯木材的前三位。据统计，满洲里口岸进口数量由2001年的299.72万立方米增至2007年的1148.71万立方米，增幅283.26%；绥芬河进口数量由2001年的320.72万立方米增至2007年的769.09万立方米，增幅139.8%；二连浩特口岸进口数量由2001年的167.61万立方米增至2007年的327.43万立方米，增幅95.35%。[②]2005~2008年，黑龙江省累计从俄进口木材3727万立方米。2009年，黑龙江省自俄进口原木544.1万立方米，减少33.3%，价值6.5亿美元，纸浆进口1.2亿美元，锯材进口1亿美元。2010年黑龙江省绥芬河市从俄罗斯进口原木395.4万立方米，比上年减少6%。进口均价每

---

① 《中俄木材贸易发生结构性变化　板材进口前景看好》，http://www.jiajuzhijia.com/news/show.php=1425。

② 《中俄木材贸易发生结构性变化　板材进口前景看好》，http://www.jiajuzhijia.com/news/show.php=1425。

立方米上涨 10.5%，价值 5.2 亿美元，增长 3.9%。2011 年，绥芬河市自俄罗斯进口原木 378.9 万立方米，增加 1.6%，占该市原木进口总量的 88.5%。2013 年黑龙江省自俄罗斯进口原木 435.8 万立方米，增加 3.1%，占同期进口量的 95.4%。

俄罗斯政府对原木出口采取限制政策。自 2006 年 1 月 1 日开始连续上调原木出口关税税率。2008 年 4 月 1 日，俄将原木出口关税税率提高至 25%，且每立方米不低于 15 欧元，从 2009 年 1 月起，俄将原木出口关税税率提高到 80%，且不低于每立方米 50 欧元。俄罗斯不断提高原木出口关税，以此来刺激和拉动国内的木材深加工和精加工行业，吸引本国和外国投资者投资俄罗斯木材加工业。但是受到国内劳动力资源、技术设备和生产工艺等条件的限制，俄罗斯形成完整的木材产业链条尚需时日。[①] 但是，由于受到国际金融危机的影响，俄罗斯推迟了原木出口关税的执行。

为了落实俄联邦有关限制原木出口、增加加工木材的出口量，俄罗斯各地区正在采取相应措施，促进林业资源的合理利用。例如，哈巴罗夫斯克边疆区政府 2008 年 12 月颁布了 "哈巴罗夫斯克边疆区 2009～2018 年林业计划"。该计划的宗旨在于通过对哈巴罗夫斯克边疆区林业综合体现状进行分析的基础上，制订并论证该边疆区林业综合体的区域发展战略，以保障提高利润和全面合理地利用林业资源，保证森林采伐和木材加工工业的集约化发展、保护生态环境以及保证在俄罗斯联邦林业法典的框架内有效地管理森林资源。[②]

针对俄罗斯出口木材政策的调整，我国企业应 "走出去"，在俄罗斯开办木材加工企业，或与俄罗斯企业合资开办木材加工厂，一方面解决我国进口俄罗斯木材的货源问题，继续保持稳步增长的态势；另一方面，可以解决俄罗斯森工企业的职工就业问题。

2008 年之前，俄罗斯原木在我国进口木材总量中的份额平均保持在 50% 以上，中俄发展成为最重要的木材贸易合作伙伴。2009 年上半年，在

---

① 《木材企业 "走出去" 开展中俄木材加工合作》，《经济参考报》2008 年 9 月 24 日。

② Хабаровский край опубликовал план лесной промышленности в период 2009–2018 гг. http：// www. regions. ru/26/12/2008.

政策调整和经济趋缓等多种因素的影响下，我国进口俄罗斯木材总量明显减少。2010年3月，黑龙江省与阿穆尔州达成关于在木材领域加强合作的协议。①

俄罗斯提高原木出口关税之后，很多中国企业将有希望到俄罗斯投资建厂或者与俄罗斯企业合作。但是，对于目前的中国木材商来说，把自己国内的工厂"搬"到俄罗斯去存在着许多困难和问题。一是目前国内大多数从事深加工业的木材商经营规模较小，抵抗风险的能力差，资金实力不足；二是相对别的行业而言，国内多数木材商受视野局限，国际投资与国际产业运营的能力较低；三是俄罗斯的劳动用工管制制度造成了有效劳动力供应不足；四是中俄两国的文化差异与生活环境也是国内木材商的考虑要素。②

俄罗斯是我国重要的木材供应国，面对俄罗斯出口木材政策的调整，我们应采取积极的应对措施，缓解企业的进口压力。如鼓励国内企业进驻俄罗斯与其合作开办木材加工厂，为我国进口俄木材提供源源不断的货源。相关部门为我国木材进口企业适当降低进口费用，给予更多的优惠政策，促使我国进口俄罗斯木材继续保持稳步提升；调整木材进出口政策，扩大原木进口加工后出口的优惠政策，提高企业的利润，鼓励进口；在中俄东部毗邻地区建立木材加工园区，形成我国木材加工的规模效应；政府有关方面应密切跟踪，认真研究俄政策导向，因势利导，趋利避害，从战略角度做出对与俄罗斯开展木材合作进行长远规划和具体安排。

从黑龙江省来看，截至"十一五"末，黑龙江省在俄设立木材加工企业164个，总投资13.86亿美元。《中俄林业二期合作规划》中确定的犹太州下列宁斯科耶木材加工园区和阿玛扎尔林浆一体化项目建设等林业合作项目、图瓦铅锌多金属矿产开发等项目取得积极进展。

---

① Соглашение между Амурской областью и провинцией Хэйлунцзян о сотрудничестве в области деревообработки было достигнуто. http://www. regions. ru/news/location01794/2281368/.
② 《中俄木材贸易状况：进口总量有所减少》，http://news. dichan. sina. com. cn/2009/10/15/73401_all. html。

（2）能源领域合作

① 石油。远东和东西伯利亚地区自然资源极其丰富，石油和天然气资源蕴藏丰富，仅东西伯利亚南部就已发现 40 多个油田，石油探明可采储量 7 亿吨，天然气 4 万亿立方米。①

长期以来，中俄石油贸易规模一直维持在 1000 万吨，主要通过满洲里口岸铁路运输。俄方通过陆路向中方输出石油，2004 年为 1077.66 万吨，2005 年为 1277.59 万吨，2006 年为 1596.57 万吨，2007 年为 1500 万吨，2008 年为 1163.83 万吨，2009 年为 1530.37 万吨。②

2009 年以来，中俄能源合作的步伐进一步加快。根据 2009 年 2 月 17 日中俄双方签署的大型能源协议，中国将向俄罗斯提供总计 250 亿美元的长期贷款。俄罗斯从 2011 年至 2030 年按照每年 1500 万吨的规模向中国通过管道供应总计 3 亿吨石油。2009 年 4 月 21 日，中俄两国在北京签署《中俄石油领域合作政府间协议》，涉及双方在石油领域上、下游的合作，双方将进一步在能源领域开展"全面、长期、稳定"的合作。协议签署后，双方管道建设、原油贸易、贷款等一揽子合作协议随即生效。4 月 27 日，由俄罗斯承建的太平洋石油管道中国支线正式动工，2010 年 10 月中俄石油管道连成，并已进行注油，开始初步试运行，从 2011 年起将正常运转。专家指出，协议的签订是中国建立能源战略储备的重要举措，石油陆路运输能力将得到大幅度提高。俄罗斯总理普京在 2010 年 8 月庆祝中俄石油管道俄罗斯段竣工的活动上总结了这条管道的重要意义。他说，对中国来说，它为保证中国能源平衡提供了稳定的供应，对于我们来说，它给我们带来了具有发展前景的新市场，而就这个特殊的情况而言，它带来的是拓展中的中国市场。2011 年 1 月 1 日，中俄石油管道正式进入商业营运阶段，俄罗斯每年将向中国输送 1500 万吨原油，保证中国需求的 4%，到 2018 年达到 3000 万吨/年，增供合同期 25 年，可延长 5 年，中国要向俄罗斯提供 250 亿美元的贷款，在未来 20 年通过此管道获取 3 亿吨原油。

---

① 《俄罗斯远东等待开发》，《环球时报》2003 年 12 月 15 日。
② 中国海关总署统计数据。

2010 年中国从俄罗斯进口石油 1524.52 万吨，2011 年为 1849.03 万吨，2012 年为 2432.97 万吨。2013 年为 2435 万吨，2014 年为 3310 万吨①。

中俄能源合作不断升级，无疑为东北地区借助地缘优势开展对俄能源合作创造了宝贵的历史机遇。中国东北老工业基地对俄能源合作空间广阔，东北地区地方政府应发挥主导作用，化地区比较优势为绝对优势，在中俄能源合作中抢占先机。

俄罗斯远东联邦区的石油资源较为丰富，主要集中在萨哈林岛上，陆上约有 40 个油气田，萨哈林海域中大陆架石油的预测储量为 50 亿吨且多数易于开采。天然气预测储量约为 13.43 万亿立方米，主要分布在雅库特和萨哈林两大地区。煤炭地质储量为 505 亿吨，分布于俄远东联邦区，几乎所有的州、区、自治区、共和国均储量丰富。

俄罗斯东部地区开发是俄罗斯未来长期的战略方针。2007 年 8 月，俄罗斯联邦政府批准了《俄罗斯远东和外贝加尔地区 2013 年前经济社会发展专项规划》，确定石油天然气开采业、石油天然气运输、石油加工和石油化工以及水电和核电等能源产业为优先发展产业，跨边境交通运输通道和石油天然气运输网络也相应地被列为优先发展领域。关于俄罗斯东部开发和中国东北振兴之间的互利合作，中俄两国也已达成共识。2009 年 6 月 17 日在莫斯科发表的《中俄元首莫斯科会晤联合声明》指出，协调中俄毗邻地区发展战略有助于加快两国地区经济发展速度。

我国东北地区是连接太平洋和欧亚大陆桥，同时也是中俄经贸交流连接中国南北地区的物流枢纽地带，北与俄罗斯远东联邦区接壤，拥有优越的地理位置，且长期存在与俄罗斯的边贸往来。黑龙江省的"五大规划"以及"十大工程"战略部署、吉林省的"长吉图开放开发先导区"、辽宁省的"辽宁中部城市聚集经济区"和"五点一线沿海开放带"，更是为东北地区发展对俄能源合作奠定了坚实的产业经济基础。有关数据显示，东北三省电站成套设备占全国的 1/3，原油加工量占全国的 2/7，原油产量占全国

① Россия наращивает поставки нефти в Китай. http://newsland.com/news/detail/id/1344769/ и Россия в 2014 году экспортировала в Китай 33, 1 млн тонн нефти. http://ria.ru/economy/20150123/1043891053.html.

的 2/5，乙烯产量占全国的 1/4。①

辽宁省是我国传统的重化工产业大省，更是东北三省的龙头，原油加工能力和加工量居全国第一。根据辽宁省统计局 2008 年发布的数据，辽宁省石化产业主营业务收入占全国石化工业的 6.2%，资产占 5.6%，利税占 3.0%，工业增加值占 5.5%，主要产品中汽油、柴油、润滑油和燃料油的产量居全国第一位，占全国同类产品的比重均在 16% 以上。到 2007 年年底，辽宁石化工业已拥有工业企业 2107 家，其中大中型企业 122 家。据辽宁省发展和改革委员会介绍，目前辽宁省石油加工能力超过 6000 万吨，预计"十一五"末达到 9000 万吨，而省内油田的供应只维持在 1200 万吨左右，且呈逐年减少的趋势。加快引进俄罗斯石油资源成为当前辽宁省发展石化工业的紧迫任务。

吉林省石油化学工业已形成以吉化集团、吉林石油集团为骨干，门类比较齐全、布局日趋合理的体系，是吉林省支柱产业之一。现有石油开采、石油加工、化肥、农药、橡胶及其加工、染料、涂料、合成树脂、基本化工原料、化学试剂、化学矿山及化工机械、化工仪表等多门类生产企业，基本上形成了"油头、化身、轻纺尾"的产业链条。根据吉林省政府发布的数据，吉林省境内的吉林油田 2005 年初步探明油页岩资源 175 亿吨，居全国首位。吉林省原油一次加工能力已达 800 万吨/年，乙烯生产能力达 53 万吨/年。有机原料产品在全国具有优势。

黑龙江省也是国家重要的石油、煤炭等能源生产基地，2007 年生产的原油、原煤和天然气分别占全国总量的 22.3%、3.2% 和 3.7%。能源是黑龙江省四大主导产业之一，2008 年黑龙江省能源产业完成工业产值 3115.6 亿元，实现利润 1404.6 亿元。黑龙江省作为我国对俄经贸合作第一大省，与远东联邦区始终保持着比较密切的经贸关系，尤其是与阿穆尔州、滨海边疆区、哈巴罗夫斯克边疆区和犹太自治州有着相对稳定的经贸合作。随着国际化进程的加快，黑龙江省与俄罗斯之间的贸易合作正逐渐加强，合作领域不断拓宽，两地的经济联系日益密切。

---

① 《东北地区政府宜抓住契机推动对俄能源合作》，http://www.cheminfo.gov.cn/24/06/2009。

依托与俄罗斯远东及西伯利亚地区毗邻这一地缘优势，黑龙江省全力推进境外能源原材料的投资合作，较好地贯彻和实施了中国关于"走出去"的战略方针。目前，黑龙江省在俄境内获得多处森林采伐权，在俄共设立44家木材加工企业；在俄矿产资源开发全面展开，已获得多处矿产资源开发权，境外大型稀缺金属原料基地初具规模；油气资源合作快速起步，区块开采、炼化与管道运输多渠道并举，开创了中俄两国区域间油气资源合作的新局面；对俄电力合作初见成效，已在中俄边界架设了三条跨境国际输电线路；黑河市充分利用俄罗斯丰富廉价的电力资源，辟建新兴基础原材料加工园区，成为中国北部规模最大、集中度高、结构合理、生态良好的新兴基础原材料产业基地。

同时也要看到，俄东部地区资源开发竞争激烈、能源出口多元化势头不减。东北亚地区，日本、韩国都属于能源短缺国家，在对俄能源合作上态度积极，成为中国进口俄罗斯能源的主要竞争对手。2007年，日本支付俄罗斯原油出口价值为38亿美元，2008年日本在俄罗斯萨哈林岛与俄合作投建了俄罗斯首座液化天然气工厂，年产量为960万吨，其中大约65%用于出口日本。日俄双方达成协议，日本的独立行政法人"石油天然气及金属矿物资源机构"2009年5月12日宣布将对俄罗斯东西伯利亚地区的油田蕴藏量进行调查。这是日俄共同开发的项目，日方力争从该地区进口原油。韩国则很早就将对俄能源合作上升为国家战略，2004年9月韩国已故前总统卢武铉访俄时与俄罗斯达成3项韩、俄大型能源企业之间的能源合作项目。同时，俄罗斯也把将东部地区能源产业快速发展及打入中、日、韩能源市场看成是保持俄罗斯在东北亚地区应有地位的重要手段。①

在地区与国家间的经贸合作，尤其是作为国家重要战略物资的能源的合作中，地方政府扮演着重要角色，应从形成对俄能源合作的促进机制、拓展多种合作方式、完善基础设施和服务体系等方面统筹协调，化东北地区比较优势为绝对优势，推动中俄能源合作。

② 电力。中俄电力合作发展较为迅速。1992年7月，俄罗斯布拉戈维

---

① 《东北地区政府宜抓住契机推动对俄能源合作》，http://www.cheminfo.gov.cn/24/06/2009。

申斯克至中国黑河的中俄第一条跨国输电线路"布黑线"建成投产。1996
年，中俄第二条输电线路从俄罗斯锡瓦基至中国大兴安岭十八站，即"锡
十线"正式投入运营。2005年7月，中俄拉开了大规模电力合作的序幕。
2006年达到高峰后开始下滑。

2010年，俄罗斯东方电力股份公司将强化实施对我国的电力输出，第
一阶段计划的具体实施步骤是在阿穆尔州建设500千伏的输电线路和在哈巴
罗夫斯克建设400～500兆瓦的蒸汽发电机组。这些项目建成后，对中国的
电力输出将扩大到每年40亿～50亿度。目前，最重要的任务是为第二阶段
向中国输出180亿度电力签署合同做好准备。①

2005～2008年，黑龙江省从俄购电14.37亿千瓦时。2009年3月，黑
龙江省电力有限公司首笔以边境小额贸易方式进口俄电241万美元后，从俄
进口电量逐渐增长，2009年创历史最高水平。中国海关的统计显示，2009
年中国自俄罗斯进口电力超过7亿千瓦时。黑龙江省电力有限公司预计，
2010年将购进俄电9.83亿千瓦时，进口总值4000万美元左右。② 截至"十
一五"期末，黑龙江省在中俄边界架设了4条跨境国际输电线路，累计购
俄电42.7亿千瓦时。2011年黑龙江省从俄购电量为12.27亿千瓦时，比
2010年增长24.8%。2012年为26.1亿千瓦时，比2011年增长112.71%，
总购电量翻了一番，约占近20年以来从俄罗斯总购电量的35.53%。

2012年4月28日，为进一步发挥中俄500千伏直流"背靠背"联网工
程在中俄能源战略合作中的主导地位，国家电网公司与俄罗斯东方能源公
司签署了为期25年的《中俄长期购售电合同》，远东地区向中国东北地区
年输送清洁电力达到40亿千瓦时。同年6月，国家电网公司先后与俄罗斯
统一电力国际公司签署了《关于扩大电力合作的谅解备忘录》，与俄罗斯燃
料公司签署了《合资成立国际绿色能源公司框架协议》，初步规划建设总装
机容量约300万千瓦的生物质电厂和年产50万吨生物质饼块或颗粒加工厂，
改造俄罗斯生物质供暖锅炉1000台。同年12月5日，国家电网公司与俄罗

---

① 《俄中电力能源合作没有大分歧》，http://www.nengyuan.net/201003/27 - 563251.html。
② 《2009年中国自俄罗斯进口电力量猛增300多倍》，http://www.e-to-china.com.cn//2010/
0325/75294.html。

斯东方能源公司签署了《2013 年供电量和电价的补充协议》，进一步加大中俄能源合作的力度，计划 2013 年从俄罗斯进口电力 33.5 亿千瓦时，较 2012 年增长 28.35%。2013 年实际从俄购买电力 29.54 亿千瓦时。截至 2014 年年底，国家电网黑龙江省电力有限公司通过 110 千伏布黑线（布拉戈维申斯克变 –110 千伏黑河变）、220 千伏布爱甲乙线（布拉戈维申斯克变 –220 千伏爱辉变）和 500 千伏阿黑线（500 千伏阿穆尔变 –500 千伏黑河换流站）累计进口结算俄电电量 33.75 亿千瓦时[①]。

自 1992 年开展中俄电力合作至今，黑龙江省已累计从俄罗斯进口电量高达 143.83 亿千瓦时。

③天然气。关于天然气合作问题，2006 年 3 月 21 日，普京总统在访华期间正式宣布，俄罗斯将敷设通往中国的天然气管道，中国石油天然气集团公司与俄罗斯天然气工业公司签订了相关的框架性文件。2006 年 4 月 14 日，俄罗斯天然气工业公司和中国石油天然气集团公司、中国石油化工股份有限公司共同决定，开始起草敷设通往中国的西线天然气输送管道投资计划书。自 2011 年起俄罗斯每年向中国出口天然气约 800 亿立方米。[②]

目前，除与俄罗斯天然气工业股份公司合作外，中国还与俄罗斯石油公司存在若干大型天然气合作项目。俄罗斯石油公司总裁博格丹奇科夫也曾表示，与中国的天然气合作除西伯利亚之外，在"萨哈林 –1 号"气田开发框架内供应给中国东北的天然气量将可达 80 亿立方米。

2009 年 10 月 12 日，中俄能源投资股份有限公司在北京宣布成立，10 月 13 日出资收购俄罗斯松塔儿石油天然气公司 50% 的股权，从而取得俄罗斯东西伯利亚地区两块储量达 600 亿立方米天然气田的勘探开采权。这是继 2009 年 6 月 17 日中俄签署《关于天然气领域合作的谅解备忘录》后，在实体经济领域诞生的第一家中俄合资石油天然气公司。因此，这次收购被认为开创了中俄能源合作领域的先河，成为中俄能源合作的新模式。[③] 中俄将

---

① 《黑龙江电力 2014 累计进口俄电超 33 亿千瓦时》，http://www.ChinaIRN.com2014/03/30。

② 姜振军：《俄罗斯国家安全问题研究》，社会科学文献出版社，2009，第 381 页。

③ 《中俄合资公司获俄气田开采权》，http://news.cnpc.com.cn/system/2009/10/15/001260931.shtm。

签署天然气合作路线图，决定东西两线同步启动，并于 2014 年至 2015 年供气。①

④核能。在核能领域，中国江苏省连云港市的田湾核电站是中俄两国核能合作的标志性工程。电站 1 号、2 号机组投产以来运行安全稳定，发电量逐年增加。双方将加紧合作，中国核工业集团总公司与俄罗斯核能国家集团签署了《关于为田湾核电站扩建两台机组和建设商用快中子反应堆的合作协议》，以实施 3 号、4 号机组的建设。

（3）矿产资源开采

有关专家认为，到 20 世纪中叶，中国 45 种主要矿产资源（除煤炭以外）将全面短缺。

俄罗斯金属矿藏丰富，拥有大量的金、银、锌、铅、锡等矿产。远东地区和西伯利亚地区蕴藏着全俄 80% 以上的矿物资源，矿产储量潜在价值约 25 万亿美元。马加丹州是世界上最大的黄金产地之一，而萨哈（雅库特）共和国的金刚石则闻名全球。铁矿石储藏主要集中在东西伯利亚，储量超过 40 亿吨，有色金属矿藏也相当可观。而外贝加尔地区钨、铜、锡的储藏量也很多。此外，远东联邦区的铁矿资源也非常丰富，矿石含铁量很高，例如皮奥涅尔斯克和西瓦格林斯克铁矿的储量达 14 亿吨之多，含铁量都在 40% 以上。② 与此同时，俄罗斯远东联邦区矿业企业面临工艺技术、设备落后、人才短缺、资金和劳动力不足等问题，而中方可以弥补俄方的上述制约因素。因而，中俄之间形成了矿产品的供需市场格局，双方的矿业合作潜力巨大。

一家在俄犹太自治州当地注册的中国企业取得了开采期限为 20 年、年采矿石 2 万吨的锰矿开采许可证，以满足黑龙江省一家冶金企业的需要。2007 年 12 月，黑龙江紫金龙兴矿业有限公司在俄罗斯投资克兹尔—塔什特克多金属矿项目获得批准。到 2013 年年底，黑龙江省累计在俄罗斯东部地区设立矿产资源投资企业 24 个，投资总额 8.5 亿美元。目前，已经开工投产的矿产资源开发项目 4 个。

---

① 《中俄能源合作将延续几十年》，http://news.cnpc.com.cn/system/2009/10/15/001260955.shtml。

② 《中俄再谈矿产联合勘探开发　重点为外贝加尔山区》，http://www.cdjhx.com/.html。

2007 年，辽宁西洋集团从赤塔鲁能集团获得俄赤塔州别列佐夫铁矿 90% 以上的股权。别列佐夫铁矿储量 4.47 亿吨，矿石含铁量 42% ~ 46%，并富含铅锌。[1] 该铁矿矿区面积 220 平方公里，目前只勘探了 12 平方公里，70% 以上的矿石可以露天开采。探明储量 7.47 亿吨，远景储量超 10 亿吨，品位最高达到 65%，平均在 40% ~ 55%，开采条件良好。[2]

（4）科技合作

俄罗斯是世界科技大国，在 102 项世界级顶尖技术中，俄罗斯掌握 57 项，有 27 项具有世界一流水平。中俄两国科技界有着与对方合作的强烈愿望和共同的合作理念，双边科技合作潜力巨大、大有可为，将为深化中俄战略协作伙伴关系做出应有的贡献。

2005 ~ 2008 年，黑龙江省累计从俄罗斯引进先进技术 300 项，其中有 96 个项目列入国家科技合作计划，得到国家资金支持 8100 万元；82 个项目列入省对俄科技合作专项；55 个项目进入产业化阶段，累计创造产值 16.359 亿元，实现社会经济效益 34.58 亿元。

哈工大中俄中心被科技部和国家外国专家局授予国家级国际合作联合研究中心，连续 5 年每年得到 300 万 ~ 500 万元的国家经费支持；哈尔滨化工研究院通过与俄罗斯科学院合作研发高效环保新型漂白剂——过氧化硼酸钾，现已投放生产，并累计销售产品 350 余吨，与多家应用厂家签订购货合同 1000 吨；在国家科技部对俄合作项目的支持下，哈工大奥瑞德光电技术有限公司通过与俄罗斯合作，开展了直径大于 300 毫米大尺寸蓝宝石晶体的生长技术研究，并于 2008 年 7 月成功制造出直径为 325 毫米、重量达 68.68 公斤的高质量蓝宝石晶体。该工艺达到世界领先水平，打破了国外的垄断，替代进口，为大尺寸蓝宝石晶体在我国航空航天、半导体产业的广泛应用奠定了坚实的基础。[3]

[1] 《中国矿企投资俄罗斯商业模式》，http://www.chinaruslaw.com/CN/CnRuTrade/Energy/2009715.htm。
[2] 《西洋俄罗斯铁矿项目集团——中国辽宁民企在俄 10 亿吨俄罗斯露天大铁矿》，http://www.tsubaki-sh.com/news/150357882-1.html。
[3] 《黑龙江省成对俄科技合作桥头堡　实现效益近 35 亿元》，《黑龙江日报》2008 年 9 月 2 日。

黑龙江省与俄罗斯有关方面在哈尔滨签订的俄罗斯特洛伊斯克燃煤电站动力岛项目设计和设备供货合同，合同金额达 194 亿卢布。该项目为俄罗斯新一轮电站建设的标志性项目，也是我国对俄出口成套机电设备产品中合同标的额最大、技术含量最高的项目。该项目合同的中方签约方是由黑龙江天狼星电站设备有限公司牵头的经济联合体（包括黑龙江天狼星电站设备有限公司、哈尔滨锅炉厂有限责任公司、哈尔滨汽轮机厂有限责任公司、哈尔滨电机厂有限责任公司、中国电力工程顾问集团东北电力设计院）。私企和国企优势互补，以全新的方式联合开拓俄罗斯市场，为黑龙江省参加俄罗斯新一轮电站项目建设，扩大对俄工程承包和劳务合作的规模，调整出口产品结构起到了良好的示范作用。①

以项目为重点，充分发挥莫斯科中俄友谊科技园、哈尔滨国际科技城和哈工大八达集团国家中俄科技合作及产业化中心、黑龙江省科学院对俄工业技术合作中心、黑龙江省农科院对俄农业技术中心、黑龙江大学中俄科技合作信息中心、哈尔滨焊接研究所中国—乌克兰技术合作中心等黑龙江省对俄科技合作平台的作用，开展多领域的对俄科技合作。大力加强与俄罗斯在关键、核心技术以及航空航天等高新技术领域的合作。积极引进黑龙江省急需的科技成果和科技人才。到目前为止，黑龙江省已构建起"一城、两园、十三个中心"的对俄科技合作框架，进行信息跟踪、技术引进、中介、孵化和产业化，本着"超前介入、全程跟踪、务求实效"的原则，加强技术创新方式、方法的引进、吸收与利用，开展全方位、多层次、多渠道的对俄科技合作。黑龙江省重点加强了重要装备、工艺及技术的引进与开发，并建立了国内最大的对俄科技合作人才库，成立了对俄科技合作专家咨询委员会，在能源、新材料、环保、现代农业、生物医药等众多领域取得了一批重大科技成果，为老工业基地的振兴提供了有力的技术支撑。

2005～2007 年，全省引进对俄科技合作研发项目 300 个，其中有 96 个项目被列入国家科技合作计划（获得国家资金支持 8100 万元）；82 个项目

① 马云霄：《平等互利原则下实现双赢　黑龙江对俄科技合作亮点频现》，《黑龙江日报》2005 年 6 月 13 日。

被列入黑龙江省对俄科技合作专项；55 个项目已进入产业化阶段，累计创造产值 16.4 亿元，实现社会经济效益 34.6 亿元。在对俄境外能源原材料投资合作方面，获得在俄石油天然气投资项目 4 个。2008 年上半年，全省有 16 个项目被批准为国家科技部对俄合作项目，获得资金 8540 万元，占国家对俄合作专项经费的 43%。黑龙江省被国家科技部誉为"全国对俄科技合作的桥头堡、蓄水池和辐射源"。长春中俄科技园经国家科技部批准，授予国家科技部首批"国家级国际联合研究中心"。吉林省以长春中俄科技园为平台与俄罗斯等独联体国家开展科技合作。长春中俄科技园是由吉林省政府和中科院，联合俄罗斯科学院西伯利亚分院、俄罗斯联邦西伯利亚州政府及乌克兰、白俄罗斯等共同建设的特色园区，占地面积 7 万平方米，建设有综合孵化大厦和两栋标准厂房，建立起"中俄菌类资源保护和繁育联合实验室"、"中俄稀土功能材料联合实验室"、"中俄清洁能源与相关技术联合实验室"三个国际联合实验室、两个国外技术转移中心。目前，激光技术加工中心、中俄空间光学联合实验室、中俄边境湿地联合研究中心等多个联合实验室也在积极筹备中，已经吸引 12 户企业入驻园区，一期入驻企业有长春希达电子技术有限责任公司、吉林科英激光技术有限责任公司、长春新产业光电有限公司等企业，2007 年已实现产值近 1.6 亿元。该园组织实施了国家和省市各类科技合作项目 23 项，争取各类专项资金支持近 3 亿元。积极推动中国与俄罗斯及独联体国家的科技合作，不仅促成了一批政府间的科技合作项目，组建了联合实验室（工程中心），还孵化出一批高新技术企业及产品。中俄光纤激光器、大气物质和其他混合物在中俄部分地域的跨国界迁移的研究、湿地候鸟在中俄边境迁移对禽流感传播的风险评估等项目，已列入政府间科技合作项目。2007 年，科技部将长春中俄科技园纳入国家创新基地序列，批准创建长春国际科技合作与创新园。同年，科技部支持长春中俄科技园 5 个对俄合作专项，支持经费达 3200 万元。①

　　为了不断拓宽中俄科技合作渠道，提升合作水平，加速人才培养，长春中俄科技园积极推动并组建了不同领域的联合实验室或工程技术中心，

---

　　① 《北国长春花满园　长春中俄科技园国际合作纪实》，《科技日报》2008 年 10 月 8 日。

集成俄罗斯等外方的高新技术成果，通过技术转移、成果转化和规模产业化，开展一批具有战略前瞻性、基础和应用方面的研究与探索。

有关领导在视察中俄科技园时指出，发展中俄科技园不仅是把俄罗斯已有的科技成果在中国转移转化，它还可以带动我们的自主创新，提升自主创新的能力与水平。这种交流是互利、共赢的。中俄的科技交流是中俄的政治、经济、文化全面交流合作、战略交流合作伙伴关系中的重要组成部分。因此，中俄合作具有重要的战略意义。

辽宁省本着"平等互利、形式多样、注重实效、共同发展"的原则，充分发挥双方市场容量大、产业结构互补性强、合作机制完善的优势，加强与俄罗斯的合作。从 2001 年至今，辽宁省共引进俄罗斯高技术项目 3000 多个，引进高层次技术人才 1600 余人，每年接待俄罗斯游客 6.3 万人。

从 2001 年开始，辽宁省在沈阳市举办俄罗斯高新技术展和引进俄罗斯专家项目洽谈会暨高新技术成果展。通过这个平台为辽宁省和俄罗斯在科技交流、引进技术等方面进行合作起到了积极的作用，取得了非常好的效果，进一步推进与俄罗斯在科技领域、技术创新方面的合作。

《中俄地区合作规划纲要》拟订了发展中俄科技合作园区的计划：哈尔滨、牡丹江中俄信息产业园（"一园三区"）、长春中俄科技合作园、辽宁中俄科技园、大连中俄高新技术转化基地、符拉迪沃斯托克中俄信息园区（"一园三区"）、帕尔吉然斯克中俄技术创新实验平台、阿穆尔州中俄农业技术转化中心。

（5）承包工程与劳务合作

在《中华人民共和国政府和俄罗斯联邦政府关于中华人民共和国公民在俄罗斯联邦和俄罗斯联邦公民在中华人民共和国的短期劳务协定》框架内，中俄通过农业及养殖业、工程总包和分包领域的项目发展劳务合作。

1988~2002 年，黑龙江省同俄罗斯共签订承包工程和劳务合作项目 2281 项，合同金额 32.1 亿美元，营业额 21.5 亿美元，派出劳务 12.7 万人次。双方合作从农业种植、养殖、建筑、木材采伐以及木材加工向合资合作、科技人才引进、高新技术成果转化等深度合作发展。

2000~2008 年，中国公民在俄罗斯远东和外贝加尔地区经济部门就业人数增加了 4 倍，超过 5 万人。① 从黑龙江省来看，2010 年 1~3 月黑龙江省对俄承包工程与劳务合作签署合同 8 项，合同金额 1634 万美元，营业额 348 万美元，派出劳务人员 891 人。2011 年 1~8 月，黑龙江省对俄工程承包和劳务合作完成营业额 2100 万美元，同比增长 40%；新增项目 28 个，合同金额 4649 万美元，同比增长 48%。截至 2012 年，黑龙江省对俄罗斯派出劳务人员 4083 人，其中承包工程项目 636 个，累计派出 6.5 万人次；对俄罗斯劳务项目 1968 个，累计派出 9.7 万人次。

"十一五"期间，黑龙江省在俄实施农业开发项目累计开发土地 640 万亩。19 个边境市县地区生产总值增幅比全省高 0.8 个百分点。2010 年，佳木斯市成功举办了"中俄（佳木斯）农机产品展销洽谈会"，签订各类贸易合同 13 项，金额 10 亿美元；牡丹江市成功举办了第二届中俄（东宁）机电产品展销会，两地举办的机电产品展受到温家宝总理的高度重视和充分肯定，在中俄两国总理会晤期间，温家宝总理亲自向俄罗斯各界推介两个专项展会。

2009 年，吉林省对俄工程承包、劳务新签合同 1410 万美元，完成营业额 1573 万美元，派出超过 1500 人。② 辽宁省在俄罗斯承包工程、劳务合作主要分布在基础设施、建筑装修、森林采伐、农业合作等领域，但重大项目少，整体规模小，带动作用弱，合作潜力尚待进一步挖掘。

（6）旅游合作

中国东部毗邻地区旅游资源十分丰富，双方在《中华人民共和国政府与俄罗斯联邦政府关于互免团体旅游签证的协定》框架内发展旅游合作。

自 20 世纪 80 年代初两国关系正常化以来，伴随着两国经贸合作关系的发展，两国之间的跨国旅游，特别是我国与俄相邻的一些省区利用地缘相近的优势开展的边境旅游迅速发展起来，吸引了一定数量的俄罗斯游客。

1988 年 9 月 24 日，苏联阿穆尔州首府布拉戈维申斯克与我国的黑河首先开通了"边境一日游"的旅游项目。1989 年，双方的过境团组达到 389 个，过境游客猛增到 15996 人次（其中中方 191 个团组，共 7858 人次；苏

---

① А. Г. 布雷：《21 世纪初俄中在远东地区的合作成果》，《西伯利亚研究》2009 年第 4 期。

② 竺延风：《立足图们江区域开发开放，扎实推进中俄地区合作——在中俄地区合作座谈会上的发言》，http://dbzxs.ndrc.gov.cn/zehzdt/ghzc/zywj/t20100220_331067.htm。

方 198 个团组，共 8138 人次）。此后，参加"一日游"的双方游客数量剧增，等待过境的团组甚至不得不提前一个月预约。

20 世纪 80 年代苏联游客来华旅游的规模还很小，1987 年仅为 24794 人，居 15 个来华旅游主要客源国的第 12 位；1989 年开放边境旅游后，苏联来华旅游有了较大幅度的增长，人数达到 81347 人，苏联成为仅次于日本、美国的第三大客源国。

1991 年苏联解体，俄罗斯联邦国内政治经济形势发生重大变化，来华旅游也表现出新的特点。处于经济转型时期的俄罗斯国内轻工产品和日用品匮乏，而中国却有着十分充足的货源，俄罗斯购物旅游者蜂拥而入中国，兴起了一股"购物游"的热潮。加之中俄边境游的开放程度更加深入，两国旅游十分便利，也推动了俄罗斯来华旅游市场的急剧成长。随着近几年的发展，俄罗斯来华旅游已经形成了一个规模相当大的市场。

在我国众多旅游客源国当中，从苏联到俄罗斯游客的入境旅游人数保持了较长时间的持续增长。1990 年以后，俄罗斯游客占来华外国游客的市场份额一直稳居第三位，俄罗斯已经成为我国第三个年游客流量逾百万人次的客源国。

1992 年，俄罗斯与中国签订了《中俄两国互免团体旅游签证协议》，促进了中俄两国边境旅游的发展。但在该协议执行初期，边境旅游形式上表现为以旅游为名的边贸活动，真正的旅游者数量较少。直到 20 世纪 90 年代后期，俄罗斯来华旅游的客源市场才逐步发展起来。1993 ~ 1995 年的三年间，俄方入境人数几乎是中方出境人数的 2 倍。大量俄国人在中国边城购物，使边境旅游的经济效益和创汇效益明显提高。

1993 年，俄罗斯远东边境旅游出现了新变化，即"一日游"和"多日游"中的中俄双方对等交换的旅游团组开始减少，现汇旅游者增加，仅黑龙江省就有密山、富锦、同江、抚远、逊克、虎林等边境市县开辟了现汇赴俄罗斯的边境旅游项目。旅游团组也由简单的"边境旅游"扩展为"三八妇女旅游团"、"六一儿童旅游团"、"教师旅游团"、"新婚夫妇旅游团"、"专家考察旅游团"等主题旅游。经由我国边境口岸到俄罗斯，可以横贯欧亚大陆，东达白令海、西抵波罗的海、北到北极极地、南至黑海之滨。同样，中国推出了"亚布力滑雪度假游"、"哈尔滨观光游"、"镜泊湖观瀑布"等旅游项目，并进一步将旅游路线延伸到北戴河、大连、北京、上海、深圳等地和东南亚国家。

1994 年和 1995 年，中俄经贸合作进入了调整时期，但双方的边境旅游却并没有受到太大影响。据统计，1994 年，俄罗斯和独联体各国赴黑龙江省的游客达到了 10 万人次，比 1993 年增长近 1.5 倍。然而，由于管理工作没有跟上，边境旅游和边境贸易也一度出现了比较混乱的局面，对我国声誉造成了不良影响。

从 1994 年开始，俄罗斯进入中国境内的游客一直保持着两位数字的增长，1996 年俄赴华游客 55.59 万人次，比上年增长 13.6%，俄罗斯成为中国入境旅游第四大客源国。

1997 年俄罗斯来华游客每月增幅均在两位数以上。据统计，全年累计旅华游客为 81.4 万人次，增长 46.37%，已超过美、韩两国跃居第二位，并且旅华市场也从过去的以购物旅游为主、边贸旅游占较大比重，向购物加观光、购物加度假的方向扩展。由于游客对休闲度假需求的增长，出现了消遣性消费占总开支的比例提高，向中国内地延伸的游客增多的现象。俄罗斯游客在华每天人均花费已远远超过日、美、德、韩等国游客的花费，平均消费额为 205.89 美元。

1997 年，黑龙江省针对俄罗斯疗养旅游、度假旅游大幅度增加的趋势，推出了"五大连池疗养游"、"镜泊湖度假游"、"二战老兵旧地重游"、"亚布力滑雪度假游"等多种旅游。全年共接待俄罗斯度假旅游者约 30 万人次，比上年增加 40%。其中，绥芬河全年共接待俄罗斯游客 17 万人次，比上年增长 17%，黑河全年共接待俄罗斯游客 7 万人次，比上年增长 23%。特别是抚远县边境旅游发展迅猛，全年接待俄罗斯旅游者 4.3 万人次，比上年增长了 420%，成为边境旅游新的热点口岸。1997 年 1~11 月间，黑龙江共组织中国公民赴俄旅游 7.98 万人次，比上年同期增长 30%。据统计，旅游带动边境贸易额达 11 亿美元。

1990~2002 年，俄罗斯旅游者人数呈现较快的增长趋势，以 22.64% 的速度递增，俄罗斯旅游者人数占我国海外旅游者总量的比例一直保持在

8%～10%。同时从 1997 年开始，俄罗斯超过美国，成为我国第三大客源国。

俄罗斯游客来我国旅游的地区以我国北部边疆省区为主。1998 年黑龙江、辽宁、吉林、内蒙古、新疆五省区共接待了 75.32% 的俄罗斯来华游客，2002 年又增加到 83.43%，成为俄罗斯来华游客的主要分布区域。

中俄互为重要客源国和旅游目的地国，俄罗斯到中国旅游的人数约占中国接待外国游客人数的 10%。从 1998 年以来，俄罗斯一直是中国的第三大客源国；而来自俄罗斯方面的统计同样令人欣喜：中国是俄旅游的第二大客源国。

作为我国第三大旅游客源国，俄罗斯具有巨大的市场发展潜力。俄罗斯拥有 1.45 亿人口，是东欧的出游大国。俄罗斯社会在经历了近十年的动荡后，大多数普通百姓的生活逐渐好转，人民生活从低谷开始逐渐恢复，尤其是普京执政后，人民生活渐趋稳定，旅游需求也越来越强烈。目前俄罗斯是全球第 9 大客源输出国。据世界旅游组织预测，到 2020 年俄罗斯出境人数将达到 3100 万，居世界第 10 位。

2001 年俄罗斯游客在华人均旅游消费为 910.05 美元，低于外国游客 1113.07 美元的水平。虽然俄罗斯游客人均每天花费 211.64 美元，明显高于全国 156.77 美元的平均水平，但俄来华旅游者平均停留时间为 4.3 天，小于我国入境过夜旅游者平均 6.1 天的停留时间，其中 57.5% 的人停留时间为 1～3 天，35.3% 的人停留时间为 4～7 天；从消费构成来看，俄旅游者消费以住宿和购物消费为主，约占 45%，远高于平均水平。

2000 年，中俄间就重新签订《中俄互免团体旅游签证协定》达成共识，国内 19 个省区均可以办理俄罗斯团体免签，这项协定对保证边境游市场的继续稳定和扩大具有重要意义。2002 年俄罗斯来华旅游人数达到 127.16 万人次；2003 年"非典"期间，俄罗斯入境旅游人数为 138 万人次，是 2003 年我国 16 个客源国中仅有的两个来华旅游数量增加的国家之一。2004 年俄罗斯来华旅游人数为 179.22 万人次，比 2002 年增长了 40.94%。中国已成为俄罗斯第二大旅游目的地。

由于从俄罗斯到中国观光度假的费用甚至比在其国内疗养和度假还要

便宜，加之两国间持续增长的边境贸易，推动了俄罗斯来华旅游人数的快速上升。随着中俄两国各领域更加紧密的合作，俄罗斯的旅游市场份额将会继续保持并进一步扩大。

继 2003 年 11 月 12 日牡丹江—雅库茨克国际航班开通后，同年 11 月 16 日牡丹江—哈巴罗夫斯克客运航线又实现了首航，飞行时间大约 1 小时 20 分钟。此条航线的开通弥补了哈巴罗夫斯克附近商人和旅游者来中国交通费用高、路途时间长、旅游购物时间短等不足。同时，也大大地缩短了牡丹江与哈巴罗夫斯克两个城市间的距离，为两地政府间的交往、经贸、旅游合作、文化、教育、卫生等方面的交流架起了一座桥梁。2003 年由于受"非典"影响，我国海外游客总量明显减少，但俄罗斯的游客数量仍保持增长势头，俄罗斯当年来华总人数为 138.07 万人次，比上一年增长 8.6%。

从 2004 年 1 月 1 日起，黑河市加大了对俄合作力度，允许阿穆尔州居民凭出国护照免签证自由来黑河市旅游和短期居住，并且允许他们驾驶自己的车辆来黑河。这一决定在俄居民中引起强烈反响。中国绥芬河市和俄罗斯符拉迪沃斯托克之间首次开通的双向旅游直通车，使两国游客到达口岸后不必换乘对方车辆游览，极大地方便了两国跨境旅游者。我们利用这一有利条件，组织客源，采用包机包车等形式，共同开发中俄旅游对接市场，这对双方都是件好事。定期开发"旅游号"专车（专机），让游客住宿在车上，既方便又安全。总之，中俄双方的旅游市场都有着巨大的发展潜力。我国旅游公司抓住这个市场机遇，和俄罗斯相应的部门合作共同开发多种有市场前景的旅游方式。

2006 年到中国旅游的俄罗斯人共有 235 万人次，同比增长 8.3%。①2007 年来华旅游的俄罗斯游客有 300 多万人次，比上年增长 24.9%。

越来越多的俄罗斯旅游公司打出了到中国旅游的广告，新的旅游产品包括景区游览和中国传统保健等项目。鉴于飞往中国的俄罗斯游客日益增加，专门新增了莫斯科至上海的航线。一家著名的航空公司已把到中国的航班增加到每周 3 次，夏天还增至每周 4 次。到中国的俄罗斯人除旅游外，

---

① 谷维：《2007 年到中国旅游的俄罗斯人将继续增加》，《中亚信息》2007 年第 5 期。

还参加联谊会、研讨会和各种比赛等活动，这类俄罗斯游客比以往增加了30%。2007年到中国旅游的俄罗斯游客比上年增长了25%。[①]

俄罗斯旅游局公布的有关2008年第一季度俄罗斯人出境游数据表明，中国成为俄罗斯人出境游的首选目的地，第一季度俄罗斯到中国旅游的人次增加了近一倍，达到37.6万人次，俄罗斯人首选出境游目的地从埃及变成了中国。而在2007年第一季度，俄罗斯人出国游首选曾是埃及（29.8万人次），其次才是中国（19万人次）。

2008年俄罗斯公民有312万人次来中国，比2007年增加了4%。近213万俄罗斯公民是前往中国旅游，约占2008年俄罗斯公民来华总人数的70%。约177万俄罗斯人来自西伯利亚和远东联邦区，他们的主要目的地是中国边境地区，如黑龙江省和内蒙古自治区等。中国边防部门的资料表明，这些俄罗斯人乘坐公共汽车来，完全可以把他们视为游客。他们在常规旅游框架内以及出于商业目的来到中国。2008年俄罗斯人在来中国的外国人数量方面居第三位，仅次于韩国和日本，而韩国和日本分别有396万人次和350万人次到过中国。

俄罗斯旅游局新闻发言人说，到中国旅游的俄罗斯人成倍增长是史无前例的。他认为，主要原因是前往中国旅游不存在签证问题；旅游公司广告宣传做得好；当然，中国也是旅游服务性价比最好的地区。

由于深受经济危机的影响，2009年俄罗斯来中国旅游的人数锐减，与上年同期相比，2009年中国旅游外汇收入也减少了19%。

2009年1月，前来中国旅游的俄罗斯游客人数为12.3万人次，进入外国游客人数的前三名。俄罗斯一位从事促进俄企在华业务的商务顾问表示，不论是商务旅行还是度假旅行人数都有所减少，主要原因毫无疑问是经济原因。而且，不仅是俄罗斯来中国游客在减少，来华旅游外籍游客人数最多的韩国，与上年同期相比也减少了44.2%，居第二位的日本降低了29.18%。

---

① Число российских граждан, побывавших в Китае в 2007 году, увеличилось на 25%. http://www.votpusk.ru/news.

2011 年俄罗斯来华人数达 240 万，其中游客人数为 150 万；中国公民赴俄人数突破 80 万，其中游客人数为 23.5 万。统计显示，2010 年赴俄罗斯散客游在所有旅游形式中的比例为 45%，而此前还不到 20%。在中俄旅游合作论坛上，俄罗斯旅游官员曾预测，2012 年俄罗斯接待中国游客将超过 100 万人次，中国游客赴俄旅游免签范围将进一步扩大。

据俄罗斯媒体报道，目前俄罗斯人对外出旅游的需求在逐月下降，一些旅游公司为了吸引游客，甚至将旅游的报价降低了一半。

从以下两个图可以看出，2007 年 1 月~2014 年 1 月，俄罗斯来华旅游人数呈现三次高峰，分别在 2008、2011 和 2013 年，人数最多达到 25.39 万人次。从增长率来看，正增长较多，增长幅度最大的为 2008 年，达到 65.77%，其他年份为负增长，负增长幅度最大的为 2009 年的 -51.55%，2014 年 1 月增长率为 -11.54%（详见图 4-1、图 4-2）。①

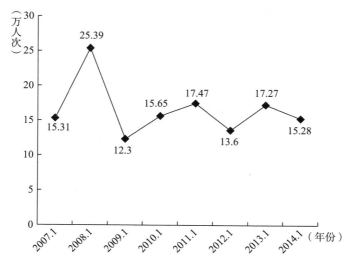

图 4-1　2007 年 1 月~2014 年 1 月俄罗斯来华旅游人数情况

2012 年和 2013 年中俄互办"旅游年"标志着两国旅游合作达到了前所

① 《2014 年 1 月俄罗斯来华游客人数情况》，http://market.cnta.gov.cn/yjk_tjbg/141412296 9546.html。

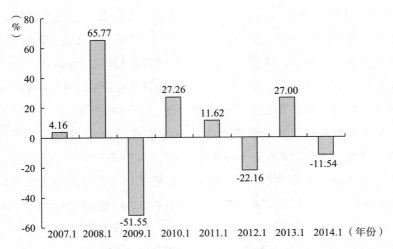

图 4 - 2　2007 年 1 月 ~ 2014 年 1 月俄罗斯来华旅游人数同比变化情况

未有的水平。2012 年中国首站赴俄罗斯旅游人数达 86.91 万人次，同比增长 7.35%。俄罗斯来中国游客人数达到 242.62 万人次。中俄双方在俄罗斯"中国旅游年"框架内举办的活动达 382 项，其中中方 235 项，俄方 147 项。中方举办的主要活动有：邀请百名俄旅行商、百名俄媒体记者赴华考察，推动两国百所旅游院校交流；中方在俄推出"你好，中国"百期旅游节目，继续举办莫斯科—北京中俄记者自驾游活动。2013 年 1 月，俄罗斯旅华人数即达 17.27 万人次，同比增长 27%，中国首站赴俄 4.65 万人次，同比增长 10.73%。2013 年 1 ~ 9 月，中俄旅游互访总人数达 237 万。2014 年前 9 个月，中国赴俄罗斯的游客为 35.8 万人，同比增长 10%。全年中国赴俄罗斯的游客人数增长 10% ~ 15%。

2014 年和 2015 年中俄两国互办"青年友好交流年"是中俄夯实和深化全面战略协作伙伴关系的又一个重要举措，中俄两国的人文合作水平达到新的历史高度。

在中俄旅游市场低迷的情况下，出现过压低报价的事情。与 2007 年相比，2009 年一些旅游线路的报价已经降低了 30% ~ 40%。俄罗斯旅游产业联盟新闻秘书伊琳娜·丘林娜指出："其他旅游线路的价格也压低了 10% ~ 15%。相反，与 2008 年相比，某些旅游公司一些线路的销量却翻了 3～4 倍。"由此可见，经济危机的影响已经在旅游业显现。旅游公司已经对经济危机有所反应，为了促销自己的旅游产品，许多公司都对原报价打了折，一些旅游公司还为游客提供免费签证，以往办理这种签证的费用需要将近 60 欧元。不过，旅游公司对此的解释是，这种现象与经济危机无关，而是公司的营销战略。

中俄地区合作规划纲要对双方开展边境地区旅游做了具体规划：完善旅游基础设施、开辟新旅游线路、协助并组织参与在双方国家举行的国际旅游展，推动会展旅游业发展、组织毗邻地区旅游线路的协调互动，相互衔接并延伸旅游线路。

《中俄地区合作规划纲要》要求，中俄旅游管理部门和旅游行业联合会就俄罗斯旅客在华和中国旅客在俄的安全推行现代化的安全保障机制相互协作。完善游客人身、财产安全保护措施。地方旅游主管部门建立保障游客安全和协助旅游公司在突发事件情况下采取紧急措施的机制。

中俄开展边境地区旅游的目标和措施包括推动旅游基础设施发展、推动建立和发展新旅游线路、提供旅游便利化措施、实施中俄东部有直航或转运交通线的中心城市的中俄友谊旅游线路、开展中俄边境口岸所在城镇居民家庭游（利用节假日）。

中方组织以下旅游线路：中俄友谊之旅旅游线路（以哈尔滨、长春、沈阳以及其他中国东北城市为对俄连接点，沿"国家年"中俄友好之旅环线）；海滨休闲四季旅游线路（以哈尔滨为起点，按不同季节开辟至大连—北戴河、至海南—北海、至深圳—香港等海滨休闲四季旅游线路及其他跨境旅游线路）。

俄方组织以下旅游线路："东方之环"（外贝加尔边疆区、阿穆尔州、犹太自治州、哈巴罗夫斯克边疆区、滨海边疆区、堪察加边疆区、萨哈共和国、萨哈林州、伊尔库茨克州、布里亚特共和国），"大茶道"（布里亚特共和国、彼尔姆边疆区、伊尔库茨克州、外贝加尔边疆区）。

中俄双方共同组织沿阿穆尔河道至乌苏里江、松花江、结雅河的休闲旅游线路（俄中"阿穆尔—黑龙江"旅游项目）、组织毗邻地区旅游线路的协调互动，相互衔接，并延伸旅游线路。

（7）园区建设合作

2007 年 7 月 18 日中国第一个中俄边境工业园区——珲春俄罗斯工业园区在吉林省珲春市奠基。此次俄罗斯工业园区的建立，其跨境经济合作模式在内地尚属首次。珲春俄罗斯工业园区主要面向因俄罗斯高额税收而在域外加工俄罗斯原料并将其成品返内销的企业。这意味着将会有大量俄罗斯独资或中俄合资企业进驻工业园。①

珲春俄罗斯工业园位于珲春边境贸易区内，规划占地 2 平方公里，其中 1 平方公里在出口加工区内建设。园区内实行"境内关外"的管理模式，包括检验、检疫、报关、核销等一系列手续皆在园区内办理。经备案的内、外资企业均可自主进行料件的进口、出口，从境外进入园区的建材、机械设备、零部件及合理的办公用品免税，园区内企业的产品出口或销售给区内企业不收增值税。此外，还有面向区内企业的一系列优惠政策。

吉林省图们江地区开发领导小组办公室副主任崔军表示，当前制约中俄珲春—哈桑区域投资、贸易、旅游及过境运输便利化的主要因素是外贸运输通而不畅，物流量小，过境综合成本高。

珲春与俄罗斯扎鲁比诺港合作开放项目目前基本达成意向，在经过中、俄、韩 3 国努力后，货物将由吉林省珲春市出发经由铁路至俄罗斯扎鲁比诺港，再由扎鲁比诺港至韩国釜山港并转运到世界各国，不论时间还是费用都会有巨大的缩减，届时，东北亚地区海运物流也将出现崭新的格局。

为了落实国家"走出去"战略，牡丹江市实施"走出去"战略，在俄辟建境外园区，是牡丹江市企业开拓国际市场，增强国际竞争力，积极应对俄罗斯政策变化，降低投资贸易风险的有效途径，也是更好地发挥中俄两国间产业互补优势，扩大国际经贸合作的必然选择，对牡丹江市进一步提高沿边开放层次和水平，打造全省沿边开放先导区，辟建东北亚自由贸易区，促进区域经济一体化具有重要的战略意义。

为落实国家"走出去"战略，加大与俄罗斯的经贸合作力度，黑龙江省从 2003 年开始探索在俄罗斯辟建境外园区。经过 10 多年的建设和发展，

---

① 《中国第一个中俄边境工业园区在吉林省珲春市奠基》，《文汇报》2007 年 7 月 19 日。

作为中俄两国项目合作的重要平台和载体，黑龙江省在俄罗斯建立的 16 个境外园区已成为该省对外开放的重要标志。黑龙江省境外园区建设始终按照全面规划、合理布局、分期建设、滚动发展的原则稳步推进。目前在俄罗斯境内推动建设的 16 个园区主要分为综合、林业、农业三大类，其中国家级园区 1 个，总规划面积 3526 万平方米，规划总投资 41.8 亿美元，入区企业达到 68 家，累计完成投资 11.39 亿美元。

黑龙江省牡丹江市从 2003 年开始探索在俄罗斯辟建境外园区，相继在俄罗斯远东联邦区的乌苏里斯克市、十月区、米哈伊洛夫卡区辟建了乌苏里斯克经济贸易合作区、华宇经济贸易合作区、绥芬河远东工业园区 3 个境外园区。目前园区按照全面规划、合理布局、分期建设、滚动发展的原则稳步推进。①

乌苏里斯克经济贸易合作区是 2006 年经国家商务部批准建设的首批八家境外经贸合作区之一，由东宁吉信工贸集团、浙江康奈集团、温州华润公司共同组建的康吉国际投资有限公司负责组织实施，总部设在东宁，注册资金 1 亿元人民币（其中：吉信集团占 58% 的股份，康奈集团占 33.5% 的股份，华润公司占 8.5% 的股份）。合作区规划占地面积 228 万平方米，建筑面积 116 万平方米，总投资 20 亿元人民币。区内划分有生产加工区、商务区、物流仓储区和生产服务区。重点发展轻工、机电（家电、电子）、木业等产业，建设周期为 5 年，计划引进 60 家国内企业，目前入驻企业 26 户，企业固定资产和流动资产达 7.4 亿元。自 2006 年下半年以来，合作区一期启动面积 54 公顷，已入驻企业 9 户，其中有 7 户制鞋企业和 2 户木业企业，目前各企业生产经营情况良好，共完成投资 6.65 亿元人民币，其中：合作区自筹资金 21500 万元，入区各企业投资已达 4.5 亿元。2008 年实现销售收入 8140 万美元、税收 1520 万美元。制鞋厂主要是来自温州和福建的鞋类生产型企业。生产方式是将国内运来的鞋类半成品，在合作区进行组装加工，再将成品鞋销往俄罗斯远东及莫斯科等地市场。家具厂和木材加

---

① 《牡丹江加快境外园区建设为企业"走出去"打下坚实基础》，http://www.stats.gov.cn/tjfx/20090522_.htm。

工厂是利用俄罗斯丰富的森林资源进行加工后，将产品就地销售或出口到日本、韩国、欧美等国家。目前中国胶鞋之王荣光集团、温州康福鞋业、巨豪鞋业、天宏鞋业四户企业已签订了入区投资协议，这四个项目投资总额达 1.8 亿元人民币。另外，广东尤伟集团、福建拓福集团等国内知名企业也与合作区签署了入区意向书。近期合作区已经通过商务部、财政部确认，排名在境外合作区的前两位。2012 年实现销售收入 2.8 亿美元，向俄方缴纳税金 2500 万美元，为东宁县纳税 7659 万元，拉动国内就业 1500 人，实现出口贸易额 2.67 亿美元。园区产业已由单一的制鞋、服装生产，向以服装鞋帽加工、展销为主，包装纸箱等配套产业为辅，物流、通关等综合服务齐全的产业集群方向转变。

华宇经济贸易合作区位于俄滨海边区波克洛夫卡（十月区），规划占地 120 公顷，计划总投资 27.8 亿元人民币，计划入区企业 58 家。由波克洛夫卡、扎伊姆、格连基加工区、华森伊瓦农场区和符拉迪沃斯克分区 5 个区组成。2003～2008 年第一期工程，已建成种植养殖后勤基地一个，十月区工业园一区、十月区工业园二区、戈连金木业加工厂区三处厂区总占地面积 30 公顷，建筑面积达 7 万多平方米，已有 14 户企业入园。目前在俄投资额已达 6894 万美元（合 4.7 亿元人民币）。年产旅游鞋等 1500 万双、家具 200 套、彩钢 5 万平方米，种植面积 2600 公顷，主要以玉米、黄豆、蔬菜种植为主。生猪出栏 10000 头，现存栏 9000 头。2008 年实现生产总值 1 亿元、税金 600 万元。2009 年将种植面积扩大到 5030 公顷。并计划投资 1.7 亿元用于园区建设。波克洛夫卡加工区是将进口中国的半成品制成成品，格连基加工区是将资源型的原木等制成锯材半成品，扎伊姆加工区则是将板材进行精深加工，制造家具和实木复合地板。目前，五个片区均已初具规模。完成征地 120 万平方米，竣工建筑面积 11.27 万平方米，累计完成投资 11 亿元。已入驻企业 19 户。

绥芬河市远东工业园区位于滨海边疆区米哈依洛夫卡区，2004 年 6 月由国家发改委与俄罗斯经济贸易部共同组织中俄投资促进合作项目批准建立，园区占地面积 145 公顷，总投资 7 亿元人民币，2007 年开工，到 2012 年全部完成。目前已投资 8000 万元，由广东水电二局承担建设。该园区由轻工产品加工区、机电电子产品加工区、木材加工区组成，其地理位置优越，是滨海边疆区符拉迪沃斯托克通往哈巴罗夫斯克及莫斯科等地的公路、铁路必经之地，距滨海边疆区最大的商品集散地和交通枢纽乌苏里斯克市15公里。市场定位在以出口轻工产品、家电及农副产品，以进口俄罗斯木材为主。市场的营销方式为以产权发售与租赁为主。目前该区的境外办公场所及办公设备、合资企业注册、土地规划、土地租赁等项工作已完成。园区由绥芬河市组建园区管委会协助广东水电二局在俄方管理园区工作。由于受金融危机影响，原定2009年完成基础设施建设和准备落户园区的企业目前推迟了进驻园区的时间。

中俄（滨海边疆区）现代农业经济合作区拥有耕地规模60万亩，已发展成为中国在俄罗斯进行农业开发规模最大、最具影响力的现代农业经济合作区。合作区种植的大豆、玉米、小麦单产连续五年排位居俄罗斯滨海边疆区第一名，连续4年被评为俄罗斯滨海边疆区最佳农业企业。2012年开始实施发展耕地规模20万公顷，计划总投资额13.5亿元的合作区建设规划，当年完成投资1.4亿元，计划利用5年时间全部完成投资。

莫戈伊图伊（毛盖图）工业区位于阿金斯克州毛盖图区。工业园总体规划20平方公里，计划建设期为5年，总投资4亿美元，入驻企业80家，首期开发面积2.75平方公里，其中中方租地1平方公里。目前，完成总投资2400万美元，道路、供热、给排水、供电、通信等配套设施齐全，能够满足入驻企业的生产、生活需要，9000平方米新厂房的基础建设工作也已完成，并有5家企业入驻。

跃进工业园区位于俄滨海边区乌苏里斯克市，园区总占地面积26万平方米，计划投资2.5亿美元。园区一期占地16万平方米，现有厂房面积近5万平方米，鞋类生产线11条，远东地区最大的手套厂一座，建设中的胶合板厂一座。2012年3月20日经滨海边区政府批准成立了跃进高科技园区，并实施二期工程，先期投资2亿元、建设面积为1.8万平方米的电子产业大厦正在顺利开工。三期工程项目有IT产品、手机、电脑组装线等电子产品，空调、冰箱、洗衣机等家电产品。

耐力木材园区中俄林业二期规划确定项目，位于俄犹太自治州比罗比詹。园区规划面积 77 万平方米，计划投资 6.47 亿元，设计生产能力为年加工 35 万立方米原木，年产 2 万立方米百叶窗半成品、实木家具 10 万套（件）、刨切板 10 万立方米、实木地板 100 万平方米。园区现已有大自然地板公司、上海森大木业公司、耐力木业有限公司、犹太州优塑制品公司、萝北盛大公司 5 家企业入驻。

米哈伊洛夫工业园区位于俄滨海边疆区米哈伊洛夫卡镇，距绥芬河口岸 125 公里，距乌苏里斯克市 15 公里，占地面积 145 万平方米，建设 20 万平方米的生产厂房和基础配套设施。

格城新北方木材加工园区位于俄滨海边疆区波格拉尼奇内区"第二火车站"，距绥芬河口岸 32 公里，园区占地面积 100 万平方米。项目总投资 4060 万美元，现已完成在俄各种手续报批，正在进行招商引资工作。

阿玛扎尔林浆一体化项目（园区）位于俄外贝加尔边区莫戈恰区阿玛扎尔镇。总投资 4.3 亿美元，建设年产 20 万吨纸浆厂，年采伐加工 160 万立方米木材加工厂。目前，项目建设已经全面启动，原木采伐和木材加工已部分投产，纸浆生产计划明年投产。投产后，各项生产经营年利润可达人民币 3 亿元左右。

下列宁斯科耶木材加工园区是中俄林业合作二期规划确定项目，位于俄犹太自治州下列宁斯科耶。目前园区的建设工作基本完成。

中俄伊曼木材加工经贸工业园区位于滨海边疆区伊曼市。计划总投资 2 亿美元，规划面积 2.06 平方公里，建筑面积 116 万平方米，引进 30 家企业，一期计划引进 20 家。园区内将入驻两家俄罗斯具有采伐经验的企业，组成中俄采伐联合体，充分发挥中俄优势，形成产业互补，将俄产木材本土消化，同步运回中国并销往其他国家。另外，进行对俄经贸物流园建设，2012 年在乌苏里斯克与格城中间建成对俄商品交易批发中心。

黑龙江省还在俄罗斯西伯利亚地区等地建立了以下 4 个境外园区：

弗拉基米尔宏达物流工业园区位于俄罗斯腹地弗拉基米尔州，规划面积 10 万平方米，计划投资 1.6 亿美元，目前已有 3 家轻工企业入驻。

车里雅宾斯克州创新工业园中国园区位于俄车里雅宾斯克州索斯诺夫卡区马拉雅索斯诺夫卡镇。一期开发面积 20 公顷，投资 5 亿元，重点发展机械装备业、高新技术产业，建设一个乌拉尔地区最大的汽车、工程机械、农业机械销售服务中心。目前，工业园区的公共信息平台、服务外包平台已完成，国际物流、海关保税区的项目工作正在进行中。

阿拉布加哈尔滨工业园区位于俄罗斯鞑靼斯坦共和国阿拉布加。2010年8月，中俄总理定期会晤委员会经贸合作分委会第十三次会议期间，正式签署了《中国哈尔滨经济技术开发区与俄罗斯鞑靼斯坦共和国"阿拉布加"经济特区合作协议书》。双方将进一步吸引中国企业入驻"阿拉布加"特区，在节能、新能源、高新技术机械制造（包括动力设备制造）以及其他优先发展领域开展全面合作。目前，俄方已在"阿拉布加"特区境内划出200公顷工业用地，一期80公顷为工业园用地，基础设施已经完成，已具备建厂条件。

巴什科沃木材加工园区是中俄林业合作二期规划确定项目，位于俄犹太自治州巴什科沃，计划投资6.4亿元，设计年可采伐45万立方米原木，年生产加工干燥锯材8万立方米，生产地板基材100万平方米，胶合板10万立方米，中密度板8万立方米。建设分三期完成。

目前在俄园区建设面临的主要问题：① 一是园区建设企业在基础设施建设上资金投入较大，而国内资金扶持和配套资金尚未到位，导致资金紧张，加之受金融危机影响，资金链愈加不畅，资金短缺问题成为制约境外园区发展的瓶颈。二是俄罗斯在法律法规、投资环境等方面还存在不足。俄罗斯联邦现有的法律法规除对规划和建设中的经济特区有明确的优惠政策外，对合作区和园区还没有明确的优惠政策，地方政府也只能在规定的用地范围内，给予低标准执行。另外，对入区企业的税收政策也与俄国内企业相同，没有特殊的税收政策。当地政府对合作区和园区提供的服务措施，没有以文件的形式给予明确。三是存在国内劳务人员出境办理合法务工手续难的问题。俄罗斯新移民政策执行后，国内劳务输出难度增大，持旅游和商务护照不允许在俄打工，并且俄联邦政府分配给远东联邦区的劳务大卡

---

① 《牡丹江加快境外园区建设为企业"走出去"打下坚实基础》，http：//www. stats. gov. cn/tjfx/20090522_. htm；《黑龙江省与俄罗斯经贸合作情况》，http：//www. hlj. gov. cn/zerx/sys-tem/2014/07/04/010667700. shtml。

数额减少，办事时间长影响了企业正常的生产计划和合作区建设计划的落实。争取劳务指标的工作也成了合作区入区企业和招商企业落户的瓶颈。四是存在通关难、项目批建手续烦琐复杂效率低下、卢布大幅度贬值等问题，同时黑社会及警察和官员的敲诈勒索，也在一定程度上影响到境外园区的建设和发展。

今后应加大招商引企力度，做大境外园区规模。加大对境外园区支持力度，形成加快发展合力。提高境外园区管理水平，营造良好的投资发展环境。加大金融支持力度。发挥境外园区的载体、平台作用，加快"走出去"步伐。提升境外承包工程和劳务合作层次，形成规模化发展。

2009 年 4 月 21 日，国务院正式批准设立黑龙江绥芬河综合保税区，2010 年 8 月 31 日通过国家验收，2010 年 12 月 22 日正式封关运营。这是我国第六个综合保税区，是中俄边境地区唯一的综合保税区。温家宝总理在 8 月 17 日国家振兴东北战略会议上指出，"抓紧建设好绥芬河综合保税区"。国家发改委振兴东北司指出，"绥芬河综合保税区是东北地区唯一的沿边陆地综合保税区，这使东北形成了南有大连保税港，北有绥芬河综合保税区的格局，将进一步扩大绥芬河口岸在东北亚经济圈中的区位优势，从而实现对俄经贸战略升级，对活跃东北亚各地区的经贸往来意义重大"。由此可见，绥芬河综合保税区是国家开放战略中一个重要的支撑点，在对外开放中具有举足轻重的地位。绥芬河综合保税区将为国家对外开放，促进中俄两大战略对接，开辟俄罗斯市场，搞活东北和黑龙江经济做出应有的贡献。

绥芬河综合保税区规划控制面积 1.8 平方公里，估算总投资 7.3 亿元。根据《国务院关于设立绥芬河综合保税区的批复》、《黑龙江绥芬河综合保税区管理办法》和《关于促进黑龙江绥芬河综合保税区发展的若干意见》，实施国家保税港区政策，绥芬河综合保税区具有国际中转、国际配送、国际采购、转口贸易、商品展销、进出口加工等功能，是我国目前开放层次高、政策优惠、功能齐全的海关特殊监管区域之一。在税收政策上：区内企业进口自用设备、办公用品、生产用原材料、零部件等可以免关税、免进口环节增值税；进入综合保税区的贸易企业，货物在区内储存、展示、转口销售免收关税；区内企业之间进行的货物交易和进行加工生产，不征增值税和消费税；区内货物复出口免征关税；国内货物进入综合保税区实行退税；区内企业在生产加工产品时，所耗用的水、电、气也予以退税。在贸易政策上：境外货物进出综合保税区免许可证和进出口配额管理。在外汇政策上：区内企业同境外进行货币收入和支出，无须办理进出口外汇核销；外商投资者的利润、股息、红利可汇出境外。区内重点发展国际贸易、现代物流和进出口加工三大产业。绥芬河综合保税区将逐步发展成为配套设施体系完备，集装箱增值服务和口岸物流产业发达，国际中转、采购配送和转口贸易功能突出，服务东北地区经济发展贡献显著，中俄边境最大的外向型产业集聚中心。[①]

作为全国目前政策最优惠、功能最齐全、开放程度最高的海关特殊监管区，至 2012 年，绥芬河综合保税区已发展成为配套设施完备，集装箱增值服务和口岸物流产业发达，国际中转、采购配送和转口贸易功能突出，服务东北地区经济发展贡献显著，中俄边境最大的外向型产业集聚区。

2013 年，绥芬河综合保税区新入区企业 70 家，累计达到 272 家，实现贸易额 7 亿多美元，建成了保税区国际商品展示中心并开始营业。

（8）边境物流通道建设合作

2008 年 11 月，胡锦涛主席与俄总统梅德韦杰夫在秘鲁会晤时达成共识："我们可以在促进地区经济合作中做些事情，如共同推动建立中俄东北亚铁路运输网，首先是打通经符拉迪沃斯托克等港口的跨国陆海联运大通道。"

中俄地区合作规划纲要规划了开辟中俄国际铁路联运通道、借江出海、开设跨境公路线路、加快边境区域航空运输网络建设等 14 个中俄地区运输合作项目。

在黑龙江省着手启动的重要项目有：一是"下—同黑龙江大桥"项目。2008 年年底，中俄两国政府就建设下列宁斯科耶—同江的黑龙江大桥签订

---

① 《黑龙江省与俄罗斯经贸合作情况》，http://www.hlj.gov.cn/zerx/system/2014/07/04/0106
67700.shtml。

了协议，这不仅是加快两国经济一体化，而且是加快亚太地区各国经济一体化进程的实际举措。这座跨国大桥将使俄罗斯的西伯利亚大铁路与中国铁路接轨，开辟一条交通运输通道。二是组建纳霍德卡港物流码头。牡丹江与韩国釜山港湾会社、俄罗斯远东运输公司共同出资 1 亿元注册公司组建纳霍德卡港物流码头，正在形成面向东北亚、连接欧美、通达世界的跨国物流体系。①

2009 年 3 月，吉林省与俄滨海边疆区签署了《关于推进图们江运输走廊建设的会议纪要》，双方企业通过股权合作，开发利用扎鲁比诺港达成协议。吉林省正在与中俄有关方面和企业通力合作，就恢复珲春—马哈林诺铁路国际联运进行运作。吉林省希望俄滨海边疆区政府和国铁公司，尽快完善卡梅绍娃亚站的联检设施，争取 2010 年内恢复铁路运营。同时，在政府层面推动中俄企业合作开发利用扎鲁比诺港，共同培育陆海联运人流、物流。②

《中俄地区合作规划纲要》规划了中俄地区运输合作项目：一是开辟中俄国际铁路联运通道，南起辽宁省丹东市，北到黑龙江省佳木斯、牡丹江等市，经乌苏里斯克与跨西伯利亚铁路相连；俄罗斯铁路经满洲里—海拉尔至两伊铁路，接入中国东北铁路网；二是考虑研究互用中国东北地区和俄罗斯远东联邦区的港口出海；三是研究和讨论中俄过境货物经俄罗斯联邦滨海边疆区及其他地区运输合作互助问题；四是恢复珲春—马哈林诺—扎鲁比诺港铁路运行。完善内部铁路管理制度，中方增加货运量；五是扩大经饶河—波克罗夫卡边境口岸的客流量。继续研究开通"哈尔滨—饶河—比津—哈巴罗夫斯克"、"饶河—比津"公路常设客运线路问题；六是研究和讨论开设跨境公路线路和扩大中俄铁路客货运量可能性问题；七是在对等条件下加快边境区域航空运输网络建设，协调发展地方航空运输合作，增加现有航线航班，完善航班网络结构；八是发展赤塔机场（卡达拉机场），建设外贝加尔斯克机场和改造克拉斯诺卡缅斯克机场；九是研究和讨论开通自呼和浩特、海拉尔、满洲里、哈尔滨、长春、沈阳、大连、牡

---

① 朱乃振：《全力打造中俄沿边开放先导区》，《西伯利亚研究》2009 年第 4 期。
② 竺延风：《立足图们江区域开发开放，扎实推进中俄地区合作——在中俄地区合作座谈会上的发言》，http://dbzxs.ndrc.gov.cn/zehzdt/ghzc/zywj/t20100220_331067.htm。

丹江、佳木斯、齐齐哈尔、黑河、大庆至符拉迪沃斯托克、马加丹、赤塔、乌兰乌德、伊尔库茨克、克拉斯诺亚尔斯克、新西伯利亚、南萨哈林斯克、雅库茨克、阿纳德尔、彼得罗巴甫洛夫斯克、托木斯克等国际航班问题；十是组织大连—堪察加—彼得罗巴甫洛夫斯克直达客运航线；十一是确定哈尔滨、长春、沈阳、呼和浩特作为中华人民共和国东北地区优先机场，哈巴罗夫斯克、符拉迪沃斯托克、伊尔库茨克和雅库茨克作为俄罗斯联邦远东和东西伯利亚优先机场；十二是协助发展和恢复北京—南萨哈林斯克、哈尔滨—南萨哈林斯克、符拉迪沃斯托克—长春和符拉迪沃斯托克—延吉的航班；十三是改建布拉戈维申斯克航站楼、修建第二条起降跑道，以开通至哈尔滨、大连、三亚的干线和支线的补充及对接航班；十四是提升呼和浩特、哈尔滨、长春、沈阳、大连等枢纽干线机场功能。加快白山、通化、白城、漠河、大庆、鸡西、伊春等支线机场建设。开展长海、抚远、五大连池、亚布力、加格达奇等支线机场建设的前期工作；十五是为中俄航空企业在双边航运领域合作创造良好条件。

2014 年 2 月 26 日，中俄同江铁路大桥开工建设。同江铁路大桥是黑龙江省与俄罗斯 2981 公里边境线上的第一座界河桥。中俄同江铁路界河桥位于黑龙江省同江市与俄罗斯犹太自治州下列宁斯科耶之间，将连通向阳川—哈鱼岛铁路与俄罗斯西伯利亚铁路下列宁斯科耶支线。我国境内线路全长 31.62 公里，主桥全长 2215 米（我国境内长 1900 米），中方投资估算 26.42 亿元人民币。项目中方投资主体为中国铁路总公司和黑龙江省。中俄同江铁路界河桥建设项目除大桥主体工程外，还包括新建同江北换装站、边检场、"一关两检"，边检场至哈鱼岛港联络线 1.51 公里。中俄同江铁路大桥设计最高速度为 100 公里/小时，设计年过货能力 2100 万吨。

（9）中俄口岸及边境基础设施的建设与改造

《中俄地区合作规划纲要》确定了中俄口岸及边境基础设施的建设与改造合作目标：进一步发展和改造中俄口岸，完善旅检、货检系统，加快口岸电子化，提高通关效率，完善与口岸相关的基础设施。

《中俄地区合作规划纲要》规划了中俄口岸及边境基础设施的建设与改造的合作项目：一是改造满洲里—外贝加尔斯克国际公路口岸。中方在中国境内建设新国际货场。改造满洲里—呼伦贝尔301国道，建设满洲里—大庆高速公路。俄方建设和改造赤塔—外贝加尔斯克 A－166 联邦公路。完善铁路口岸。中方建设满洲里—新巴尔虎右旗—伊尔施铁路，改造满洲里—呼伦贝尔铁路。俄方扩大伊尔库茨克—外贝加尔斯克铁路运量，综合改造外贝加尔斯克铁路卡雷姆斯卡娅—外贝加尔斯克（"南部通道"）路段。二是改造黑山头—旧粗鲁海图双边公路口岸，完善口岸基础设施。中方改造黑山头—拉布大林公路，建设黑山头—海拉尔铁路。俄方改造地方公路路段：外贝加尔斯克—普里阿尔贡斯克—旧粗鲁海图。三是改造室韦—奥洛契双边公路口岸。中方建设室韦口岸—室韦—莫尔道嘎公路，建设室韦口岸—莫尔道嘎铁路。俄方改造涅尔琴斯克工厂—奥洛契口岸公路（毛盖图—斯利坚斯克—奥洛契路段）。修建纳伦－1—卢戈坎铁路线（425公里），以开发《规划纲要》附件的"地区合作重点项目"中"外贝加尔边疆区"列举的矿区。四是建设或改造绥芬河—波格拉尼奇内多边公路口岸。五是改造同江—下列宁斯科耶、萝北—阿穆尔泽特、嘉荫—巴思科沃、饶河—波克罗夫卡口岸。俄方建设下列宁斯科耶口岸码头设施综合体和货运平台，实施口岸码头设施三期工程，包括口岸沿线的最终建设和客运码头的改造，改造下列宁斯科耶客运站；建设阿穆尔泽特口岸码头综合体。中方建设和改造嘉荫码头、货场和联检等基础设施。俄方建设巴思科沃口岸客运码头。中方建设和改造由嘉荫、萝北、同江口岸至同三公路的公路，同三公路改造升级并延至抚远。俄方改造通往下列宁斯科耶、阿穆尔泽特、巴斯科沃口岸的公路，包括比罗比詹—列宁斯科耶公路、比罗比詹—阿穆尔泽特公路，通往巴思科沃公路口岸公路，以及通往下列宁斯科耶国际水运码头的公路。六是设立和建设同江—下列宁斯科耶铁路口岸。中方建设同江铁路口岸—同江铁路，改造同江—向阳川—佳木斯铁路，接入同富铁路，建设前进—抚远铁路。七是建设和改造洛古河—波克罗夫卡双边公路口岸。中方建设洛古河口岸—洛古河—漠河公路，建设洛古河—古莲铁路，接入富西铁路。俄方建设从阿玛扎尔镇到波克罗夫卡口岸的联邦公路"阿穆尔"支线，包括跨阿穆尔河大桥。八是在拟建的阿穆尔大桥上建设口岸（在黑河—布拉戈维申斯克地区）。在黑河和布拉戈维申斯克所在区域建设公路桥梁。双方建设连接口岸的公路，装卸码头，货场。在黑河和布拉戈维申斯克市成立和组织交通物流综合体的联合活动。九是建设珲春—克拉斯基诺多边公路口岸。中方改扩建货/客运站，建设珲春口岸—珲春公路，与珲春—图们高速公路连接。十是完善黑河—布拉戈维申斯克等口岸的基础设施。十一是改造现有东宁—波尔塔夫卡公路口岸的桥梁。中方建设绥芬河—满洲里高速公路东宁支线，东宁—牡丹江高速公路；建设东宁—珲春铁路。十二是在同江市和下列宁斯科耶居民点建设跨阿穆尔河的铁路桥梁。中方建设同江口岸—同江铁路，并与富同铁路连接，改造同江—向阳川—佳木斯铁路。俄方改造比罗比詹—列宁斯科耶铁路支线并与在建设的阿穆尔河铁路桥连接。十三是每年冬季在同江—下列宁斯科耶铺设临时浮箱固冰通道。十四是加强饶河—波克罗夫卡口岸间跨乌苏里江浮箱固冰通道。十五是建设长春—符拉迪沃斯托克跨境公路。中方建设珲春口岸—珲春公路，与长春—珲春高速公路连接。十六是建设珲春—扎鲁比诺港口跨境公路。中方建设珲春口岸—珲春公路，建设珲春—图们高速公路，与长春—珲春高速公路连接。十七是确定部分口岸作为两国使用本国货币结算试点，并从边贸扩大到商品货物贸易。

（10）地区合作重点项目

《中俄地区合作规划纲要》规划了中俄地区合作重点项目：一是在第一阶段俄罗斯向中国供应电力方案实施完毕后，进行第二和第三阶段方案的经济技术可行性论证，商定实施原则；二是在中俄各自境内建立跨阿穆尔河、功率为750兆瓦的直流电输电线路及换流站；三是利用俄罗斯远程医疗综合体建立地区间远程医疗系统，开展中国东北地区和俄罗斯远东联邦区的流行病监控和管理。

俄罗斯境内的项目：①与俄罗斯远东联邦区共同建设聚烯烃生产综合体；②在俄罗斯远东和东西伯利亚地区建设新的发电站和电网基础设施。

外贝加尔边疆区的项目有：①在别列佐夫斯基铁矿区开采项目；②在诺永达拉果多金属矿开采项目；③在外贝加尔边疆区东南部开采多金属矿并建立外贝尔加尔斯克采矿冶金综合体：布格达因斯基钼矿区、贝斯特林斯基金—铜矿区、库尔图明斯基金—铜矿区、索洛涅琴斯基锑矿区、新什罗金斯基金—多金属矿区；④在贝—阿干线沿线地区开发外贝加尔边疆区北部矿区（乌多坎斯基铜矿、赤涅斯基铜矿和过列夫斯基钛—钒—铁矿等）；⑤在奥洛维亚宁斯基和毛盖图交界地区建立水泥厂；⑥在外贝加尔斯克镇建设原木深加工企业；⑦在赤塔建立木材加工联合工厂；⑧在外贝加尔斯克和毛盖图建立工业区。

伊尔库茨克州的项目有：①在"春斯基"木材加工基地建立完整的木材加工综合体；②在乌斯季—库茨基区建立木材加工综合体；③在西伯利亚乌索利耶市建设多晶体硅生产工厂；④在切涅姆霍夫斯克区开采萨维诺夫斯基菱镁矿区；⑤在下乌金斯克区开采金—银—多金属矿；⑥在泰舍特建立森工综合体；⑦在贝加尔斯克纳米结构加热部件基础上生产节能型加热器和微气候系统；⑧在库尔图克镇"神圣贝加尔—伊尔库茨克"股份公司关于建立开采和灌装高等级纯净水投资项目；⑨现代化改造安加尔斯克水泥厂。

阿穆尔州的项目有：①开发叶甫根尼斯基磷灰石矿区；②开发库利科夫斯克沸石矿区；③在赖奇欣斯克建设玻璃和陶瓷制品的生产企业；④在贝—阿铁路所在地区建立无废料循环技术的木质纤维板、OSB 板、干木材料的森工企业综合体；⑤在布拉戈维申斯克市建设"北方居住区"综合性建筑；⑥对白戈尔斯克罐头厂进行现代化改造；⑦在伊万诺夫区组织糖及相关产品的生产；⑧建设阿穆尔配电站到中俄边境长 153 公里的 500 千伏交流输电线路；⑨在叶尔科韦茨科伊建成热电站；⑩在布拉戈维申斯克市联合生产电梯项目；⑪阿穆尔州农作物生产领域合作项目；⑫在恰戈扬斯克石灰石矿基地建设水泥和水泥熟料工厂。

犹太自治州的项目有：①在比罗比詹、下列宁斯科耶、巴什科沃建立原木深加工企业；②改造乔普洛奥泽尔斯克水泥厂；③在比罗比詹建立豆类深加工企业；④在斯米多维奇建立养猪综合体；⑤开发基坎诺姆—苏塔尔铁矿并建设远东采矿冶金联合工厂；⑥改造比尔然斯克和托普伦斯基鲑鳟鱼养鱼厂；⑦犹太自治州农业合作项目。

哈巴罗夫斯克边疆区的项目有：①开发索伯林锡矿；②在尼兰诺克石灰石矿区和索克鸠坎斯克钒土区建立水泥厂；③在苏克派镇为木制房屋建

立锯材和复合木制品加工企业；④在维亚泽姆斯克市建立薄板生产企业；⑤在阿穆尔河畔共青城建立 OSB 板生产企业；⑥在阿穆尔斯克市建立大型原木深加工中心；⑦在太阳区哈尔切潘镇建立胶合板和锯材厂；⑧在别列佐夫镇建立木质纤维板制造企业；⑨在哈巴罗夫斯克建造 400 万～500 万千瓦特天然气发电厂；⑩在上布连斯基区建成乌尔加伊热电厂；⑪在图古罗—楚米坎区库滕金矿矿区建立复合型选矿综合体；⑫建立年产 10 万立方米的木材加工厂。

布里亚特共和国的项目有：①在卡拉斯诺亚洛沃—伊沃尔金斯克区建砖厂；②在霍林斯克镇建原木深加工森工综合体；③在塔克西莫镇穆伊斯基区建立木制房屋用锯材及配套产品生产企业；④在乌兰乌德建设生活小区；⑤在乌兰乌德共同建造 OSB 板工厂；⑥共同建立玉石加工企业；⑦在乌兰乌德市周边开发黏土矿制砖；⑧在中心地区（扎姆戈拉耶夫斯克区、谢列金斯克区、普里贝加尔斯克区）开发水泥矿区；⑨在"贝加尔港湾"建设旅游疗养型经济特区的旅游基础设施。

滨海边疆区的项目有：①在雅科夫列夫区建设木材加工企业；②滨海边疆区农业合作项目；③乌苏里斯克康吉工业区项目；④米哈伊洛夫斯克区工业园项目；⑤"阿尔乔姆"家电生产组装基地项目。

萨哈林州的项目有：①开发姆加琴斯克煤矿；②开发诺维科夫斯克含锗的硼砂矿；③在萨哈林州组织原木深加工企业；④建设经济适用住房；⑤在多林斯克市索斯诺夫卡建设制砖厂；⑥在南萨哈林斯克市建立玄武岩加工及隔热材料生产企业；⑦在内什镇诺格利基区共同建设 OSB 板工厂。

马加丹州的项目有：①综合加工近马加丹矿区褐煤；②在克勒马河上建立乌斯季—斯列德涅坎斯克大型水电站；③马加丹市建立海洋猎兽、原料深加工、制药、护肤品、肉类生产，皮革、毛皮制造项目；④在斯列德涅坎斯克区共同建立森工综合体；⑤在斯列德涅坎斯克区建立氢燃料工厂；⑥共同落实《地质勘探工作以及探明奥罗耶克斯克潜在产区符合标准的铜的储量》的有关项目。

堪察加州的项目有：①在俄罗斯港湾生产含银离子饮用天然矿泉水；②在哈拉克特尔斯克矿区组织钛—磁铁矿砂的无废料加工；③在雅戈丁开

采沸石矿；④在克鲁托戈罗夫斯克煤矿组织工业开采；⑤在埃利佐夫斯克区应用当地珍珠岩生产隔热材料；⑥在米利科夫斯克区建设木材深加工综合体；⑦发展海上养殖；⑧在彼得罗巴甫洛夫斯克市建设捕获水生物资源深加工企业；⑨在埃利佐夫斯克区和米利科夫斯克区建设旅游基础设施（高山滑雪疗养所、SPA 旅馆、饭店）；⑩在彼得罗巴甫洛夫斯克市和叶利佐夫斯克区建设住宅区。

楚科奇自治州的项目有：①开发白令戈夫斯克煤矿区：组织煤炭开采与加工、建设可全年使用的深水港，以向运输船舶输送煤炭、建设阿纳得尔—白令戈夫斯克 110 千伏输电线、修建阿纳得尔—上捷列凯斯克—白令戈夫斯克公路；②建设石油加工综合体：阿纳得尔市石油加工、全长 138 公里的上捷列凯斯克—阿纳得尔石油管道、主导罐装站、300 立方米的石油基地、石油罐装码头；③在上埃琴斯克和奥利霍沃姆矿区进行石油勘探和开采；④共同进行海洋猎兽，原料深加工，制药、护肤品，肉类生产，皮革、毛皮制造。

中国境内的项目：内蒙古自治区的项目有：①呼伦贝尔海拉尔区年产 4.5 万吨 1，4 丁二醇项目；②呼伦贝尔扎兰屯市年产 100 万羽大鹅产品加工生产线项目；③呼伦贝尔阿荣旗年产 90 吨纳豆激酶项目；④呼伦贝尔额尔古纳市年产 10 万吨麦芽项目；⑤呼伦贝尔循环经济产业园区年产 3000 吨多晶硅项目；⑥呼伦贝尔经济开发区年组装 5000 台大型工程机械项目；⑦满洲里市年产 30 万套中高档家具生产项目；⑧满洲里市年产 1000 吨多晶硅项目；⑨赤峰市克什克腾旗年产 1500 台（套）中小型矿山机械项目；⑩赤峰市元宝山区赤峰宏文机电有限公司重组项目；⑪赤峰市克什克腾旗年产 6 万吨锌、铅、锡合金项目；⑫赤峰市喀喇沁旗年产 7 万吨铜板带项目；⑬赤峰市元宝山区年产 1.2 万吨铜合金管、2 万吨铜板带项目；⑭通辽市科尔沁左翼后旗年产 10 万吨铜材深加工项目；⑮霍林郭勒市提质煤机械制造项目；⑯霍林郭勒市铝深加工机械制造项目；⑰霍林郭勒市年产 2000 吨单晶硅项目；⑱通辽市奈曼旗年产 120 万吨兰炭的褐煤固体热载体法快速热解技术示范工程项目；⑲霍林郭勒市年产 2.5 万吨钢芯铝绞线项目；⑳锡林郭勒盟经济技术开发区矿山机械修造项目；㉑锡林郭勒盟多伦县年产 3 万吨绿色精细蔬菜项目。

黑龙江省的项目有：①哈尔滨市宾县中俄元丰木材加工批发大市场项目；②哈尔滨市年新增 13 万支浸金属碳滑板、1.5 万吨大规格超细颗粒各向同性石墨项目；③哈尔滨市年加工麸皮 5 万吨、膳食纤维 2 万吨、高蛋白饲料 2.5 万吨等综合利用项目；④齐齐哈尔市年产 2 万樘防火木门、5 万套橱柜项目；⑤牡丹江市年产 30 万吨芳烃类化工基础原料项目；⑥牡丹江市年产 3000 吨多晶硅项目；⑦牡丹江市林浆纸一体化项目；⑧牡丹江市远东国际会展中心项目；⑨牡丹江市东宁县中俄机电产品产业园项目；⑩牡丹江市华茂国际物流基地建设项目；⑪绥芬河市国际物流园区项目；⑫绥芬河年产 22 万平方米中高密度纤维板境外原料供应项目；⑬佳木斯市年产 3 万吨海绵钛项目；⑭佳木斯市年产 100 万吨电解铝项目；⑮佳木斯市年产 120 万吨水泥熟料扩建项目；⑯佳木斯市抚远县世贸中心项目；⑰大庆市北海道温泉园项目；⑱伊春市浩良河水泥厂年产 300 万吨水泥改扩建项目；⑲伊春市影视娱乐城项目；⑳伊春市嘉荫—萝北界江旅游开发项目；㉑伊春市年产 150 万吨铁精粉及铅、锌等金属精粉综合项目；㉒伊春市 85 万千瓦风电、14 万千瓦水电建设项目；㉓七台河市年产 100 万吨焦化改扩建联产 10 万吨甲醇项目；㉔鹤岗市煤矿瓦斯抽采及综合利用示范工程项目；㉕鹤岗市年产 120 万吨磷肥项目；㉖黑河市年产 24 万吨磷酸二胺工程项目；㉗黑河市汽车出口基地及机械交易中心项目；㉘黑河市年产 1500 吨多晶硅项目；㉙黑河市年产 5000 吨多晶硅及配套 14 万吨工业硅项目；㉚黑河市年产 20 万吨有机硅项目；㉛黑河市五大连池年产 40 万吨矿泉水项目；㉜黑河市中俄民族风情园项目；㉝大兴安岭地区漠河县北极村旅游景区建设项目。

吉林省的项目有：①长春市年产 3 万平方米全色 LED 大屏幕显示器项目；②长春市年产 10 万辆外接充电式电油混合动力汽车项目；③长春市年产 5 万吨酶制剂项目；④长春市年产 5 万吨不饱和聚酯树脂项目；⑤长春市年产 5 万吨纳米碳酸钙项目；⑥长春市年产 1 万吨木糖醇项目；⑦长春市年产 10 亿块蒸压灰砂砖项目；⑧吉林市年产 2800 台采煤机、掘进机等能源装备项目；⑨吉林市阻隔防爆产品产业化基地项目；⑩吉林市年产

100 台（套）激光毛化、强化及熔覆设备项目；⑪吉林市年产 30 万吨 MDI（4，4'－二苯甲基二异氰酸酯）项目；⑫吉林市年产 1.5 万吨二萘酚项目；⑬四平市年产 5800 台纵轴流系列收割机械项目；⑭四平市年新增 1.8 万吨电力金具改造扩能项目；⑮四平市年产 30 兆瓦非晶硅薄膜太阳能电池项目；⑯四平市年产 30 套好氧生物流化复合反应器建设项目；⑰辽源市年产 300 兆瓦太阳能电池生产线项目；⑱辽源市年产 4400 万平方米锂离子电池隔膜项目；⑲辽源市年产 500 吨活性炭纤维系列产品项目；⑳辽源市年产 2 万吨天然高分子基活性炭项目；㉑通化市年产轿车 300 万套、卡车 1000 万片无石棉制动器衬片等扩建项目；㉒集安市硼泥综合利用年产 1.5 万吨轻质氧化镁项目；㉓集安市年产 1000 吨 SOG6N 多晶硅建设项目；㉔白山市年产 3000 万人份生物疫苗项目；㉕白山市 140 吨天然食用色素项目；㉖临江市年产 4800 吨各类催化剂生产线项目；㉗白城市年产 20 万吨纤维浆粕项目；㉘白城市年产 2000 套汽车覆盖件拉伸模具项目；㉙松原市年加工 20 万吨石油油管、套管项目；㉚松原市年产 7000 吨精制衣康酸项目；㉛延边朝鲜族自治州年产 6000 吨生物杀菌剂项目；㉜图们市年产 6000 吨钻井液用防塌剂项目；㉝图们市边境口岸物流园区建设项目；㉞珲春市中俄汽车零部件基地项目；㉟珲春市年初加工 20 万立方米木材工业园区项目；㊱珲春市年产 120 万吨水泥合作加工项目；㊲珲春市年新增 180 万平方米实木地板扩能项目。

辽宁省的项目有：①沈阳经济开发区引进输变电设备配套零部件产业集群项目；②沈阳市年产 3500 支 110～1000 千伏特高压套管产业化项目；③沈阳市年产 500 万米新型系列绿色环保塑料管材项目；④沈阳市年产 7000 万件高精密工程结构陶瓷生产项目；⑤沈阳市年产 70 万平方米人造花岗石、60 万平方米石英石板材项目；⑥沈阳市年产 14 万吨汽车用复合材料制品生产项目；⑦沈阳市汽车模具制造中心项目；⑧沈阳市年产 2 万吨油漆项目；⑨大连市 VMG4－2T/2R 龙门移动高档车铣数控加工中心项目；⑩大连市引进俄罗斯冷喷涂技术项目；⑪大连市纳米复合金属强化与耐蚀性技术产业化项目；⑫大连市电解式银回收及处理设备生产及机电一体化项目；⑬大连市新型无齿轴承减速器合作开发项目；⑭大连市中俄流感病毒防控与基因重组制作疫苗合作项目；⑮大连市中俄生物信息与基因工程研发中心合作项目；⑯锦州市年产1500吨多晶硅项目；⑰鞍山市新型热管合作研制项目；⑱铁岭市年产3000辆专用汽车生产项目；⑲铁岭市年产6万套换热设备生产项目；⑳铁岭市中俄贸易物流园建设项目。

（三）中俄东部毗邻地区区域间经济合作模式

1. 构建区域间经济合作模式——"点轴合作开发模式"

（1）点轴合作开发模式的理论基础

点轴开发理论（点轴理论）最早由波兰经济学家萨伦巴和马利士提出。点轴开发模式是增长极理论的延伸，从区域经济发展的过程看，经济中心总是首先集中在少数条件较好的区位，呈斑点状分布。这种经济中心既可称为区域增长极，也是点轴开发模式的点。随着经济的发展，经济中心逐渐增加，点与点之间，由于生产要素交换需要交通线路以及动力供应线、水源供应线等，相互连接起来这就是轴线。这种轴线首先是为区域增长极服务的，但轴线一经形成，对人口、产业也具有吸引力，吸引人口、产业向轴线两侧集聚，并产生新的增长点。点轴贯通，就形成点轴系统。因此，点轴开发可以理解为从发达区域大大小小的经济中心（点）沿交通线路向不发达区域纵深地发展推移。

点轴模式是从增长极模式发展起来的一种区域开发模式。法国经济学家佩鲁把产业部门集中而优先增长的先发地区称为增长极。在一个广大的地域内，增长极只能是区域内各种条件优越，具有区位优势的少数地点。一个增长极一经形成，它就要吸纳周围的生产要素，使本身日益壮大，并使周围的区域成为极化区域。当这种极化作用达到一定程度，并且增长极已扩张到足够强大时，会产生向周围地区的扩散作用，将生产要素扩散到周围的区域，从而带动周围区域的增长。增长极的形成关键取决于推动型产业的形成。推动型产业现在一般又称为主导产业，是一个区域内起方向性、支配性作用的产业。一旦地区的主导产业形成，源于产业之间的自然联系，必然会形成在主导产业周围的前向联系产业、后向联系产业和旁侧联系产业，从而形成乘数效应。

点轴模式是增长极模式的扩展。由于增长极数量的增多，增长极之间也出现了相互联结的交通线，这样，两个增长极及其中间的交通线就具有了高于增长极的功能，理论上称为发展轴。发展轴应当具有增长极的所有特点，而且比增长极的作用范围更大。

点轴开发理论是在经济发展过程中采取空间线性推进方式，它是增长极理论聚点突破与梯度转移理论线性推进的完美结合。

（2）形成和实施"点轴合作开发模式"

在中俄东部毗邻地区区域间经济合作区，应着力实施点轴合作开发模式，以中俄东部沿边对应的口岸城市形成的线状基础设施为轴线，重点发展轴线地带的若干个点，即口岸城市。在中俄东部沿边地带形成"双点轴合作开发"格局，并加以实施。

随着开发活动的逐步推进和经济发展水平的提高，经济开发会由高等级点轴向低等级点轴延伸，通过政策引导促使产业实现梯度转移，产生辐射和拉动效应，使区域经济进入新的发展阶段，继续保持较快增长，实现区域的共同协调发展。

2. 构建区域间经济合作模式——"网状经济合作模式"

（1）网状经济合作模式的内涵

随着中俄东部毗邻地区经济合作的不断发展，迫切需要"打破多年来中俄区域经济合作一直以货物贸易为主的局限，促进双方的合作向技术贸易和产业合作的更高层次的发展，从而带来生产资源的有效配置和生产效率的提高"[1]。全方位、多层次、宽领域的网状经济合作模式是极具潜力的一种选择。所谓网状经济合作模式，主要是指中国东北与俄罗斯东部地区在继续扩大货物贸易的基础上，积极开展木材、能源、机电、农副产品加工等生产领域的纵向合作。同时，通过开展金融、技术、交通、物流、劳务和文化等活动，横向地将各生产领域联系起来。纵向与横向合作纵横交错，形成覆盖两个地区各个行业的网络，从而使生产要素加快流动，达到资源的最佳优化配置，最终实现双方利益的最大化。[2]

---

① 郭力：《中俄区域合作的"伞"型模式》，《俄罗斯中亚东欧研究》2007年第3期。
② 曹英伟、张淑华：《中国东北与俄罗斯远东西伯利亚地区网型合作模式可行性分析》，《辽宁大学学报（社会科学版）》2010年第4期。

（2）网状经济合作模式的可行性和必要性

中俄东部毗邻地区振兴战略与开发政策的实施为区域网状经济合作模式的构建提供了难得的机遇和政策保障。双方的经济互补性为其奠定了良好的基础，巨大的经济技术合作潜力为其提供了经济支撑。因而，该模式具有现实可行性。

在网状经济合作模式下，双方的资金往来、国际结算、交通运输将十分便捷，有利于双方货物贸易的顺利进行。该模式能够促进双方的经济合作向更深层次发展，推进双方的经济向规模化、集团化方向发展，从而提高企业的竞争力和抗风险能力。

（四）对中俄东部毗邻地区区域间经济合作产生影响的因素

1. 有利因素

（1）优越的客观地缘优势

中俄两国是毗邻的大国，共同边界4300余公里，其中两国东段边界达3038公里，在如此漫长的边境地区有公路、铁路相通、水路相连，提供了便利的交通运输条件。众多的对接口岸将沿边地区的城镇连接起来，形成了以边界为轴心的合作格局。优越的地缘条件，使得两国的居民自古以来就有着良好的交往历史。优越的客观地缘优势为中俄两国东部毗邻地区开展区域经济合作创造了便利条件。

（2）不断深化的中俄双边关系

中俄双方将发展双边关系作为本国外交主要优先方向之一，双方密切的高层交往和政府及各部门交流合作机制发挥着重要作用，不断加大相互支持，加深全面合作，巩固中俄世代友好，加强在国际和地区事务中的战略协作，更好地促进两国共同发展，维护地区及世界和平安全稳定。中俄双方商定将根据各自国内发展和世界经济形势新特点，发挥两国经济互补性强的优势，改善经贸合作结构，提高经贸合作质量。中俄双方将保持其关系发展延续性，从战略全局和长远角度审视和处理两国关系，推动中俄全面战略合作伙伴关系不断迈上新台阶。不断深化的中俄双边关系为中俄两国双边和毗邻地区之间开展区域经济合作营造了和谐的政治氛围，奠定了坚实的基础。

（3）两国和毗邻地区经济的快速发展

国际贸易的发展建立在国内生产以及经济发展的基础之上，同时对国内经济产生反向推动作用。黑龙江省与俄罗斯贸易规模的不断扩大，既是双方经济发展的必然结果，也是双方发展外向型经济的需要。2003年东北振兴战略提出以来，得益于国家的政策、资金、技术支持，黑龙江省经济实现了快速增长，按可比价格计算，2004～2009年黑龙江省地区生产总值增幅均在11%以上，黑龙江省经济的快速增长为黑龙江省与俄罗斯贸易规模的扩大注入了活力。

普京执政后，俄罗斯改变了经济长期处于负增长的局面，1999～2007年俄罗斯国内生产总值（GDP）年均增幅达到7%，2007年达32.99万亿卢布，2008年为41.668万亿卢布，同比增长5.6%，虽然低于2007年的增速（8.1%），但仍为正增长。经济增长增强了居民的消费能力，市场需求的增加促使企业增加投资扩大生产规模，在供给与需求的共同推动下，黑龙江省与俄罗斯贸易额不断增加。2009年受国际金融危机的冲击，俄罗斯GDP增长率为－7.9%，导致黑龙江省对俄贸易出口大幅度萎缩，全年仅为55.77亿美元。2010年和2011年，随着俄罗斯经济的好转，黑龙江省对俄贸易额又有了一定幅度的上升，全年贸易额分别达到74.73亿美元和189多亿美元。这从另一个侧面说明了黑龙江省与俄罗斯经济稳定增长是影响双方贸易规模的主要因素，尤其是俄罗斯国内需求对双方贸易规模具有重要影响。

（4）两国政府对东部毗邻地区给予的倾斜发展政策

中国振兴东北老工业基地战略的实施，不仅明确了黑龙江省与俄罗斯开展经贸合作的目标，同时还提供了强有力的政策保障。俄罗斯正在将经济开发的重点向东部倾斜，加大了对东部地区的开发力度，制定了东部大开发战略，中俄双方战略、政策上的耦合性，使双方经贸联系更加紧密。俄罗斯一方面看到了中国改革开放产生的巨大经济效应，同时也看到了中国东北经济高速发展带来的机遇，这一契机促使俄罗斯利用东北振兴战略，加大与黑龙江省合作的决心和力度。另一方面，俄罗斯经济的高速增长，经济环境的不断改善，陆续出台的扩大与亚太国家与地区，特别是与中国经贸合作的举措，使黑龙江省看到了发展对俄贸易趋好的合作环境，双方在制定贸易合作的策略上达成了共识。

（5）俄罗斯加入 WTO 带来的机遇

2012 年 8 月 22 日俄罗斯正式加入了 WTO。作为全球第 9 大经济体，俄罗斯"入世"将为全球贸易带来新的增长动力，而作为俄罗斯最大贸易伙伴，中国对俄经贸合作也将面临新的机遇。俄将遵从各项 WTO 规则，其投资和贸易活动将更加开放，低效的进口替代战略和产业补贴制度也将改善。俄将降低关税，从目前的 9.5% 逐年递减，2013 年降至 7.4%，2014 年降至 6.9%，2015 年降至 6.0%。在 WTO 框架下，中俄两国的经贸合作将更加顺畅，合作机遇将更多。

（6）要素禀赋互补

广义的要素禀赋说，是指除生产要素供给比例说之外，还包括要素价格均等化的原理。狭义的要素禀赋说，是指生产要素供给比例说，它通过对相互依存的价格体系的分析，用不同国家的生产诸要素的丰缺，解释国际分工和国际贸易产生的原因和一国进出口商品结构的特点。中俄两国在劳动力、资金、技术、自然资源等要素禀赋方面存在较大差异，为双方开展经贸合作创造了客观条件。

（7）中俄经贸合作使用本币结算

2011 年 6 月 23 日，中国人民银行与俄罗斯联邦中央银行签订双边本币结算协定，将双边本币结算从边境贸易扩大到一般贸易，扩大了地域范围，标志人民币跨境贸易结算试点及人民币国际化又向前迈进了一步。协议规定，中俄两国经济活动主体可自行决定自由兑换货币、人民币和卢布进行商品和服务的结算与支付。协议的规定加深中俄两国的金融合作，促进双边贸易和投资增长，有利于两国贸易投资便利化以及双边经贸合作。这一措施为中俄双边和区域间经济合作创造了便利条件，并且规避了使用美元结算的汇率波动带来的风险。

2012 年 3 月 29 日，金砖五国的国家开发银行之间签署了两项协议，《金砖国家银行合作机制多边本币授信总协议》和《多边信用证保兑服务协议》，目的在于稳步推进金砖国家间本币结算与贷款业务，为金砖国家间开展贸易和投资便利化提供货币结算和金融服务。这是金砖国家合作的又一重大进展。根据协议，中国国家开发银行、巴西开发银行、俄罗斯开发与对外经济活动银行、印度进出口银行、南非南部非洲开发银行五家成员银行，将稳步扩大本币结算和贷款业务规模，服务于金砖国家间贸易和投资便利化。

（8）乌克兰危机后俄罗斯实施"向东看"战略

乌克兰危机后，因俄罗斯接纳克里米亚和塞瓦斯托波尔市，西方对其进行多轮严厉的制裁，俄罗斯亦针锋相对予以反制裁。在这种情况下，俄罗斯寻求其他路径开展国际合作，实施"向东看"战略，加强与亚太地区国家开展经贸合作，尤其是与中国的石油、天然气等战略性大项目接连落实，各领域合作不断扩大，层次日益提高。可以说，中俄经贸合作进入了跨越式发展的"非常态"。

2. 不利因素

（1）贸易商品结构低度化

目前，中俄贸易商品结构仍然不尽合理。中国对俄罗斯出口的商品结构状况为：纺织品及原料和鞋靴类产品所占比重逐步下降；机电类产品出口稳步增加，成为中国对俄罗斯出口的第一大类产品；高新产品出口额虽不断增长，但比重较低。俄罗斯向中国出口的商品结构状况为：依然以原材料为主，商品结构改善小；机电类产品出口量有所增加。由于进出口商品结构受地域因素及两国生产结构的调整和技术提高的影响，短期内很难改变。

目前，中俄两国贸易商品结构层次低，主要是中方的劳动密集型商品与俄方的资源密集型商品的贸易，其主要原因在于两国产业结构问题，产业结构决定了进出口贸易的商品结构。贸易结构问题带给双边贸易的负面影响虽长期难以改变，但我们仍必须对这种现象保持关注，并努力予以解决。

（2）贸易信息服务体系不健全

中俄贸易过程中贸易信息服务体系不完善，信息沟通渠道不畅，对中俄双边进出口贸易造成了消极影响。优质的服务保障体系可以大大加快贸易发展，调动企业的积极性。优良的贸易信息服务体系是贸易过程中的重要推动因素。因此，在经济全球化条件下，建立起完善的贸易信息服务体系是十分必要和迫切的。

（3）相关政策的后续影响

从我国来看，为大力发展对外贸易，国家和地方政府出台了诸多鼓励边境地区对外经济贸易发展的政策。20世纪90年代，我国对从事边境小额贸易企业实施了税收减半的优惠政策。以黑龙江省为例，在国家政策的大力扶持和内外部环境的综合作用下，黑龙江省边境小额贸易进出口规模不断扩大，由2001年的10.9亿美元提高到2007年的54.1亿美元，增长近4倍，但增速呈现逐渐趋缓的态势。2008年10月，国家发布了边境小额贸易的新政策，按照《财政部、海关总署、国家税务总局关于促进边境贸易发展有关财税政策的通知》要求，从2008年11月1日起边境小额贸易方式进口的商品一律照章征税，国家将通过增加转移支付方式等一系列新的政策措施进行补贴。这些新政策的实施，短期内不会扭转目前黑龙江省边境小额贸易低速前行的态势，长期可能会给黑龙江省发展边境小额贸易带来新的生机。新政策涉及采取以专项转移支付的办法替代边境小额贸易进口税收减半征收，会提高企业的运营成本、缩小利润空间，对企业进出口积极性的影响较大；新政策涉及提高边民互市进口生活用品免税额度（每人每日人民币8000元，原为3000元），一定程度上鼓励了边民互市贸易；新政策涉及优先考虑在边境地区扩大以人民币结算办理出口退税试点政策，对在边境地区申请具有保税功能的跨境经济合作区，由海关总署在全国海关特殊监管区域宏观布局规划中统筹考虑等政策，一定程度上为企业从事进出口贸易创造了便利条件，有利于边境小额贸易的发展；新政策涉及支持边境口岸建设，安排专项资金对边境一类口岸查验设施建设和完善给予补助；税收减半的优惠政策取消后，口岸进出口货运量过少而造成口岸资源的浪费现象。不过，此项政策的实施有利于加强一类口岸建设和口岸资源的优化。[①]

[①]　《对黑龙江省边境小额贸易发展的简要回顾与展望》，http://www.customs.gov.cn/ctl/InfoDetail/mid/60432。

从俄罗斯来看，为了提高高附加值商品的出口，俄罗斯限制原木出口。从2007年以来，俄罗斯方面不断上调木材出口关税。2007年7月，木材出口关税由6.5%上调到20%；2008年4月，又从20%上调到25%。2008年年底，俄罗斯方面曾宣布2009年将出口木材关税上调到80%以上，但是由于国际金融危机，这一政策暂缓执行。中国海关的统计数据显示，自2003年以来，中国进口俄罗斯木材的年增长率均超过了10%，最高达到了20%。2008年进口量达到1964万立方米，约占2008年中国全部木材进口量的56%。2009年，中国进口俄罗斯木材超过了2000万立方米。① 俄罗斯限制原木出口、增加木材加工的国策已定，其原木出口关税未来还有调高的可能，俄罗斯计划在今后7~8年时间内对远东联邦区开采的木材完全实现境内加工，以加工木材出口取代原木出口。这意味着，俄罗斯执行出口木材关税上调到80%以上的政策后，中国自俄进口木材将出现相当幅度的下降，需要加大木材加工合作的力度。

俄罗斯限制原木出口等政策措施的实施，对中俄双边贸易的发展产生了较大的影响，要求中俄经贸合作应从以商品贸易为主向多元合作与贸易多元相结合、从一般初级合作向高科技产业合作、从原材料贸易向精深加工合作的转变。

（4）国际竞争日益激烈

根据统计，目前俄罗斯自然资源总价值约为300万亿美元，居全球之首。俄罗斯西伯利亚和远东联邦区自然资源丰富，而且品种繁多，是各类资源储量最大的地区，开发潜力巨大。世界有关国家纷纷行动起来，与俄罗斯合作开发西伯利亚和远东联邦区的自然资源。例如，在对俄森林资源合作开发方面，一些发达国家，如美、日、德等已先后在这两个地区进行投资，并获取了森林资源的开发利用权，一家美国公司投资8600万美元租赁了大片森林，将在49年内每年开采100万立方米木材。此外，一些国际大公司也纷纷看好对俄的森林资源采伐市场，而韩国、马来西亚、新加坡等国已积极参与对俄罗斯远东联邦区森林的采伐。一家马来西亚公司投入2

---

① 《俄罗斯木材出口关税上调八成》，http://www.zcom.com/rollnews/61332/。

亿美元，取得了俄远东联邦区 60 万公顷森林的采伐权，采伐期为 49 年，年采伐木材为 55 万立方米。中俄签订了《森林采伐协议》。俄方表示欢迎中国企业，特别是大型企业集团赴俄投资采伐森林并开展木材深加工。①

再如，对俄能源领域合作竞争更为激烈。能源是俄罗斯的战略资源。俄罗斯拥有世界石油资源的 13%，天然气资源的 45%，煤炭资源的 23%。有关国家积极与俄罗斯开展能源领域的合作，共同开发俄罗斯东部地区，包括太平洋大陆架的燃料动力资源，在产品分成协议基础上开发萨哈林大陆架的油气资源，开发科维克塔凝析气田等。

（5）思想认识和社会心理因素的影响

中国有些部门和企业一般更重视与西方发达国家的经贸合作，对俄罗斯市场规模和潜力认识不够，未从全局的角度和战略高度认识到加强中俄经贸合作的重要性，在实际工作中对中俄两国实施合作项目的态度不够积极，支持力度不够大，这在一定程度上对与俄罗斯开展投资项目合作产生了影响。

从俄罗斯方面来看，有些人对俄罗斯能源原材料等初级产品的出口耿耿于怀，一直担心俄罗斯会沦为其他国家的原材料"附庸"，在心理上无法接受这一对俄罗斯来说在相当长的时期内难以改变的现实。例如，俄罗斯有些人对中俄《中国东北地区与俄罗斯远东和东西伯利亚地区合作规划纲要（2009～2018 年）》的签署持反对态度，认为"俄罗斯成为又一个国家的原材料附庸，俄罗斯把远东和东西伯利亚原材料基地提供给了中国"②。这种片面的观点在一定程度上会影响到两国经贸合作的开展。

（6）视野的局限

中俄经济贸易合作已经形成了对口区域间的往来渠道，由于视野的局限，双方只习惯于已有的对象和合作地域。实际上，双方在合作的对象和地域方面仍然有很大的潜力和空间，需要进行认真的实地调研，寻找新的商机，扩大新合作伙伴的范围。

---

① 安岩：《从自然资源的视角解读俄罗斯的可持续发展问题》，《俄罗斯中亚东欧市场》2006年第 1 期。
② По какой рубеж своя? http://www. anti-glob. ru/st/kitrusput. htm.

外国商品更加通畅地进入俄罗斯市场为其国内经济引入更激烈的竞争，将促使其国内企业加快转型，提高自身竞争力。此外，俄罗斯还将开放电信和银行等领域的投资，这将极大地促进外商对俄投资，创造更多的就业机会并激励本土企业进行创新和提高生产率。

（五）中俄东部毗邻地区区域间经济合作稳步快速发展的对策

中俄东部毗邻地区区域间经济合作对于促进两国区域经济社会发展、稳定边疆国家安全形势等都有着互利共赢性。为了加强两国区域间的经济合作，需要两国和地方层面有关部门采取措施尽快落实中俄东部地区合作规划纲要，并努力实现与东北亚和亚太地区的经济一体化。针对存在的影响中俄东部毗邻地区经济合作的不利因素，提出以下几点对策建议。

1. 正确认识中俄东部毗邻地区经济合作的重要性

中俄东部毗邻地区经济合作在加强两国地区和双边之间的经济往来、维护边疆地区安全稳定、推动与东北亚地区的经济一体化进程等方面发挥着重要作用。中国的振兴寄希望于东北，东北的振兴寄希望于同俄罗斯的合作。东北东部铁路和哈大客运专线的建设将在能源、交通、物流及旅游等多方面使东北形成合力，极大地提升整个东北地区对俄经贸合作的能力。俄罗斯的繁荣有赖于远东和西伯利亚地区，远东和西伯利亚地区的繁荣有赖于同中国等东北亚地区国家的合作。中俄东部毗邻地区区域间经济合作对于促进两国区域经济社会的共同发展、稳定两国边疆地区的国家安全、实现与东北亚和亚太地区的经济一体化具有较为重要的现实意义。这正是中俄两国区域间经济合作的重要性之所在。

2. 清醒认识中俄东部毗邻地区经济合作的互利性

相互依赖、相互依存的观点强烈地表现在中俄两国东部毗邻地区的经济合作中，并得到了中俄双方人士的普遍认同。中俄双边和区域间经济合作是互利共赢的合作，对双方经济社会发展均有益处，而不是只对哪一方有利或不利。因而，应摒弃错误心理，正确认识中俄东部毗邻地区区域间经济合作的现实意义，共同推动双方合作的不断巩固和发展。

3. 采取措施尽快落实中俄东部毗邻地区合作纲要

中国东北与俄罗斯远东和东西伯利亚地区合作规划纲要为双方开展合

作指明方向，规划了合作路径和范围。中俄两国有关方面应积极行动起来，以互利共赢、共同发展、共同繁荣的正确、健康、平衡心态，共同采取相应切实有效的措施，稳步推进中俄东部毗邻地区的经济合作向前发展。根据俄罗斯远东及外贝加尔地区开发纲要，制订并实施了《黑龙江省参与俄远东及外贝加尔地区开发行动计划》，重点推进外贝加尔边疆区阿马扎尔林浆一体化、特洛伊斯克燃煤电站等项目。新签订对俄经济技术合作项目38项，合同金额2.9亿美元，完成营业额2.7亿美元，增长15.3%；新增对俄投资项目61个，投资额8.34亿美元，增长22.4%。积极推动绥芬河综合保税区申报和规划建设工作。在省委、省政府领导下，启动了绥芬河综合保税区的设立申请工作，并多次进京争取更多政策支持。

4. 大幅度扩大中俄相互投资规模

相互投资是改变中俄贸易商品结构的有效途径之一。目前，中俄两国相互投资规模不大，对机电产品贸易的拉动作用明显不足。中俄相互投资额累计100多亿美元，与两国的经济发展水平和规模极不相称。据《中国统计年鉴》统计，2009年中俄双方相互投资总额为3.8亿美元，其中包括中方对俄方投资3.5亿美元，俄方对中方投资0.3亿美元。2010年中俄相互直接投资额总为6.0亿美元，其中，中国对俄投资5.7亿美元，同比增长62.9%，俄罗斯对中国投资0.3亿美元。

中俄两国目前都已成为新兴的对外投资大国，正在相互投资方面已经取得了初步的经验，今后双方应从战略的高度出发，发挥各自的特点和优势，积极扩大双向直接投资，包括资源开发、加工工业、高新技术成果转化和电子信息技术等领域的投资合作，以此带动机电产品和高新技术产品贸易的发展。

中俄两国已经签署的《中俄政府间投资保护协定》，为建立了良好的投资促进机制奠定了基础。中俄双方将落实《中俄投资合作规划纲要》，扩大投资合作，继续本着平等协商互利共赢的原则，深化油气、核能、电力、新能源等领域的合作，构建能源战略合作关系，开展高技术和创新合作，加快两国产业更新和升级，开展战略性大项目合作，共同提高两国经济国际竞争力，推进跨境基础设施建设，加快两国毗邻地区发展。

经过共同努力，实现中俄贸易额 2015 年达到 1000 亿美元，2020 年达到 2000 亿美元，2020 年中国对俄罗斯投资额达到 120 亿美元的目标。这有利于提升两国毗邻地区的经贸和投资合作的水平和质量。

5. 加快境内外园区建设

哈牡绥东对俄贸易加工区建设高起点启动、高效率推进、高水平发展，产业集聚度进一步提高，区域经济发展内生动力明显增强，在黑龙江省经济社会发展的引领和牵动作用日益突出。区域内加工中心、商贸中心、旅游中心、现代物流中心和会展中心建设成果显著。启动建设面积 118 平方公里，投放资金超过 400 亿元。18 个园区共入驻上千个项目，可口可乐、江苏雨润等一批国内外知名企业落户园区。绥芬河综合保税区获国务院批准后，各项建设全面展开，已有 20 多家境内外企业确定入区投资。该区域将成为带动黑龙江省对俄经贸合作加快发展的引擎，成为深化中俄区域合作的战略支点，成为全国对俄经贸合作的重要平台和沿边开放的示范区。

2006 年，为贯彻国家关于实施"走出去"的战略，经国务院批准，中俄乌苏里斯克经贸合作区成为国家首批 19 个境外经贸合作区之一。该合作区是离我国最近的境外经贸合作区，是我国在俄设立的首个中国企业集中投资园区，也是目前我国在俄远东联邦区最大的非能源和资源类投资项目。

乌苏里斯克经贸合作区由黑龙江省东宁吉信集团和浙江康奈集团、浙江华润公司共同建设，规划面积 2.28 平方公里，总投资 20 亿元。合作区按生产类别和园区功能划分了 5 个区域：家电子生产加工区、鞋类纺织生产加工区、木材综合利用精深加工生产区、物流园区和生活服务区。已累计完成 3.3 亿元的投资。园区内，来自浙江、福建、黑龙江等地的 18 家企业形成了汇集国内不同地区优势、共同开发俄罗斯市场的基本格局，并且效益已经显现，例如 2009 年入区企业实现销售收入 1.7 亿美元，纳税 1900 万美元，成为俄罗斯乌苏里斯克市的第一纳税大户。

时任中共中央政治局常委、国家副主席习近平访问俄罗斯滨海边疆区期间，对乌苏里斯克经贸合作区给予了高度评价：合作区起步阶段态势良好，已经形成了一定规模的生产加工能力，受到了地方政府和人民的肯定和认同，赢得良好的社会反响，为我国企业在俄开展合作搭建了重要平台，也对改善中俄贸易结构、转变发展方式产生了积极的作用。乌苏里斯克经贸合作区通过科学规划，将朝着国际化、现代化、实业化的园区方向发展。

6. 构建"双向点轴合作开发模式"和"网状经济合作模式"

在"双向点轴合作开发模式"和"网状经济合作模式"下，中俄东部毗邻地区区域间经济合作将使要素禀赋更加优化配置，充分发挥其优势，区域间经济合作将得到稳步快速发展，最终实现双方利益的最大化。

7. 共建贸易信息服务平台

中俄双边贸易涵盖贸易谈判、结算、信贷、货物运输等多种贸易服务体系，需要不断加强服务型和谈判型的中介服务，如中俄分别设立专门的法律咨询、综合信息服务机构，为相关单位和个人提供法律和商务信息咨询。

8. 积极应对新形势，适应新趋势

在国际金融经济危机的大背景以及 WTO 框架下，中俄双边和区域间的经济合作面临新的机遇和挑战。往往危机中存在机遇，竞争中蕴涵合作。中俄"贷款换石油"的合作项目的实施正是在金融危机背景下实现的。在 WTO 框架下，既有诸多有利的因素，又有诸多不利的因素，竞争与合作并存。竞争促发展、促合作。中俄东部毗邻地区的经济合作应积极应对新形势，尽快适应新趋势，推动区域合作的发展，实现与东北亚乃至亚太地区的经济一体化。

中国东北地区和俄罗斯东部地区在各自国家的经济社会发展中扮演着重要的角色、发挥着重要的作用。中国和俄罗斯先后提出了老工业基地振兴与东部地区经济开发国家政策，并着手实施相应的开发与振兴战略，俄罗斯加入世界贸易组织、普京政府成立远东联邦区经济发展部、APEC 峰会在符拉迪沃斯托克举行、俄罗斯推行"向东看"战略、建立超前发展区和符拉迪沃斯托克自由港等诸多利好因素，均为中俄两国东部毗邻地区间开展经济合作带来了新的机遇，具有广阔的发展前景。

中俄东部毗邻地区区域间经济合作已经呈现出新趋势：贸易秩序日益规范、合作主体层次不断提升（以具有一定规模的大中型企业为主）、贸易方式为贸易与投资合作相结合、商品结构中高附加值、深加工商品比例增加、地理布局扩大（从以口岸中小城市为主向以哈、大、齐、牡、佳等大中城市与口岸扩展）、合作层次为一般合作与产业（如通信信息产业、装备制造业、矿产资源开采与加工业等）合作相结合。

中国继续推进东北老工业基地振兴工作，积极促进与俄罗斯的经贸合作，双方努力开展产业互动。为与亚太地区经济实现一体化、加大远东联邦区的开发力度，并将该地区发展成为俄罗斯在亚太地区有影响力的中心，俄罗斯总统普京 2012 年 5 月签署命令，在政府中成立远东联邦区发展部，任命总统驻远东联邦区全权代表伊沙耶夫兼任远东联邦区发展部部长。伊沙耶夫说，俄罗斯非常重视开发远东联邦区。目前，该地区正在修建一些重要的交通和能源基础设施，建立各种类型企业，设立新的社会服务机构。俄罗斯的目标就是要集中力量，推动远东联邦区经济的进步、进一步实现社会大发展。

我们应抓住这一难得的机遇，利用好各种有利条件，不断增进双方的相互了解，巩固原有合作基础，努力挖掘合作潜力，推动双方合作形式多样化、合作领域多元化、合作规模扩大化和合作模式升级化的趋势向前发展，并且积极应对各种挑战，实现中俄东部毗邻地区区域间经济合作互利共赢、共同发展、共同繁荣的目标！

五 远东联邦区国际经济合作的发展趋势

（一） 从中央到地方都重视远东联邦区的国际经济合作

俄罗斯总统普京执政后调整了俄罗斯的对外发展战略，更加重视参与亚太地区经济一体化，并采取积极、务实的措施发展与亚太地区国家多层次、多领域的合作。他在题为《俄罗斯：东方新的前景》（2000 年 11 月 8 日）一文中明确指出：“现在，俄罗斯可以与亚太国家合作伙伴在各个领域进行合作，从能源利用、生态保护、海洋大陆架开发，到发展运输和实施具体的经济和投资项目。”

由俄联邦议会上院主席斯特罗耶夫主持起草的《俄罗斯 21 世纪亚太地区发展战略》中指出：在 21 世纪，俄罗斯参加亚太地区一体化具有重要作用，尤其是西伯利亚与远东联邦区不参加亚太地区一体化，就不能复苏，而且社会、经济和文化领域也不能发展。该文件确定了俄罗斯与亚太地区具有战略意义的基本合作方针：联合开发和利用西伯利亚与远东联邦区丰富的自然资源，首先是石油和天然气，依据西伯利亚与远东的科技实力与亚太地区开展科技合作；发挥地缘交通优势，发展多种形式的国际运输业务，使俄罗斯成为连接欧亚两大洲的桥梁；吸引亚太地区国家劳动力，开发俄远东人口稀少的地区。

2001 年 3 月 28～31 日在哈巴罗夫斯克召开了题为《21 世纪俄罗斯远东经济政策问题》的国际科学实践大会，主要议题之一是远东联邦区的对外经济关系。与会代表充分肯定了远东地区发挥自身优势，积极开展与中国、日本等国家的经贸合作对于该地区乃至整个俄罗斯所具有的重大意义，并就中俄区域多领域合作提出了一些建议。

由此可见，俄罗斯从上到下，从联邦政府到地方政府都在研究通过开发西伯利亚和远东联邦区使俄罗斯参与亚太地区的经济一体化这一具有战略意义的问题，随着开发战略的确定，俄政府将给予这两个地区相应的优惠政策和财政支持，地方上会出台一系列政策和法规，以此来吸引亚太地区各国参与远东联邦区的国际经济合作。

（二）资源国际合作开发前景十分广阔

俄罗斯的西伯利亚和远东是当今全世界资源最丰富的地区，石油和天然气储量巨大，开采量颇具规模，森林资源极为丰富。

为了保障经济的发展，俄罗斯正在积极寻求国际合作，希望利用亚太地区国家的资本，在俄罗斯远东建立石油或石化企业，使其石油或石化产品打入国际市场。由于受生产资金、技术设备、交通运输和劳动力等各种主客观条件的限制，俄西伯利亚和远东联邦区潜在森林资源目前得到利用的仅有 1/3 左右，许多林区大量的成熟林和过熟林无力采出，浪费巨大。由此可见，远东联邦区的林业资源国际合作开发具有巨大潜力。

（三）引进劳务是一项长期的合作

远东联邦区人口仅占全俄总人口的 5%，再加之当地经济一直不景气、人口外流、出生率低下和死亡率上升等原因，这里的人口出现了负增长。

俄罗斯东部经济开发，尤其是自然资源的开发及与其相关的工程建设，必然涉及劳动力不足的问题。但其国内又无法解决，因为按照远东联邦区目前的经济状况和客观条件，还无法把俄其他地区的劳动力吸引过来。邻近的中国、朝鲜、越南等国有充足的劳动力，远东联邦区与这几个国家开展劳务合作，可以解决当地劳动力短缺的问题。对此，《俄罗斯 21 世纪亚太地区发展战略》亦有明确表述。

（四）开展科技合作

俄罗斯科学院西伯利亚分院和远东分院不仅在俄罗斯占有重要地位，而且在世界科技界具有一定的影响。俄罗斯 21 世纪亚太地区发展战略提出了依托两个分院在俄罗斯或其他国家建立工业科技园区和科技园的具体建议，旨在"把俄罗斯的科技实力与亚洲国家的资本和对科学技术的需求结合起来"。俄罗斯科技复苏和向市场转型为远东联邦区加大与国外的科技合作力度提供了良好的机会。

有关专家指出，在中俄科技合作方面，需积极开发双向合作，即中方不但要引进俄罗斯的科技人才和科技成果，还要向俄输出科技人才和高新技术，例如利用我国的高新技术开发俄罗斯的野生资源，生产名贵药品、营养食品和高级化妆品等。

总体来看，远东联邦区如能充分发挥出自身优势和特点，其国际科技合作将结出丰硕的果实。

（五）远东联邦区开展国际经济合作的制约因素

俄远东联邦区开展国际经济合作既具有一定的优势，同时又存在着一些主客观方面的制约因素。

1．投资环境尚待完善

自俄罗斯独立以来，远东联邦区的经济一直处于危机之中，一方面基础设施建设滞后，另一方面原有的设施需要修缮。为了吸引国外的投资者，远东联邦区须注重投资环境的建设，为投资者创造必要的创业条件。

2．资金不足

远东联邦区的资源开发需要巨额资金。为此，有关专家提出建议：把韩、中、俄、蒙及美国等国的资金集中起来，建立一个股份制银行。这样不仅可以解决天然气、石油开发工程的筹资问题，还可以为黑龙江流域的其他开发项目服务。

3. 有关法规落实不到位，投资缺少法律保障

外资在俄罗斯缺少应有的法律保障，其原因是目前俄罗斯保护外资方面的法律尚不健全，损害外国投资者合法权益的事件时有发生。

4. 外商人身安全无保障

2000 年远东联邦区刑事犯罪案件虽有所减少，但社会治安状况并未根本好转。严重社会治安问题令外国商人犹豫不决，甚至望而却步。

（六）俄罗斯"向东看"，中俄双边和区域经贸进入"超常态"发展时期

在国际金融危机和乌克兰危机的双重影响下，俄罗斯实施"向东看"战略，着力加大与东北亚和亚太地区的合作，中俄双边和区域经贸迎来了新的发展机遇，步入全方位"提质增量"合作的新阶段，进入"超常态"发展时期。

所谓中俄经贸合作的"超常态"是指在俄罗斯实施"向东看"战略和"丝绸之路经济带"建设与欧亚经济联盟建设对接稳步推进的背景下，中俄两国在发挥要素禀赋互补等诸多优势的基础上，双边经贸合作将进入一种体量不断增大、层次不断提高、合作领域不断拓展（尤其是战略合作项目接连落实）、投资规模不断扩大的一种超常规发展状态。

2015 年 5 月 9 日，在访问俄罗斯期间，国家主席习近平指出："中俄双方要加大经贸合作，推动高铁、航空、航天等领域大项目合作尽早落到实处，加强远东地区合作、金融合作，用好亚洲基础设施投资银行和丝路基金等投融资平台。我们愿同俄方一道，加强人文领域交流，办好明后两年中俄媒体交流年活动。"[①]在中俄高层领导的重视和各地区的共同努力以及其他有利因素的影响下，中俄经贸合作将进入"超常态"发展时期。

1. 双边经贸合作步入"超常态"

中俄经贸合作总体不断稳步快速发展，从 1992 年的几十亿美元提升到 2014 年的近 1000 亿美元，与不断提升的双边政治关系总体呈现正相关的发展态势。中俄拥有"地缘区位优势"、"要素禀赋互补性强"、"双方商品市

---

① 《习近平会见俄罗斯总理梅德韦杰夫》，http://cpc.people.com.cn/n/2015/0510/c64094-26975386.html。

场互为补充"等诸多得天独厚的有利内部因素，是两国开展经贸合作的重要现实基础。

中俄经贸合作从最初的几十亿美元增长到 2013 年的近 900 亿美元，尽管不能与中美、中日、中韩贸易额相提并论（中俄关系曾一度被概括为"政热经冷"），但是两国经贸合作与不断提升的双边政治关系总体呈正相关态势。中俄拥有"地缘区位优势"、"生产要素互补性强"、"双方商品市场互为补充"等诸多得天独厚的有利内部因素，是两国开展经贸合作的重要基础。实际上，除了这些有利的内部因素之外，我们看到，中俄经贸合作每次出现重大跨越，外部因素的推动更为"给力"！

中俄两国经济关系是两国政治关系的基础，两国政治关系深刻地影响着两国经济关系。而两国政治关系的不断稳步快速发展的动力是什么？答案是外部因素。从 20 世纪 90 年代初以来，北约提出并加快"东扩"的进程，再加之欧盟"扩员"，两者意在挤压俄罗斯的地缘政治和地缘经济空间，中国亦受到来自美国等西方国家不同程度的遏制。为了应对各自面临的压力，中俄两国，尤其是俄罗斯调整了对外政策，实行全方位外交，双方不断提升政治关系以"抱团取暖"，相互借重以抵消来自外部的压力。双方政治关系从一般友好国家关系发展到建设性伙伴关系，再上升到面向 21 世纪的战略协作伙伴关系，提升到当今全面战略协作伙伴关系新阶段，达到两国关系历史上最好水平。

在乌克兰危机背景下，俄罗斯加快实施"向东看"战略的步伐，努力加强与东北亚地区国家乃至亚太地区国家的政治经济关系，着力扩大经贸合作的范围和领域，以弥补西方制裁给本国经济社会发展带来的强大冲击。2014 年 5 月，上海"亚信"第 4 次峰会期间，中俄签署了总额达 4000 亿美元的东线"西伯利亚力量"天然气合作协议，俄罗斯每年向中国供应 380 亿立方米的天然气。这是中俄经贸合作取得的又一重大突破性成果。2014 年 11 月 9 日，中俄签署了《关于通过中俄西线管道自俄罗斯联邦向中华人民共和国供应天然气领域合作的备忘录》、《中国石油天然气集团公司与俄罗斯天然气工业公司关于经中俄西线自俄罗斯向中国供应天然气的框架协议》。该协议规定，在今后 4~6 年内，俄方将从西伯利亚西部通过阿尔泰管道向中国每年供应额外 300 亿立方米天然气，为期 30 年。两国积极商谈油田大项目的勘探合作，探讨核电、水电合作新项目，加强高速铁路、高新技术、航空航天、金融等多领域的合作。《中华人民共和国与俄罗斯联邦关于丝绸之路经济带建设和欧亚经济联盟建设对接合作的联合声明》将在物流、交通基础设施共同开发项目、扩大投资贸易合作、加强金融合作、推动区域和全球多边合作等领域开展更加务实的合作。

（七）中俄共建并实现"东丝带"和"北丝带"基础设施联通

中蒙俄经济走廊黑龙江陆海丝绸之路经济带（"东丝带"①）以哈尔滨为中心，以大（连）哈（尔滨）佳（木斯）同（江）、绥满、哈黑、黑龙江沿边铁路 4 条干线与俄罗斯西伯利亚铁路和贝阿铁路连通，再畅通与俄罗斯远东地区各港口的水运业务，建设哈尔滨临空经济区等航空网络以及管网、电网和通信光缆的敷设等，最终形成"东丝带"。建设"东丝带"，有利于进一步拓展我国与东北亚地区国家的全方位务实合作，为促进区域间的经济互利共赢创造良好条件。"东丝带"是对习近平总书记"一带一路"重大战略部署在空间上的延展、内涵的丰富完善和创造性的贯彻落实，是国家丝绸之路经济带的重要组成部分，更是黑龙江深化开放和转型发展的重要历史机遇。

1. 打造中蒙俄经济走廊

2014 年 9 月 11 日，国家主席习近平在出席中俄蒙三国元首会晤时指出，中方提出的共建丝绸之路经济带的倡议，获得了俄方和蒙方的积极响应，可以把丝绸之路经济带同俄罗斯跨欧亚大铁路、蒙古国"草原之路"的倡议进行对接，我们共同打造"中蒙俄经济走廊"。

"中蒙俄经济走廊"包括两条通道：第一条是以我国内蒙古自治区乌兰察布站为节点，经二连浩特进入蒙古国"草原之路"，抵达乌兰巴托，过蒙古国边境城市苏赫巴托尔进入俄罗斯，在乌兰乌德与西伯利亚大铁路交会，直达俄罗斯欧洲部分和欧洲。乌兰察布站向南经大同辐射中原地区，向东

---

① 本人在发表于《俄罗斯东欧中亚研究》2015 年第 4 期的《中俄共同建设"一带一路"与双边经贸合作研究》文章中把"陆上丝绸之路经济带"称为"西丝带"，"中蒙俄经济走廊黑龙江陆海丝绸之路经济带"称为"东丝带"，"北极丝绸之路经济带"称为"北丝带"。

张家口连通京津冀，向西连接呼和浩特、包头、巴彦淖尔，辐射西部地区。第二条是经过我国东北通道，从大连、沈阳、长春、哈尔滨到满洲里，经俄罗斯的赤塔与西伯利亚大铁路连接。

"中蒙俄经济走廊"黑龙江陆海丝绸之路经济带将形成物流带、产业带和开放带"三带合一"的大开放、大贸易的新格局，拉动我国东北地区与蒙古国和俄罗斯经济的大发展。

2. 建设黑龙江陆海丝绸之路经济带

2014年11月20日黑龙江省政府发布了《推进东部陆海丝绸之路经济带建设工作方案》和2015年4月13日《中共黑龙江省委黑龙江省人民政府"中蒙俄经济走廊"黑龙江陆海丝绸之路经济带建设规划》（以下简称"东丝带规划"）对构建黑龙江陆海丝绸之路经济带做出了详尽的安排：

完善黑龙江省沿边铁路并与俄罗斯铁路对接。确保与俄罗斯远东地区的人流、物流畅通。着力畅通绥芬河—哈尔滨—满洲里—俄罗斯—欧洲线路绥满铁路（绥芬河—牡丹江—哈尔滨—大庆—齐齐哈尔—满洲里是"东丝带"的主动脉）的跨境货物运输通道，并实现常态化。打造哈尔滨两小时经济圈，辐射带动周边地区快速发展。发挥这条跨境货物运输通道的最大运能，不仅可以运输黑龙江和东北其他地区的货物，还可以运输俄罗斯和我国长三角、珠三角、京津冀的货物。同时，加强运输节点和配套工程建设，加快建成哈尔滨铁路集装箱中心站、绥芬河铁路站场改造工程、开工建设牡丹江铁路货运枢纽、规划建设东宁危险化学品铁路口岸、建成哈齐客专、牡绥扩能、同江铁路大桥、哈佳铁路等项目、推进牡丹江—佳木斯环线铁路、绥芬河—俄罗斯格罗捷阔沃跨境铁路改造、沿边铁路等项目前期工作、建设牡丹江—俄罗斯符拉迪沃斯托克、东宁—俄罗斯乌苏里斯克跨境铁路。滨洲线电化改造、哈牡既有线电化等项目。

2015年5月末，中国海关总署正式批复《黑龙江省人民政府关于增加内贸货物跨境运输入境港口和货物种类的请示》，由此绥芬河在对俄陆海联运大通道建设方面得到了国家政策的大力支持。以往内贸货物跨境运输的品种只限于化工和粮食等商品，此次作为"木业之都"的绥芬河可以开展木材内贸货物跨境运输入境港口业务（即"中外中"运输方式），将有力地推动绥芬河对产业园区与对俄跨境产业园区和我国南方产业园区的对接与合作。

哈尔滨铁路局已开通"苏满欧"、"沈哈欧"、"津哈欧"的国际货运班列,平均每天一列,实现了常态化运营。2014年10月16日,滨洲线(哈尔滨—满洲里)电气化改造工程公开招标,改造后的滨洲线哈齐之间时速可达160公里,将提升服务质量,增加运输量。同时,哈尔滨到绥芬河之间的既有线路电气化改造将陆续展开。按照规划,哈尔滨集装箱中心站、满洲里集装箱货场、牡丹江至绥芬河扩能改造等项目竣工后,将极大地提升"东丝带"——"中俄铁路东部大通道"的运输能力,确保货畅其流,人员便捷往来。

不断推进公路的建设。开工建设哈牡客专、建成三江至黑瞎子岛等高速公路和伊春至嘉荫等国、省干线公路、推进黑河、洛古河、饶河、萝北、东宁等口岸界河公路大桥和黑瞎子岛陆路通道建设的前期工作。建设和完善沿边公路并与俄罗斯公路畅通,是对黑龙江省沿边铁路与俄罗斯铁路运输的重要补充。

畅通中俄跨国陆港通道。密切牡丹江—绥芬河—俄罗斯远东地区港口、从抚远经俄罗斯境内的黑龙江下游进入日本海的陆海联运战略通道。不断完善牡丹江、绥芬河与俄罗斯远东地区港口的中俄跨境陆港通道,加大宣传推广"中俄中"(双向)、"中俄外"(双向)运输模式的力度。"中俄中"(双向)运输模式是指从牡丹江或绥芬河将国内货物运到俄罗斯符拉迪沃斯托克,再运至我国东南沿海地区的运输方式,反向亦然;"中俄外"(双向)运输模式是指从东北亚地区国家或美洲的货物运到俄罗斯符拉迪沃斯托克,再运至牡丹江或绥芬河的运输方式,反向亦然。牡丹江已经有物流企业在开展"中俄中"(双向)货物运输业务,即将东北地区发往我国东南沿海地区的商品运至俄罗斯运动地区港口符拉迪沃斯托克,然后运到目的地,反向亦然。待条件成熟时,将来可以开展"中俄外"(双向)运输模式。既节约时间,又节约成本。

"东丝带规划"确定了中蒙俄经济走廊黑龙江陆海丝绸之路经济带的规划目标:① 近期目标(2015年):做好"中蒙俄经济走廊"黑龙江陆海丝

绸之路经济带建设规划与国家"一带一路"规划的衔接；② 中期目标（2016～2020 年）：将黑龙江陆海丝绸之路经济带打造成国内连接亚欧最便捷、最通畅的国际大通道；③ 远期目标（2021～2025 年）：全面建成面向俄罗斯、连接亚欧的综合跨境运输网络，形成经济规模较大、带动能力较强的外向型经济体系。

3. 中俄共建并实现"北丝带"的基础设施连通

随着全球气候变暖，北极冰盖融化速度加快，范围扩大。据预测，10～30 年后，北方海上航线就可以通航，至少在夏季将适宜通航①。2013 年 5 月，中国成为北极理事会正式观察员国，为中国积极参与北极地区事务创造了条件。中国在"北丝带"建设方面正在与俄罗斯等有关国家开展务实的合作。2012 年，中国"雪龙"号破冰船顺利通过了北极航线，为中俄开展"北丝带"合作建设进行了最早尝试。2013 年 8 月 8 日，中远集团"永盛"号货轮从大连出发后，经日本海，沿俄罗斯海岸线，穿越白令海峡和维尔基亚海峡，进入北极圈，在破冰船引导下，在科拉海、楚科奇海中轻度冰面和拉普捷夫海、东西伯利亚海轻度冰面自主航行。经过 27 天的航行，于当地时间 2013 年 9 月 10 日 15 时停靠在荷兰鹿特丹港，成为经过北极东北航道完成亚欧航行的第一艘中国商船。

中国极地研究中心杨惠根研究员说，北极航线比经过印度洋和苏伊士运河航路短 5200 公里，集装箱船或干货船就可以节省 50 万～350 万美元，而且还有燃料、运费、劳务费等其他费用支出，更为重要的是在这条航线上没有经常出没在马六甲海峡和亚丁湾的海盗劫持风险。据预测，到 2020 年，中国达几百亿至上千亿美元的集装箱货物将通过北极海上航线运输，占中国对外贸易货运量的 5%～15%②。

在加入《联合国海洋法公约》之后，俄罗斯总统普京 2001 年批准了《2020 年前俄罗斯海洋学说》，其中对北极地区列专章加以论述。2013 年俄

---

① Владимир Дмитриев. Через Арктику может пройти новый Великий шелковый путь из Китая в Европу. http://www. rg. ru/2013/05/31/led. html.

② Владимир Дмитриев. Через Арктику может пройти новый Великий шелковый путь из Китая в Европу. http://www. rg. ru/2013/05/31/led. html.

罗斯总统普京批准了《2020 年前俄罗斯北极地区发展战略》，该战略规定了建立北极地区统一运输系统、开展科学活动和国际合作。俄罗斯科学院远东所研究员拉林认为，"俄罗斯应当在北极地区与中国开展合作。俄方必须利用当前的机会，巩固与中国的关系，获取商业利益。俄罗斯可以和中国建设北极航线通航船只补给站，而且不排除建设联合北极科考站监视冰况和气象条件的可能性，将来还应当吸引中国参与开发北极矿产资源，首先是能源资源。更重要的是，俄方应当吸引中国资本开发北极基础设施，毕竟中国拥有庞大的人力和物力资源"。为确保"北丝带"安全畅通，需要安装现代化的导航设备、更新破冰船舰队、建设综合安全系统和岸上地面站，2015 年俄罗斯将为建设"北丝带"的综合安全系统（包括救援应急中心）拨款 2200 万欧元。该系统的中心将分布在"北丝带"沿线的摩尔曼斯克、阿尔汉格尔斯克、阿纳德尔等港口。与此同时，俄罗斯希望与中国开展合作，吸引中国投资。中国愿与俄罗斯进行互利投资合作。中国投资者准备投资建设新的阿尔汉格尔斯克深水贸易海港、白海—科米—乌拉尔铁路干线。新阿尔汉格尔斯克深水贸易海港将成为"北丝带"与俄罗斯铁路系统（包括西伯利亚干线）的节点，其货物吞吐量会达到每年 3000 万吨。白海—科米—乌拉尔铁路干线将西伯利亚地区至白海的路程缩短了 800 公里，为从远东地区、乌拉尔和西伯利亚工业区向欧洲的货运提供了新的可能。据俄罗斯运输部预测，未来 10 年"北丝带"的年货运量将从 2012 年的 180 万吨猛增到 2020 年的 6400 万吨①。

进入 21 世纪之后，中俄经贸合作随着双边政治关系的发展而发展，双边经贸合作每个阶段的"跨越"都是与两国政治关系发展同一步调。双边贸易额达到 200 亿美元，又从 200 亿美元增长到约 900 亿美元，每个纪录的打破无不与双边政治关系的加强密切关联。

在这一过程中，两国大宗重要商品贸易的进行、大型战略合作项目的落实，除双方拥有的内部因素发挥作用之外，更主要的动力来源于外部给

---

① 《俄建议中俄合作开发北极航线开采矿产资源》，http://www.chinaccm.com/39/20130827/3913_1375539.shtml。

两国或其中一方施加的巨大压力。这一压力促使双边政治关系不断密切的同时，又推动两国经贸合作的不断"提质增量"，大型战略合作项目在期待多年之后得以落实或即将落实，双边经贸合作接连创造出一个又一个新的纪录。例如，2008年爆发的国际金融危机推动了"以贷款换石油"的泰舍特—大庆中俄输油管线项目的落实。因乌克兰危机问题，俄罗斯遭受来自美国和欧盟的严厉制裁，虽说制裁使双方"两败俱伤"，但是俄罗斯承受的压力更大，蒙受的损失更重：油价跌跌不休、卢布持续贬值、经济或面临崩溃。

为摆脱困局，俄罗斯实施"向东看"战略，积极加强与东北亚乃至亚太地区国家的政治与经济关系，着力开展经贸合作，以弥补西方制裁造成的国内市场空间。2014年5月，上海"亚信"第4次峰会期间，中俄签署了东线"西伯利亚力量"天然气合作协议，这是中俄经贸合作取得的又一重大突破性成果。在2014年11月第22次APEC领导人非正式会议上，中俄两国元首一致认为，双方要如期推进东线天然气管道建设，同时尽快启动西线天然气合作项目，积极商谈油田大项目的勘探合作，探讨核电、水电合作新项目，加强高速铁路、高新技术、航空航天、金融等多领域的合作。

中俄区域经贸合作是两国双边经贸合作的一个重要组成部分。自1983年恢复边境贸易以来，这一领域的合作一直以较快的速度发展，并发挥着"富民、兴边、强国、睦邻"的重要作用，在促进两国民间往来沟通、加深了解和增进友谊等方面都有着重要的现实意义。2000年以来，中俄东部毗邻地区区域间经贸合作呈现出整体快速发展的趋势，规模不断扩大。

为了大力推进中俄双边和地方经贸合作的跨越式发展，双方努力规避合作风险，国家和地方密切沟通协调，建立起国家和地方政府间常态化的沟通协调与合作机制，建立投资合作风险基金，周密规划合作项目，为了两国的企业、公司合作搭建对接平台，引导相互投资合作方向，创造良好的合作条件。

2011年6月23日，中国人民银行与俄罗斯联邦中央银行签订双边本币结算协定，将双边本币结算从边境贸易扩大到一般贸易，扩大了地域范围。

中俄加深金融合作有利于两国贸易投资便利化，双边经贸合作，有利于促进双边贸易和投资的增长。这一措施为中俄双边和区域间经济合作创造了便利条件，并且规避了使用美元结算的汇率波动带来的风险。2014 年 10 月 13 日，中国人民银行与俄罗斯联邦中央银行签署了规模为 1500 亿元人民币/8150 亿卢布的双边本币互换协议，旨在便利双边贸易及直接投资，促进两国经济发展。

为进一步加快两国东部毗邻地区的快速发展，两国政府先后多次出台了推动地区经济社会发展的倾斜政策。俄罗斯方面，先后有关于远东及外贝尔地区经济社会联邦专项纲要、远东及贝尔地区经济社会发展长期战略，以及前不久颁布的《关于超前经济社会发展区及国家支持远东地区的其他措施》联邦法律等。这些政策的部分或全面的实施为远东地区的经济社会发展创造了良好条件，尤其是关于超前经济社会发展区的联邦法律规定，在发展区内实行特殊的法律制度，可以有效地建设和完善超前经济社会发展区的基础设施，为开展企业经营和其他活动提供优惠条件。中国方面，先后有关于东北老工业基地振兴的相关优惠政策、黑龙江和内蒙古东北地区沿边开发开放规划上升为国家战略、关于支持东北振兴若干重大政策举措、东部陆海丝绸之路经济带纳入国家规划等等。这些政策有力地推动了东北地区经济社会的快速发展和对外开放步伐。

上述中俄两国政策形成叠加效应，将有力地推动两国东部毗邻地区各领域的紧密合作，并发挥其辐射带动作用，促进两国边疆经济社会的快速发展。

总之，中俄经贸合作的稳步快速发展需要"激发内因活力，借助外因推力"，尤其是应抓住外因带来的难得机遇，多谋划并实施长线大型战略性合作项目，扩大相互投资规模，将使中俄经贸合作的领域得以不断拓展、层次得以日益提升、规模得以逐步扩大。由此，中俄经贸合作将真正步入全方位"提质增量"合作的新阶段，进入历史上难得的"非常态"发展阶段，为巩固和深化中俄全面战略协作伙伴关系奠定坚实的物质基础。

第五章
俄罗斯东部地区经济发展前景

俄罗斯东部地区拥有诸多有利于未来经济发展的良好条件，国家和地方结合当地情况制订了未来经济社会发展战略规划，明确了发展目标、优先发展领域等问题，为东部地区今后的发展明确了目标、指明了方向。

第一节　俄罗斯西伯利亚地区经济发展前景

俄罗斯西伯利亚地区拥有自然资源、区位、人才、科技和交通等诸多有利条件，再加上国家和地方的相关扶持政策，该地区经济发展前景乐观，值得期待。

一　西伯利亚地区未来经济发展的战略目标和优先领域

（一）发展战略目标

《2020 年前西伯利亚地区经济社会发展战略》确定了 2020 年前俄罗斯西伯利亚地区实现发展战略目标的基本方向、机制和手段。西伯利亚地区的发展战略目标是确保居民生活水平和质量的稳步提高，其基础是创新型社会经济平衡体系，以保障俄罗斯在国际社会的战略利益快速发展和得以实现。2020 年年底前西伯利亚地区经济社会发展的基本指标应符合俄罗斯平均指标，因而从 2020 年起西伯利亚地区的总产值的增速应超过俄罗斯平均增速。

《2020 年前西伯利亚地区经济社会发展战略》明确了该地区各联邦主体的未来经济发展目标[①]：

1. 外贝加尔边疆区

外贝加尔边疆区 2020 年前经济社会发展战略目标是提高居民生活品质，通过形成富有前景的创新型经济结构，确保经济稳步增长，居民生活保障标准不低于全俄平均标准。

第一，采取措施促进社会领域发展、提高居民生活水平和品质、居民生活保障标准不低于全俄平均标准。发展社会基础设施，确保居民获得教育、卫生、文化、体育等的优质服务和舒适的居住条件，以增强居住吸引力。

第二，采取措施促进经济增长。通过落实大型投资项目，在该边疆区北部和东南部建立矿山冶金综合体以推动高附加值产品的生产，挖掘该边疆区自然资源潜力。

解决运输送达的基本问题，克服运输网络密度低问题，促进货运铁路线与公路的建设和改造，建立物流中心，以确保本地区骨干公路网的发展和俄罗斯西部地区与亚太地区国家的经济一体化。

发展农工综合体，包括其优先方向：肉畜饲养、马匹繁育和粮食生产，制定和落实有关畜牧业基础部门产品加工和将农产品、原材料和粮食推向本国和亚太地区国家市场的一系列措施。

落实清除限制建筑业、木材加工业发展的措施，包括提高木材深加工的能力。

促进中小企业的发展，完善中小企业基础设施。

制定和落实有效的创新机制。通过开展创新活动，发展创新基础设施，

---

① Стратегия социально-экономического развития Сибири до 2020 годаhttp：//www. ict. nsc. ru/win/anons/1689/10/str-razv-sib. pdf.

195

建立制造高技术产品和提供创新服务的研发部门，从而促进技术升级确保研发部门与实际经济部门的紧密协作，增加向本国其他地区和国外市场提供高技术产品和智力服务。

第三，开展边境合作，以确保战略稳定和平等的战略伙伴关系。

第四，实施大型投资项目，包括基础设施、联邦级和地方级超前发展项目。为此，需要促进边疆区北部和东部经济开发，使其经济转型为工业开发，挖掘旅游潜力。需要巩固基础设施、社会人口和经济的结构，平衡经济社会综合体发展。

第五，提高国家和地方管理、国家与私人合作的效率。

2. 新西伯利亚州

新西伯利亚州 2020 年前经济社会发展战略目标是使该州成为俄罗斯东部地区的主要科学创新中心，以应对 21 世纪的挑战。同时成为俄罗斯最舒适的居住、劳动和休闲地区之一。为此，需要解决以下任务：保障地区生产总值显著增长，使经济增长效率接近国内最优指标，从而确保居民福利和生活质量的持续提高；发展知识经济，使该州成为俄罗斯最富有投资和社会吸引力的地区之一；发展成为俄罗斯乃至世界规模的具有竞争力的生产综合体；建立起俄罗斯东部地区一个主要物流运输中心；创造制度、金融和基础设施等方面的条件，以履行新西伯利亚市作为州首府的职能，促进整个西伯利亚地区经济的发展；完善制度和法律以降低商务风险，确保经济安全。

3. 伊尔库茨克州

伊尔库茨克州 2020 年前的发展战略目标是创造一个舒适的生活环境，使居民生活质量逐步接近发达国家水平。伊尔库茨克州将自身定位为 2020 年成为全俄创新主导地区之一。为此，需要完成以下任务：提高经济能源利用率，确保经济发展使居民能够不间断、安全、实惠地获得能源。在能源领域、住宅建设、研发和公用事业应用先进技术；对自然资源进行综合加工。运用先进木材加工技术推动林业综合体发展，同时促进建筑材料和建筑业的发展。林业综合体的创新发展还可以解决木材加工废料问题，确保有效恢复造林；恢复该州作为东西伯利亚地区商业、科学、教育和文化中心地位，使其成为俄罗斯与亚太地区合作的前哨。

4. 克拉斯诺亚尔斯克边疆区

克拉斯诺亚尔斯克边疆区的社会经济发展的战略目标是在有效利用自然资源、增强科学创新潜力基础上建立高新技术产业中心和营造最好的人居环境。

在现有生产技术升级和创造新的知识密集型产业的基础上，生产具有竞争力的高附加值产品，从而确保经济增长。为此，需要完成以下关键任务：形成成熟的拥有特色加工中心所需的基础设施的后工业经济；生产有竞争力的农产品，推进农业土地复垦，为保证农产品自产创造条件；对决定本地区竞争力的生产、教育和科研项目进行集中投资；通过建立创新生产综合体，包括运用综合加工技术，合理利用自然资源；在创新基础上对消费部门进行技术现代化改造；在原材料生产中运用节能和环保技术；使教育体系现代化，保障创新活动人口达到一定比例。

5. 布里雅特共和国

2020 年前布里雅特共和国经济社会发展的战略目标是生态技术的发展，主要完成以下任务：第一，确保该共和国粮食安全，复垦土地，为保障农产品自主生产创造条件；第二，在乌兰乌德建立物流中心，并在其基础上建立运输物流枢纽，通过蒙古国境内辐射南亚和东南亚地区；第三，国家支持企业与联邦中央地区共同开展创新活动；第四，通过与科学、教育和研究中心合作，生产用于住宅和工业建筑的绿色产品；第五，建立"贝加尔港"旅游休闲经济特区；第六，树立布里亚特共和国良好的国际和区域形象，这是吸引投资条件之一；第七，按照新标准发展旅游业；第八，制订和实施区域间文化艺术、科学教育、旅游领域投资项目，促进经济发展。

6. 克麦罗沃州

克麦罗沃州 2020 年前经济社会的主要发展目标是不仅保持，而且提高在国内外金属和煤炭市场的竞争力，这是该州居民增加福利的基础。为此，需要解决以下任务：建立资源基地；对矿物原材料进行深加工，并进行综合有效利用；增加传统市场商品的消费，支持该州生产者走向新市场；消除对发展基础经济部门的基础设施限制；保证该州依靠提高技术来振兴经济，建立国家矿山开采业和冶金业科学市场中心；完善人才培训机制，消除劳动力供需市场的失衡状态；建立州科学应用和创新中心；加快克麦罗沃和新库兹涅茨克城市环境的发展。

7. 托木斯克州

托木斯克州2020年前经济社会发展战略目标是提高居民福利水平和生活质量标准。为此，需要建立快速、平衡和有竞争能力的经济，确保居民高收入，并使该州成为西伯利亚地区南部最好的生活、工作和休息的地方；提高企业发展水平；增强农产品竞争力；建立科学教育综合体、技术应用型经济特区，将托木斯克市定位为西伯利亚地区创新发展中心；建设北方核电站、核医学中心，并将托木斯克州定位为西伯利亚地区核技术发展中心；进一步建设高等学校，将托木斯克和托木斯克州建成西伯利亚地区、远东联邦区和全俄干部职业培训中心。

8. 鄂木斯克州

鄂木斯克州2020年前经济社会发展战略目标是建成有效的经济基地，以保障稳步发展和居民生活质量的提高。为此，需要解决以下任务：完善生产力区域布局、经济区划，建立和加强鄂木斯克州的经济"增长点"；确保食品安全，促进农业土地复垦，创造一个保证农产品自产创造条件的环境；树立鄂木斯克州的正面形象，吸引投资，创造良好的经营条件；建立鄂木斯克州创新体系（增加创新产品产量，提高创新活动组织的份额）；发展高新技术产业，包括多晶硅的生产；主要经济部门（石油化工、机器制造、生物技术、农工综合体和木材加工综合体）的综合发展；发展小企业（建设基础设施，为激发创业活动积极性创造条件）；扩建运输基础设施（建设大型运输基础设施，建立多式联运输枢纽）；开展外贸活动和鄂木斯克州的跨区域合作，挖掘现有区域间合作潜力。

9. 阿尔泰共和国

阿尔泰共和国2020年前经济社会发展的战略目标是加快优先领域的发展，增强其与全球旅游休闲、体育和医疗服务市场实现一体化的竞争力，确保2021年前达到全俄居民平均生活水平。为此，需要解决以下任务：建立发达的生产和社会基础设施；确保投资投向农工综合体、加工企业（包括农业药物技术原料）、建筑综合体和电力等部门；确保粮食安全，农业用地复垦以创造保证农产品自产的条件；将经济活动的优先部门转向使用节能和环保技术；建立该共和国休闲娱乐中心，树立"俄罗斯新旅游区"的形象；对旅游和疗养胜地的业务进行重组，将旅游和疗养胜地的收入提高到占预算收入的 30% ~ 35%；加速小企业的发展，使其收入在预算收入中占 50% ~ 55%；通过开展跨区域（阿尔泰边疆区、克麦罗沃州和哈卡斯共和国）、国际经济关系和边境贸易（蒙古国、哈萨克斯坦、中国），使经济发展多元化。

10. 阿尔泰边疆区

阿尔泰边疆区 2020 年前经济社会发展战略目标是将该边疆区发展成全球养生、文化和休闲中心，提高居民生活水平，建立高效率的农工和科学创新综合体。为此，需要完成以下任务：在建立创新发展中心和生产综合体的基础上，提高创新经济水平；快速发展农工综合体，并将其竞争能力提高到新水平；建立国际水准的旅游休闲综合体；利用现有条件参与国际跨境运输合作；提高劳动力资源质量和拓展劳动力就业市场；为经济稳步发展创造制度条件；提高和增强工业与农业效率和竞争力，农业用地复垦以确保农产品生产量；为发展现代化四季旅游休闲综合体创造组织环境和经济环境；开展国际经济合作。

11. 哈卡斯共和国

哈卡斯共和国经济社会发展战略目标是在稳定和增加传统经济部门生产的基础上提高居民生活水平，确保社会领域的稳步发展和功能的发挥，提高居民就业和自主就业水平。为此，需要完成以下基本任务：为基础经济部门生产量的稳步增长创造条件；使物质生产部门多元化和发展"新经济"；创新发展工业部门；推动投资活动发展，向经济领域吸引更多资金；建立有效的国家管理机制；为小企业发展和培育支付能力强的中等阶层创造条件；增加预算收入，落实缩减赤字措施；在增强生产竞争力和建立粮食部门发达市场的基础上，提高经济活动的效率；合理利用自然资源，并使之稳步再生产，优化自然环境。

12. 图瓦共和国

图瓦共和国2020年前经济社会发展的战略目标是在该共和国能够自由、安全地在国内运输基础设施和国际交通接轨的基础上，有机融入俄联邦统一经济和社会空间，以确保经济稳步增长，将居民生活质量提高到全俄平均水平。为此，需要完成以下任务：组织开发焦煤矿；寻找投资者建立年发电量不低于400兆瓦的热电站、年产100万吨水泥的水泥厂和400万块硅酸盐砖的砖厂；依靠区域发展和国际经济关系促进经济多元化发展；使传统经济部门转向节能和绿色发展；加快中小企业发展，使其占预算收入达到35%～40%；建立旅游休闲经济特区；经济发展新阶段与金融、信息及基础设施服务匹配。

（二）西伯利亚地区具有发展空间的优先发展领域

北极发展带：积极发展地质勘探、开发新的自然资源矿藏、恢复和发展北方海路、保护自然环境和北部地区、西伯利亚地区和远东联邦区土著少数民族文化，并提高其生活质量；北部发展带：落实能源项目、建设俄罗斯北部运输走廊、自然资源（石油、天然气、木材、黑色金属、有色金属、贵重金属和稀有金属）开采和初加工、自然资源初加工和深加工地的管道和运输基础设施建设、加工生产（石油、天然气和煤炭化学、氢气工业、木材加工）的建设和改造。

南部发展带：在新技术基础上，对生产用于西伯利亚地区和远东联邦区开采、加工和能源工业的创新产品、仪器、机器、设备和构件的机械仪器企业进行建设和改造，用于生产具有竞争力产品的冶金和木材综合体、化学工业、建筑材料工业、信息、电子通信、纳米和生物技术企业；建立对北部和北极地区进行经济开发的工业和科学技术基地；建立为西伯利亚开采和加工企业提供配套服务的技术企业支撑网络；建立大型涵盖物流运输、金融贸易、科学教育、文化、创新和工业中心集聚区；建立为居民提供基本绿色食品的高技术农工企业，并走向区域和国际农产品市场（首先是谷物及其加工产品）、建设西伯利亚的粮仓和粮食在远东联邦区港口谷物终端、亚麻、亚麻纤维、皮革和羊毛加工企业、为农工综合体企业职工和北极及北部发展带采掘企业职工建设节能住宅，形成定居民点以确保农工综合体和采掘综合体拥有高技术劳动力。

（三）为实现战略目标和优先发展方向应完成的任务

在运用能够生产出对俄罗斯来说优质新产品和服务（包括教育、医疗卫生）的创新技术的基础上，对西伯利亚地区经济和社会领域进行大规模技术改造。尽可能缩小劳动生产率、物质生产、能源生产与资本密集型生产世界水平间的差距；提高劳动生产率、广泛运用现代管理方法；提高人力资本的质量、培养高层次专家以落实西伯利亚地区经济社会发展的关键投资项目；对创新基础设施的发展、运输、能源、信息通信和社会基础设施给予国家支持；落实大型国有和私人经营的自然资源开采和加工项目；原材料基础的超前再生产；依靠加工生产和再加工生产的超前发展来加快西伯利亚地区经济的转型、增加拥有创新技术模式的企业的比重；扩大地质勘探工作范围、增加矿藏开采以满足本国工业的原材料需求和出口所需、按照国家矿物长期研究规划和原材料基地的再生产，在保持矿物原材料消费和再生产平衡的基础上，采取措施进行地质勘探研究和原材料基地的再生产；依托伊尔库茨克、克麦罗沃、克拉斯诺亚尔斯克、新西伯利亚、鄂木斯克和托木斯克的高等院校，会同俄罗斯科学院西伯利亚分院、俄罗斯医学科学院和俄罗斯农业科学院建立国家科研大学，不仅能够打造世界级创新范例，而且能够确保其工业实验和运用；强化西伯利亚地区行业、高校和科学研究机构的一体化、促进能够确保创新转化为经济增长主导因素和建立新经济部门的统一体系的形成和发展；使传统经济和社会领域部门实现现代化并提高其竞争力；扩大东南亚、西欧和北美之间的东西和南北物流运输走廊的运力以及西伯利亚跨境物流和客流的规模；在运用自然保护技术的条件下改善周围环境质量和确保生态安全、保持跨境水体本国境内部分的生态状况、扩大和发展自然区域特别保护网、扶持北方少数民族的传统生活方式；推行农工综合体部门划分机制和依据气候条件和农业资源潜力使该综合体现实化、应用技术并施用自然肥料和土壤改良培育纯绿色非转基因农作物、提高农作物产量和畜牧业生产力、改善农业部门的物质资源保障条件（更新农业机械、完善基础设施、运用农业生产新工艺、为从作物培育和种植、牲畜优选和饲养到食品生产构建一体化生产循环链）；完善服务（金融、保险、法律、咨询、设计、办公、通信和旅游等）基础设施以使商业活动达到国际标准。

上述任务的完成能够使西伯利亚地区达到提高地区吸引力，使投资投向新的项目和扩大现有商业活动规模；开展新的生产活动（包括高技术型）并使之现代化；对（包括教育、卫生、社会保障、体育运动和住宅等）社会基础设施进行现代化改造，使西伯利亚地区更具有长期居住的吸引力。在此基础上，吸引更多劳动力资源，到 2030 年使西伯利亚地区人口数量增长 60 万～80 万人；形成定居点的支持体系，这是俄罗斯东南部边境地区国家安全的基础。

二　西伯利亚地区创新体系的发展

为了完成《2020 年前西伯利亚地区经济社会发展战略》确定的目标和任务，需要科技、管理等方面的不断创新。

（一）西伯利亚地区经济创新体系各发展阶段的任务

《2020 年前西伯利亚地区经济社会发展战略》确定西伯利亚地区经济创新体系发展分为三个阶段，并明确了各阶段的任务。

2010～2011 年第一阶段的任务：主要整合本地区创新基础设施要素，扶持创新企业，落实节能技术创新试点项目，进一步完善创新活动的法律法规基础。

2012～2015 年第二阶段的任务：形成和发展创新体系的主要方向；实现西伯利亚地区创新基础设施要素的体系一体化，以综合解决现有生产的技术革新，建立高技术和科技附加值高的经济部门；构建创新发展模式，建立创新生成中心；发展创新基础设施和创新企业活动，建立促进跨国和跨地区的技术创新网络；建立地区和区域创新风险基金；将工业的高技术比例提高到 11%～13%。

2016～2020 年第三阶段的任务：加快发展创新体系；加快发展高技术生产部门和高技术服务，广泛传播风险项目成果；对原材料资源开采和加工传统部门进行技术升级，传播矿物原料和原材料资源深加工技术（详见表 5-1）。

表 5－1　西伯利亚地区创新体系发展指标

指　标	2008 年	2010 年	2011 年	2015 年	2020 年
从事研究设计的人数（人）	53956	55100	57300	59000	61000
39 岁以下年轻人占科学家总人数比例（%）	12	14	15	22	27
西伯利亚地区国际科研中心数量（个）	2	13	13	15	20～23

资料来源：Оценка научно-технологического развития регионов Сибирского федерального округа. Фундаментальное исследование. №6. 2014 г.

（二）　西伯利亚地区经济创新政策的落实

《2020 年前西伯利亚地区经济社会发展战略》提出了在创新的整个过程中将落实一系列创新基础设施项目、创新优先方向和部门项目。实际经济部门科学与需求一体化要求实施的创新应用优先项目主要包括：信息与电子通信技术项目（新西伯利亚市、托木斯克、克拉斯诺亚尔斯克和伊尔库茨克）、矿物原料综合体新工艺项目（新西伯利亚市、托木斯克、克拉斯诺亚尔斯克和伊尔库茨克）、提高石油和天然气回收项目（新西伯利亚市、托木斯克、克拉斯诺亚尔斯克、伊尔库茨克和乌斯季库特）、石化项目（安加尔斯克、阿钦斯克、鄂木斯克和新西伯利亚市）、煤炭化学项目（克拉斯诺亚尔斯克、克麦罗沃、阿钦斯克和新西伯利亚市）、天然气化学项目（安加尔斯克、克麦罗沃、鄂木斯克、萨彦斯克、新西伯利亚市和乌斯季库特）、生物技术、食品和药品项目（鄂木斯克、新西伯利亚和托木斯克等）、现代建筑技术项目（鄂木斯克和新西伯利亚）、节能技术项目（克麦罗沃、克拉斯诺亚尔斯克、鄂木斯克和新西伯利亚市等）、飞机制造项目（伊尔库茨克、新西伯利亚市、乌兰乌德和鄂木斯克）、太阳能项目（克拉斯诺亚尔斯克和伊尔库茨克）、通信和导航系统项目（克拉斯诺亚尔斯克、新西伯利亚市和鄂木斯克）、核技术和材料项目（克拉斯诺亚尔斯克）、智能化精密武器系统和打击恐怖主义的手段（鄂木斯克、新西伯利亚、托木斯克）、创新农业技术项目（西伯利亚各联邦主体）。

三　西伯利亚地区未来经济发展面临的主要威胁

西伯利亚地区未来经济发展面临以下主要威胁：残酷的自然气候条件，

导致居民生活成本比欧俄部分的中央地区高，经济活动支出平均高 25% ~ 40%，建筑方面的费用高出 0.5 ~ 1 倍；国际市场原材料价格的剧烈波动，因为原材料价格的变化将给对该地区经济发展前景进行评估带来难度，降低该地区的投资吸引力。这一因素的影响将随着西伯利亚地区经济发展多元化而有所减弱；历史上形成的经济发展消极特点，导致西伯利亚地区经济过度依赖外部市场、内部一体化联系薄弱、运输条件较差、经济综合性不高和共同经济空间不发达；制度环境不理想，导致资本流向欧俄部分乃至国外。资本外流的规模与该地区生产总值相当。该地区经济增长的主要障碍是资金短缺，在国际金融危机背景下这一问题尤其突出；西伯利亚地区与国内发达地区和国际市场的运输距离远，不过将来在新的运输走廊建成后，运输距离远的消极影响将下降；西伯利亚地区作为发达经济"原材料附庸"的地位有加强的危险，这对该地区完成经济转型和建立综合加工生产的迫切任务带来很大压力。

为了消除上述威胁，需要利用严格遵守相关法律法规并确保国家利益的外资，同时依靠自身力量，完成上述迫切任务。

四　西伯利亚联邦区未来经济发展前景

西伯利亚地区经济最有前景的发展方向主要有：通过建立具有全俄意义的集中度不高的新部门以扩大地区经济的专业化程度；加强地质勘探工作，寻找石油、天然气、煤炭、黑色金属和有色金属矿藏；巩固与亚太地区国家贸易的互利方向；原材料加工（原木、石油、天然气、金属矿石等）的水平、规模和层次不断提高、扩展和更加全面完善；发展机器制造，主要生产适合本地区条件的设备；加强发展建筑业和强化物质技术建设基地；巩固运输网络，建立新的运输联系，提高现有运输联系能力；扩大农业生产，特别是可以长途运输的产品；保障居民过上高水平的生活。[①]

西伯利亚地区未来经济社会发展指标与《2020 年前俄罗斯联邦经济社

---

① А. Г. Фарахов. Внешняя торговля Сибири. http://www.ref.by/refs/98/22791/1.html.

会长期发展构想》的创新指标密切相关。2020 年前西伯利亚地区的发展仍有赖于该地区传统经济部门和扩大自然资源的成交量，但应考虑到提高加工业在地区生产总值结构中的比重和经济长期发展的创新方向。

实现西伯利亚地区未来经济社会发展指标可以取得以下成果：对传统专业行业进行现代化改造和技术革新，能够提高资源利用的生态性和开采自然资源时的劳动安全性，增加有用成分的可回收性，合理利用北方和北极地区的自然资源；依靠现代科学技术发展自然资源深加工（石油、天然气、木材、石油化学、天然气化学、广泛利用黑色和有色金属、生产高质量的建筑材料、绿色生态食品）行业，出口具有高附加值的成品；黑色和有色冶金采用新工艺不仅能够将冶金的经济技术指标提高到世界水平，而且能够完全确保铁路运输、电力和油气工业对现代冶金产品的需求，同时提高该地区的出口效率；运输、能源和建筑基础设施的现代化，依靠现代技术发展天然气发电与核电，改造煤炭发电和水电，发展新能源，超前发展物流运输系统，发展人口少和极少地区的运输和信息网络，建筑综合体广泛使用结构材料以极大推进住宅综合体、城市道路基础设施问题的解决；将机器制造发展成为西伯利亚地区经济现代化和创新发展的技术基础，使新生产工艺与新技术相结合，研发新材料，通过多功能设备和信息技术更新产品，实现物流网络一体化；在农工综合体推广创新实践和技术，不仅能够确保粮食安全，而且能够通过大量生产新的绿色生态食品赢得独特的竞争优势。

《西伯利亚发展战略》实施后，到 2016 年，西伯利亚地区生产总值年增长速度为 5% ~5.3%，投资年增长速度为 9% ~12%，居民工资和人均收入年增长速度为 5.1% ~5.5%。到 2021 年，西伯利亚地区计划在创新基础上对经济进行现代化改造，实施运输和能源建设基本项目、大型资源项目，创造舒适的居民生活环境。与 2008 年（按照 2008 年价格计算）相比，地区生产总值增长 0.6 倍，工业生产增长 0.45 ~0.55 倍，投资增长 1.3 倍，居民工资和人均收入增长近 0.8 倍。投资在地区生产总值中比例将占 30%，人口将增长 60 万 ~80 万人（详见表 5 - 2）。

表 5 - 2 2020 年前西伯利亚地区基本发展指数（按 2008 年价格计算）

	2008 年	2010 年	2015 年	2020 年
人均地区生产总值（万卢布／人）	19.06	18.73	24.19	29.70
投资（万卢布／人）	4.58	4.14	6.96	10.35
投资占地区生产总值（戈比／卢布）	24	22.1	28.9	34.9
劳动生产率（万卢布／人）	41.04	40.21	55.51	73.82
平均工资（万卢布／人）	1.54	1.63	2.15	2.77

资料来源：Стратегия социально-экономического развития Сибири до 2020 года. http://www.sibfo.ru/strategia/strdoc.php#strategia.

第二节 俄罗斯远东联邦区经济发展前景

远东联邦区毗邻经济发展迅速的亚太地区，同时发挥自身资源丰富的优势，借助中央政府给予的相关政策，积极与亚太地区国家开展经济贸易等多层次、多领域的合作，这将有力地推动远东联邦区经济稳步快速发展。《远东和贝加尔地区经济社会发展国家纲要》（2013 年）提出了远东联邦区发展的目标：为了该地区居民创造富有吸引力的生活条件，在城市和乡村营造新的现代化社会环境；发挥该地区的巨大潜力以获得在目前发展迅速的亚太地区应有的地位；建立新的经济增长和劳动力市场、新兴行业、工业、科学和教育新中心的区域；巩固航天、核能方面的地位；振兴航空、船舶和仪器制造等基础行业；重建国家电子工业；加快生产复合材料和稀土金属，发展生物技术和基因工程、IT 技术；制定和实施城市规划、工程和工业设计的新原则；利用国家国防采购和军工综合体的现代化来革新工业，发展科学技术；落实推动地区经济增长的具体步骤；在道路建设方面实现突破，在今后 10 年道路建设数量翻一番。优先发展地区航空、海港、北方海路、西伯利亚大铁路以及其他运输走廊；改善投资环境。这对远东联邦区未来经济发展具有方向性指导意义。

一 远东联邦区未来经济发展的优先方向

《远东和贝加尔地区经济社会发展国家纲要》提出了远东联邦区未来经

济发展的几个优先方向：明显提高居民生活水平；为该地区经济和社会领域超前快速发展创造条件；确保大量投资投向该地区实施的项目；通过采用新技术和生产方法以及降低价格和费用来极大地提高经济效益；加速发展基础设施；快速发展加工制造业和高技术领域以克服区域间的结构失衡问题；落实保护生态安全的投资项目；在东西伯利亚和远东联邦区建立新的原材料综合加工和建设娱乐基础设施的发展中心；在俄罗斯的亚洲和欧洲部分建立一系列高技术创新园区。①

下面结合《远东和贝加尔地区经济社会发展国家纲要》中对远东联邦区各联邦主体已有的经济发展基础的阐述，来分析一下该联邦区各联邦主体的未来经济优先发展的具体领域。

（一）萨哈（雅库特）共和国未来经济优先发展的具体领域

该共和国原材料生产规模大。世界著名的钻石开采企业"阿尔洛斯"公司占国际市场25%的份额，在该共和国境内开采俄罗斯90%以上的钻石。最近几年该公司扩大了钻石原料的开采量和加工量。除此之外，萨哈（雅库特）共和国还有国家级黄金开采企业"阿尔丹黄金"公司、"谢里戈达尔"公司和"涅留格林金属"公司，以及"雅库特煤炭"公司。近几年，这些公司增加了黄金和煤炭开采量。今后萨哈（雅库特）共和国将大幅度提高天然气的开采量，使天然气业达到联邦级和国际水平。该共和国采掘业的发展在很大程度上依赖于通往南方的输气管道、铁路、电站和公路等大型基础设施项目的建设。

（二）滨海边疆区未来经济优先发展的具体领域

该边疆区经济具有多元化的结构。联邦级原材料行业有渔业（占全俄的近1/3）、开采钨、铅和锡，采伐木材。该边疆区加工行业相当发达，鱼产品和海鲜产品的生产（占全俄产量的30%），其中包括罐头和鱼粉，食品业和木材加工业。大多数行业未来发展前景良好，既可以增加出口量又可以加强与俄罗斯其他地区的贸易联系。最近几年由于新增了发电和输电设

---

① Государственной программы Российской Федерации «Социально-экономическое развитие Дальнего Востока и Байкальского региона». http://debri-dv.ru/article/6369.

施，以及来自萨哈林州的天然气管道的敷设，该边疆区的这方面发展有了明显改善。

滨海边疆区的运输综合体具有联邦意义。该边疆区的港口和铁路承担着俄罗斯东部边境地区进出口绝大部分货物的运输任务。未来几年，进出口货物流将不断增加，主要因为西伯利亚大铁路和贝阿干线运输能力的提高和新港口的修筑。此外，经过滨海边疆区的亚欧国际跨境运输业务将迅速增加。这将为地区生产总值做出实质性的贡献。

（三）哈巴罗夫斯克边疆区未来经济优先发展的具体领域

哈巴罗夫斯克边疆区经济呈现出多元化结构特点。该边疆区林业综合体发达，具有联邦意义，在全俄木材采伐量中占第 3 位。初级林业原材料质量高，约 80% 森林为针叶林。哈巴罗夫斯克边疆区拥有俄罗斯东部最大的冶金企业"阿穆尔冶金"公司、联邦级航空和船舶制造企业。最近几年，КнААПО 集团已经发展成为俄罗斯航空工业的主导企业之一，生产俄罗斯最先进的作战装备和苏联解体后第一架客机 SSJ-100。

该边疆区运输综合体扮演着最重要的全俄角色。西伯利亚大铁路、贝阿干线和赤塔—哈巴罗夫斯克—符拉迪沃斯托克公路通过该边疆区。该边疆区的海港承担着大部分俄罗斯进出口货物的运输任务。今后几年，哈巴罗夫斯克边疆区计划大幅度提高远东联邦区运输能力。

（四）阿穆尔州未来经济优先发展的具体领域

阿穆尔州经济中矿藏开采（首先是黄金）发挥着重要作用。该州最大的铁矿开采和铁矿石、钛铁矿石和钛磁铁矿精矿石生产项目已经投入运营。阿穆尔州的能源动力综合体具有最为重要的意义，因为该州有两座远东联邦区最大的水电站（结雅水电站和布列亚水电站）。未来几年计划修建新的发电设施和输电线，其中包括向中国增加销售电能。

通往东部港口和中俄国界的主要跨境干线都经过阿穆尔州境内，因而随着中俄东部毗邻地区以及东北亚地区国家间经贸合作的日益拓展和加深，未来阿穆尔州运输综合体将有显著增加。

阿穆尔州农工综合体在远东联邦区具有重要意义。那里良好的自然气候条件有利于农产品生产，以满足邻近地区的需求。应该特别指出的是，阿穆尔州是全俄大豆主产区，每年有相当数量的出口。高技术部门的发展对阿穆尔州乃至整个俄罗斯东部地区经济发展具有突破性意义。在该州建设的"东方"航天发射场将建成并投入使用。

（五）堪察加边疆区未来经济优先发展的具体领域

堪察加边疆区独特的地理位置和艰苦的气候条件阻碍了其经济的多元化发展。该边疆区的主导经济部门是渔业，过去和现在都是俄罗斯水产品捕捞和加工的重要地区，占全俄捕捞量的近1/6。该州黄金开采也发挥着显著作用。

该边疆区经济多元化的潜力主要与3个方面有关：第一，独一无二的自然风光是发展旅游的重要资源。第二，期待中的北方海路的开通将推动堪察加边疆区沿岸为船舶提供服务的基础设施的建设。第三，未来计划以沙努奇铜镍矿为基础发展冶金综合体，该边疆区还将成为鄂霍次克海北部大陆架油气资源开发的基地。马加丹州的主导经济部门是矿藏开采，其产值占地区生产总值的1/3以上。黄金和白银生产具有重要意义，今后10年金属产品将增加若干倍。锡和钨的开采面向外部需求，不过生产规模不大。在可预见的将来开发丰富的铜钼矿。

应该指出的是，马加丹州提高有价值原材料开采量的可能性在很大程度上取决于新的能源设施（包括乌斯季—斯列德涅坎水电站）能否及时发电和新修公路能否按时开通。渔业在该州的经济中起着相当重要的作用，但是其规模要比邻近地区的渔业差很多。

在不久的将来，马加丹州和堪察加边疆区经济会获得强劲的发展动力，这动力的来源就是鄂霍次克海北部大陆架油气田的开发。

（六）萨哈林州未来经济优先发展的具体领域

该州最近10年经济增长的拉动力是碳氢化合物的开采。在该州东北部大陆架实施的"萨哈林-1"号和"萨哈林-2"号油气项目使其成为俄罗斯主要油气中心之一。萨哈林州的油气行业拥有美好的发展前景。2013年启动"萨哈林-3"号凝析气项目，很快将着手开采新气田。此外，按照计划，今后几年，萨哈林州液化天然气的生产能力将增强，并将建立油气化学产业集群。渔业是萨哈林州的一个关键行业，产量占全俄的水产品产量

10%以上。与林业一样，渔业保证了该州大部分出口份额。

萨哈林州经济多元化的前景主要与发展旅游（包括千岛群岛）、将高技术运用到鱼和海产品生产和能源现代化（包括开发非传统资源）有关。不久的将来，如果通往俄罗斯本土的铁路开通和北方海路正式运营，那么萨哈林州在国际货物跨境运输服务方面的作用将急剧提升。

（七）犹太自治州未来经济优先发展的具体领域

该自治州是远东联邦区的一个重要农业区，林业和建筑材料业的产品也运往外地，包括出口。该州也是跨境运输的一个节点，包括铁路、公路和管道运输。今后几年，该州矿业的作用将大幅度加强，原因在于正在落实基姆曼和苏塔尔两个大型铁矿开采项目。

楚科奇自治区的经济基础是黄金和白银开采，其中黄金开采量在全俄占第二位。该州贵金属的地质勘探储量能够确保开采量的增加。其他矿藏中，未来最有前景的是油气资源、钼和锡的开采。

北方海路的正式运营将对楚科奇自治区经济产生显著推动作用，为此该州需要进行相应配套基础设施的建设。货物运输业务的增多将降低其经济发展成本，减少外运产品的费用。

二 远东联邦区未来经济发展面临的制约因素

（一）自然环境条件不佳

俄罗斯远东联邦区大部分属于强烈的大陆性气候，冬季寒冷且漫长，持续9个月左右，夏季凉爽而短促。其北部地区处于北极圈内，属于寒带气候，萨哈（雅库特）共和国的奥伊米亚康被称为"寒极"，最低温度达到零下71℃。这一地区冬季寒冷漫长，大部分地区为永久冻土层（占85%）。

在这种不利的自然环境条件下，远东联邦区的经济社会活动的开展受到较大的局限：植物生长期短，特别是农作物日照时间不够，并且适宜农业耕种的地方有限；各种工程施工时间短，由于需要防寒保暖导致建筑造价高，投资成本大，收益受到影响。只有远东联邦区南部气候温暖，雨量适中，开展经济社会活动条件较好。

（二）经济结构调整困难

远东联邦区历史上形成了以重工业原料开采为主的经济结构，重工业主导，农业和轻工业生产相对落后。轻工业发展缓慢，成为远东联邦区最薄弱的生产部门，生产能力严重不足，居民日用消费品对进口依赖度高，一度高达60%。由于种种主客观原因，远东联邦区与全俄一样改变不合理经济结构是一个艰巨而漫长的任务，其经济社会发展受到严重制约。

（三）劳动力短缺，但对引进外来劳务设置条件苛刻

苏联解体后，远东联邦区人口持续减少，从810万降至目前的不到630万。人口形势危机，人口密度低，人口结构老龄化，适龄劳动力短缺，对该地区经济社会发展产生负面影响，进一步对俄罗斯边疆安全带来严重威胁。

在劳动力短缺的同时，俄罗斯又对引进外国劳务设置了很高的门槛，已经对远东联邦区乃至全俄引进外国劳务产生了消极影响。2014年4月，俄罗斯总统普京批准一项法令，外来移民必须证实自己掌握俄语，并了解俄罗斯历史和国家法律相关知识，才能获得工作许可证、暂住证或居留权。2015年2月，俄罗斯副总理兼总统驻远东联邦区全权代表特鲁特涅夫特指出，目前的俄语考试"对这些外国人实在太难"。他建议，"或者推迟考试，或者降低标准"。俄语考试现行标准对于远东联邦区的中国和朝鲜劳务移民（约4.6万人）来说过于难，需要对这些标准进行调整。

三　远东联邦区未来经济发展目标

亚太地区国家的超前发展迫使俄罗斯重新审视远东及贝加尔地区在俄罗斯政治、经济和社会发展方面的地位及其对俄罗斯未来全球战略方面应发挥的作用。

远东及贝加尔地区的劳动生产率比日本低67%，比美国低80%，比韩国低33%，比澳大利亚低75%，甚至低于全俄劳动生产率。该地区单位地区总产值对一次能源的需求比全俄平均高出1.5倍，对电能的需求高出0.8倍，对石油产品的需求高出1倍。燃料动力利用效率不高。

远东和贝加尔地区未来发展的战略目标是通过营造该地区发达的经济

和舒适宜居的环境留住居民，以及达到全俄平均经济社会发展水平。为此，必须确保远东和贝加尔地区与全俄平均水平相当的或比其快的经济社会发展速度，因而需要完成的任务包括：在相关战略规划框架内为远东和贝加尔地区各联邦主体未来经济发展创造条件、依靠超前经济增长区构建稳定的居民安置体系、降低该地区与俄罗斯其他地区实现经济社会一体化的障碍，通过建立确定价格、税费和预算政策的独特的法律法规基础来提高产品、商品和服务的竞争力，将人口数量增加到完成该地区经济任务所需的劳动力资源的水平，并提高人力资本的质量。

远东和贝加尔地区的基本发展目标是：社会基础设施（包括教育、卫生、社会保障、文化、体育、住宅等）的现代化，为居民生活创造舒适条件；基础设施部门的现代化，以消除对经济发展的基础设施方面的制约，为经济快速发展创造条件；对生产进行大规模革新和使之现代化；发展新兴经济部门，以确保原材料深加工，最大限度地发挥地缘和自然资源优势；不断完善保护所有权的经济制度，强化市场竞争，降低投资和企业经营风险，提高国家服务质量；建立和发展区域创新生产中心和技术园区，生产新产品，建立和发展集"思想—技术—商品—服务"于一体的教育科学中心。

上述基础发展目标的实现能够确保俄罗斯远东和贝加尔地区各联邦主体地区生产总值的增长，并且比其他联邦主体增长更快。2011～2025年，远东和贝加尔地区各联邦主体地区生产总值增速每年超过全俄国内生产总值的0.5%，该地区居民生活水平将有较大提高，收入低于最低生活费标准的居民比例将从24.5%缩减至9.6%。

2009年12月28日，俄联邦政府第2094-P号政府令批准的《2025年前远东及外贝加尔地区经济社会发展战略》预测的远东联邦区的未来经济发展前景为：2011～2025年，远东及贝加尔地区的地区生产总值将增长257.7%，投资增长380%，在全俄经济中所占的比重将从8.5%增长到10.2%，人口数量将从1040万增长到1240万。农业和运输业是远东联邦区未来经济发展的主要增长点。该地区将大力发展农业，建设食品生产链，着力推进运输业的发展，包括对西伯利亚大铁路的现代化改造、建设连通朝鲜半岛的铁路和完善地区公路网等。俄罗斯政府将拨款 2000 亿卢布用于远东联邦区建设，同时将吸引上万亿卢布的私人投资，帮助远东联邦区经济从"追赶发展"模式向"超越发展"模式的转变。

《2025 年前远东及外贝加尔地区经济社会发展战略》确定了远东及贝加尔地区未来经济发展的 3 个阶段。

第一阶段：2009~2015 年。该阶段的发展目标为：与俄罗斯平均投资增长速度相比，提高投资增速，运用节能技术，增加居民就业率，启动新的基础设施建设项目、超前经济发展区工业和农业项目，以促进对经济和新的区域发展中心形成投资的增加。

然而，远东及贝加尔地区经济社会的发展将受到诸多制约因素的影响，其中最主要的是运输、能源和社会基础设施不足，经济转型过程中存在的市场风险很高。

第二阶段：2016~2020 年。该阶段的发展目标为：落实大型能源项目，其中包括与国内投资和外国投资项目，以及完善实现与基础设施有关的项目；增强运输能力，扩大跨境客流和物流量，建立运输网络，包括公路、铁路、航空港和海港；增加矿物原材料深加工产品的出口额度。

这一阶段将出现许多消极态势，最主要的是与第一阶段相比投资增长速度减缓。

第三阶段：2021~2025 年。该阶段的发展目标为：远东及外贝加尔地区经济社会发展与俄罗斯在世界经济中的领先地位和该地区与世界经济空间一体化的趋势不断增强，密切相关；发展创新经济，参与国际劳动分工，以发挥该地区在高技术和基于知识、能源和运输的经济方面的竞争潜力；落实碳氢燃料开采、加工和供应方面的大型项目；完成能源和运输领域的大型项目；增强俄罗斯科学在科研优先方向的先进地位；国家和私人对教育和卫生投入逐渐接近发达国家水平，不断加快人力资本的发展，以确保在教育和卫生方面的领先地位。

该阶段的制约因素主要有增加原材料开采量的可能性受到限制，能源出口减少，解决环境保护问题的支出增加。

四 远东联邦区未来经济发展的重点领域

《远东和贝加尔地区经济社会发展国家纲要》明确了未来经济发展的重点领域。[①]

（一）发展矿物原材料综合体

1. 发展燃料动力综合体。2025 年前投入 9812.3675945 亿卢布，其中联邦预算拨款为 296.148162 亿卢布，各联邦主体综合预算投入 18.36750 亿卢布，法人投入 9497.8519325 亿卢布。实施矿藏工业开采项目和建立矿石加工厂。

2. 对碳氢原材料进行深加工。2025 年前投入 26622.23375 亿卢布，其中联邦预算拨款为 1025.84360 亿卢布，法人投入 25589.61875 亿卢布。在滨海边疆区、阿穆尔州和萨哈林州建立一系列石化工厂。

3. 开发矿藏和综合加工矿石，发展冶金业。2025 年前投入 13314.4180718 亿卢布，其中联邦预算拨款为 514.0650327 亿卢布，各联邦主体综合预算投入 11.5105397 亿卢布，法人投入 12788.8424994 亿卢布。实施碳氢化合物燃料矿藏的开发项目。

4. 开发金矿和稀有金属矿。2025 年前投入 2415.0825297 亿卢布，其中各联邦主体综合预算投入 2.00000 亿卢布，法人投入 2413.082529 亿卢布。

（二）发展林业综合体

1. 发展木材加工综合体。2025 年前投入 610.4561021 亿卢布，其中联邦预算拨款为 0.0 亿卢布[②]，各联邦主体综合预算投入 7.5436494 亿卢布，法人投入 602.9124527 亿卢布。实施一系列木材采伐和原木综合加工项目。

2. 发展纸浆造纸和木材化学工业。2025 年前投入 916.20100 亿卢布，其中联邦预算拨款为 0.0 亿卢布，俄联邦国家预算外基金投入 0.0 亿卢布，法人投入 916.20100 亿卢布。建立几家木材综合加工厂。

3. 修筑林区道路。2025 年前投入 318.10000 亿卢布，其中联邦预算拨

[①] Государственная программа Российской Федерации « Социально-экономическое развитие Дальнего Востока и Байкальского региона». http://debri-dv.ru/article/6369.

[②] 0.0 亿卢布表明没有投入。

款为 159.40000 亿卢布，各联邦主体综合预算投入 0.0 亿卢布，地区国家预算外基金投入 0.0 亿卢布，法人投入 158.70000 亿卢布。建立几家木材化学综合加工厂。

4. 开发和保护森林。2025 年前投入 52.36350 亿卢布，其中联邦预算拨款为 11.744375 亿卢布，各联邦主体综合预算投入 0.618125 亿卢布，法人投入 40.00100 亿卢布。

（三）发展渔业综合体

1. 发展人工鱼类资源再生产。2025 年前投入 120.55148 亿卢布，其中联邦预算拨款为 78.56160 亿卢布，各联邦主体综合预算投入 3.17988 亿卢布，法人投入 38.81000 亿卢布。在哈巴罗夫斯克边疆区、堪察加边疆区和滨海边疆区、阿穆尔州、马加丹州和犹太自治州建立鱼苗孵化场。

2. 发展鱼类加工企业和形成产业链。2025 年前投入 19.1567868 亿卢布，其中联邦预算拨款为 10.2445932 亿卢布，各联邦主体综合预算投入 1.5180466 亿卢布，法人投入 7.394147 亿卢布。

3. 综合发展萨哈林州渔业产业链。2025 年前投入 431.12980 亿卢布，其中联邦预算拨款为 132.48770 亿卢布，各联邦主体综合预算投入 25.69610 亿卢布，法人投入 272.94600 亿卢布。萨哈林州伊图鲁普岛鲸鱼湾建设港口防波堤，改造萨哈林州巴拉姆什尔岛深水码头，改造萨哈林州色丹岛货物码头。

4. 制度性保障渔业综合体发展。2025 年前投入 0.76290 亿卢布，其中联邦预算拨款为 0.13 亿卢布，法人投入 0.63290 亿卢布。采取措施使国外运进俄罗斯的捕捞船舶和俄罗斯没有的加工船舶设备免缴关税，赋予渔业组织使用俄罗斯制造船舶的特别折旧系数权利。

5. 发展船舶制造业。2025 年前投入 218.99 亿卢布，其中联邦预算拨款为 218.99 亿卢布。

（四）发展农工综合体

2025 年前总投入将达 1166.985593 亿卢布，其中联邦预算拨款为 280.524232 亿卢布，各联邦主体综合预算投入 133.369325 亿卢布，俄联邦国家预算外基金 0.0 亿卢布，法人投入 753.092036 亿卢布。

1. 发展萨哈（雅库特）共和国农业和调节农产品、原材料和粮食市场。2025 年前总投入将达 180.764973 亿卢布，其中联邦预算拨款为 69.253514 亿卢布，各联邦主体综合预算投入 45.5215062 亿卢布，法人投入 65.9899519 亿卢布。

2. 发展堪察加边疆区农业和调节农产品、原材料和粮食市场。2025 年前总投入将达 131.889812 亿卢布，其中联邦预算拨款为 45.50094 亿卢布，各联邦主体综合预算投入 31.694098 亿卢布，法人投入 54.694774 亿卢布。

3. 发展滨海边疆区农业和调节农产品、原材料和粮食市场。2025 年前总投入将达 323.266543 亿卢布，其中联邦预算拨款为 33.479873 亿卢布，各联邦主体综合预算投入 28.42400 亿卢布，法人投入 261.36267 亿卢布。

4. 发展哈巴罗夫斯克边疆区农业和调节农产品、原材料和粮食市场。2025 年前总投入将达 8.3 亿卢布，其中联邦预算拨款为 0.0 亿卢布，各联邦主体综合预算投入 2.49 亿卢布，法人投入 5.81 亿卢布。

5. 发展阿穆尔州农业和调节农产品、原材料和粮食市场。2025 年前总投入将达 51.986 亿卢布，其中联邦预算拨款为 8.595 亿卢布，各联邦主体综合预算投入 8.247 亿卢布，法人投入 35.144 亿卢布。

6. 发展马加丹州农业和调节农产品、原材料和粮食市场。2025 年前总投入将达 33.984 亿卢布，其中联邦预算拨款为 30.12 亿卢布，各联邦主体综合预算投入 3.864 亿卢布，法人投入 0.0 亿卢布。

7. 发展萨哈林州农业和调节农产品、原材料和粮食市场。2025 年前总投入将达 23.4464 亿卢布，其中联邦预算拨款为 17.55312 亿卢布，各联邦主体综合预算投入 5.89328 亿卢布，法人投入 0.0 亿卢布。

8. 发展楚科奇自治区农工综合体。2025 年前总投入将达 4.64 亿卢布，其中联邦预算拨款为 3.89 亿卢布，各联邦主体综合预算投入 0.75 亿卢布，法人投入 0.0 亿卢布。

9. 发展犹太自治州农业和调节农产品、原材料和粮食市场。2025 年前总投入将达 84.045584 亿卢布，其中联邦预算拨款为 16.586184 亿卢布，各联邦主体综合预算投入 4.10556 亿卢布，法人投入 63.35384 亿卢布。

（五）发展运输基础设施

1. 采取措施增强运输网络运力。按照 2012 年 11 月 29 日俄罗斯联邦国务委员会主席团会议决议确定的俄联邦总统授权清单，提高远东和外贝加尔地区运输网络运力。2025 年前总投入将达 10969.0428 亿卢布，其全部为联邦预算拨款。

2. 建设运输基础设施综合投资项目。2025 年前总投入将达 4880.8016911 亿卢布，其中联邦预算拨款为 4432.7125463 亿卢布，各联邦主体综合预算投入 269.6463848 亿卢布，法人投入 178.44276 亿卢布。

3. 改造机场。2025 年前总投入将达 838.1420538 亿卢布，其中联邦预算拨款为 799.098121 亿卢布，法人投入 39.0439326 亿卢布。

（六）发展能源基础设施

1. 发展电网。2025 年前总投入将达 4117.602365 亿卢布，其中联邦预算拨款为 2652.7004 亿卢布，各联邦主体综合预算投入 31.46282 亿卢布，国家预算外基金 0.0 亿卢布，法人投入 1433.43915 亿卢布。

2. 扩大电能生产。2025 年前总投入将达 3836.20618 亿卢布，其中联邦预算拨款为 1471.09715 亿卢布，各联邦主体综合预算投入 13.758 亿卢布，法人投入 2351.35103 亿卢布。

3. 扩大电能出口。2025 年前总投入将达 5619.3382 亿卢布，其中联邦预算拨款为 30 亿卢布，各联邦主体综合预算投入 95 亿卢布，法人投入 5494.3382 亿卢布。

4. 发展区域能源业。2025 年前总投入将达 278.4326 亿卢布，其中联邦预算拨款为 264.6576 亿卢布，各联邦主体综合预算投入 0.6 亿卢布，法人投入 13.175 亿卢布。

（七）发展机器制造业

2025 年前投入 624.42000 亿卢布，其中联邦预算拨款为 25.35000 亿卢布，各联邦主体综合预算投入 3.09000 亿卢布，法人投入 595.98000 亿卢布。关键性项目是建立远东和贝加尔地区航空和船舶制造企业。

（八）发展建筑材料业

2025 年前投入 516.00000 亿卢布，其中联邦预算拨款为 54.49360 亿卢布，各联邦主体综合预算投入 3.68140 亿卢布，法人投入 457.82500 亿卢布。计划建立几座水泥厂、玻璃生产厂、砖厂等建筑材料生产企业。

（九）发展冶金生产

2025 年前投入 21.51375 亿卢布，其中联邦预算拨款为 0.0 亿卢布，各联邦主体综合预算投入 0.0 亿卢布，法人投入 21.51375 亿卢布。对现有冶金企业进行技术现代化改造，建立新工厂，专门生产高附加值冶金产品。

（十）建立超前经济发展区

俄罗斯政府正在着手在远东地区建立超前经济发展区，预选了 14 个超前发展区，其中包括 3 个海港、3 个农工集群、2 个化工集群、2 个物流枢纽、飞机制造中心、建材生产、钻石首饰制造、科研教育中心。2015 年 2 月，俄罗斯政府批准首批 4 个超前发展区名单。2014 年和 2015 年年初，俄罗斯经济发展部已与亚太地区国家潜在的投资商签订了 20 个备忘录，这些投资商表示有意参与在俄远东地区建立超前发展区项目。

2014 年 12 月 29 日公布的《俄联邦超前社会经济发展区联邦法》（自公布之日起 90 天后生效）规定了相关优惠政策：超前发展区基础设施建设资金主要来源于联邦预算、联邦主体预算、地方预算和预算外资金。国家可通过向管理公司注资、为基建投资者提供贷款利率补贴等形式给予资金扶持；地方可通过向管理公司子公司注资、把国家或市属的动产（不动产）所有权转给管理公司等方式给予资金扶持。入区企业享有的优惠政策主要包括：实行优惠的相关不动产租赁价格；实行俄联邦税法中规定的优惠税，入区前 5 年企业免向国家缴纳利润税，正常纳税标准为 2%；入区前 5 年企业向地方缴纳的利润税超过 5%，之后不超过 10%，正常纳税标准为 18%；前 10 年享受 7.6% 的保险费率，正常保险费率标准为 30%；实行优惠的矿产开采税；根据相关法律规定，免交财产税和土地税；实行特殊的国家和地方监管制度；优先接入基础设施管网；享有国家服务；实行自由关税区制度。

如果超前经济发展区能够在远东地区得以建成并实际运行起来，将在未来 10 年内使远东地区的地区生产总值翻一番。

（十一）建设符拉迪沃斯托克自由港

2015 年 7 月 13 日，俄联邦总统普京签署了《符拉迪沃斯托克自由港联邦法》及与该法相匹配的《俄联邦税法典》第二部分和相关法律修订案。自公布之日起，以上 3 部法律条款陆续生效，至 2016 年 10 月 1 日全部条款生效。

《符拉迪沃斯托克自由港联邦法》[①] 规定了符拉迪沃斯托克自由港的有效期和范围：符拉迪沃斯托克自由港期限为 70 年，到期后可依法延长。自由港区包括滨海边疆区的阿尔乔姆市、符拉迪沃斯托克市、大卡缅、纳霍德卡市、游击队城、斯帕斯克—达利尼市、乌苏里斯克市、纳捷日金区、什科托沃区、十月区、奥尔金区、游击队区，波格拉尼奇内区、哈桑区和兴凯区等 15 个行政区及其海港和水域。已建立的经济特区、经济社会超前发展区不属于自由港区。

在税收方面，《符拉迪沃斯托克自由港联邦法》规定：① 增值税。在提交纳税申报书和管理公司担保合同后，自由港入驻企业有权使用退税申请程序。如果纳税人（入驻企业）向税务部门提出退税申请之日起 15 日内未收到退税款，管理公司有义务代付；② 利润税。自获得首笔利润的纳税期起，5 个纳税期内（利润税纳税期为 1 年），应向联邦预算纳税的税率为 0，应向滨海边疆区预算纳税的税率不超过 5%。此后 5 个纳税期内，纳税人（入驻企业）应向滨海边疆区预算纳税的税率不低于 10%。纳税人（入驻企业）在 3 个纳税期内未获得利润，则上述纳税优惠期从第 4 个纳税期开始计算。

入驻企业享受上述优惠税率政策，还须符合下列条件：在自由港区域内进行法人国家注册；在自由港区外没有所属的分支机构；未使用俄联邦税法典规定的特殊税收制度；不属于纳税人统一小组成员；不属于非商业机构、银行、保险公司、非国有退休基金、证券市场职业参与者和清算机构；不属于任何一种特殊经济区入驻企业；不属于地区投资项目参与者。

---

① Федеральный закон о свободном порте Владивосток. http://www.consultant.ru/document/cons_182596/.

此外，执行在自由港开展经营活动协议产生的收入，不低于确定为纳税税基的总收入的90%；对执行在自由港开展经营活动协议产生的收入（支出）和其他经营活动收入（支出），进行独立核算。

有关保险费问题，《符拉迪沃斯托克自由港联邦法》规定：入驻企业自其获得自由港入驻企业地位的下个月1日起10年内，适用于保险费缴费率标准为：联邦退休基金6%，联邦社会保险基金1.5%，联邦强制医疗保险基金0.1%。这一优惠保险费缴费率，适用于《符拉迪沃斯托克自由港联邦法》生效之日起3年内获得入驻企业地位的入驻企业。

《符拉迪沃斯托克自由港联邦法》关于使用劳务和外国公民入出境问题规定：引进和使用外国员工无须办理许可；入驻企业招收外国务工人员，为其办理入境邀请函和工作许可无配额限制；在招收员工时，同等条件下，俄罗斯联邦公民具有优先权；通过自由港区域内的口岸入境的外国公民，实行"入境、停留8天、出境"的简化签证制度。

关于口岸监管问题，《符拉迪沃斯托克自由港联邦法》规定：自由港区内海关等各类监管实施"一站式"机制，由从非欧亚经济联盟国家进口商品的承运人或委托代办人向海关提供海关、交通、动植物检验检疫监管所需的全部文件（身份证明除外），全部文件提供电子版并经专业电子签名认证。承运人至少在商品抵达欧亚经济联盟关境前2小时通过信息系统向海关提交初步信息（取决于运输方式），通过水路运输商品时可由承运人或委托代办人提交初步信息，在过境、非过境、自由关税区不同海关程序下，提供初步信息的要求有所不同。

关于自由关税区海关程序，《符拉迪沃斯托克自由港联邦法》规定：自由港区内实行2010年6月18日签署的《关于关税同盟关境内自由（专门、特别）经济区和自由关税区海关程序有关问题的协议》规定的自由关税区海关程序，自由港区等同于经济特区。

开放国际交通的、外国船只可进入的海港区域内，开放运营国际航空运输飞机起降的机场区域内，以及毗邻海港和机场区域内，实行自由关税区海关程序。

上述海港部分区域（包括水域）和（或）上述机场部分地区（简称

"港口区")可实行"港口经济特区"的自由关税区海关程序，由监事会决定。在毗邻公路、铁路口岸的地块（简称"物流区"）可实行"物流经济特区"的自由关税区海关程序，由监事会决定。

除上述港口和物流地块外，自由港内入驻企业所有（包括租赁）的、并建有海关监管区的地块，可实行自由关税区海关程序。入驻企业按规定提交书面申请、并具备海关监管条件设施情况下，由海关部门决定是否设立海关监管区。

俄联邦政府有权制定不适用于自由关税区海关程序的商品清单。适用的商品依法办理海关申报，自非欧亚经济联盟国家进口至港口地块和物流地块的外国商品，如不用于相关港口或机场等基础设施建设改造，可不申报。入驻企业为实施经营协议的商品可适用自由关税区海关程序。

按自由关税区海关程序进口的商品、使用上述商品生产（获得）的商品、使用按自由关税区海关程序进口的外国商品和欧亚经济联盟商品生产（获得）的商品，除法律规定个别情形外，只能在自由港区域内适用自由关税区海关程序的地块存放和使用。

关于经营活动，《符拉迪沃斯托克自由港联邦法》规定：自由港区域内可从事不违反俄罗斯法律的任何经营活动，入驻企业有权从事的经营活动种类由监事会决定。

在实行自由关税区海关程序的港口地块，可从事单件价值超过50万卢布的商品（包括奢侈品、艺术品、古玩）存储、商品展示等售前准备相关的服务。入驻企业从事该行业需为依法注册的法人，需在与海关部门商定的特殊装备的地点进行。

俄联邦政府有权对准许在外国获得医疗教育文凭的人员在自由港从事医疗活动、自由港入驻企业从事医疗活动的许可、在自由港区域内对外国人进行医疗救助的办法等做出特殊规定。

俄联邦政府可对自由港内设立的教育机构（或入驻企业）从事职业教育和补充职业教育活动的许可制度做出特殊规定。

俄联邦政府有权对自由港区内渔业养殖、捕捞和保护水生物资源管理做出特殊规定。

符拉迪沃斯托克自由港的建设将为俄罗斯远东地区扩大对外经济合作创造前所未有的条件，有利于吸引外国企业投资。入驻企业在港区内进行自由改装、加工、长期储存或者销售等活动，增加商品进出口，对拉动远东地区乃至全俄经济发展将产生重大影响。

参考文献

1. 安·弗·奥斯特洛夫斯基、崔志宏:《俄罗斯远东和西伯利亚参与亚太地区经济合作的主要方向》,《东北亚论坛》2000 年第 4 期。

2. A. B. 奥斯特洛夫斯基、赵欣然:《俄远东和中国东北共同发展的可行性研究》,《西伯利亚研究》2014 年第 4 期。

3. 安兆祯:《俄罗斯远东经济发展前景分析》,《西伯利亚研究》2004 年第 5 期。

4. 曹志宏:《俄罗斯远东开发新思路与中俄区域经济合作》,《学术交流》2014 年第 12 期。

5. 陈思旭《西伯利亚联邦区吸引外资现状分析》,《俄罗斯中亚东欧市场》2013 年第 3 期。

6. 房广顺、申韬:《俄罗斯亚太战略的最新进展及其对中俄关系的影响》,《俄罗斯中亚东欧市场》2013 年第 4 期。

7. 冯玉军等:《俄罗斯经济"向东看"与中俄经贸合作》,《欧亚经济》2015 年第 1 期。

8. 高欣、许凤才:《我国东北地区与俄罗斯远东及西伯利亚地区经贸合作的战略构想》,《当代经济管理》2009 年第 3 期。

9. 葛新蓉：《俄罗斯区域经济政策与东部地区经济发展的实证研究》，黑龙江大学出版社，2010。

10. 葛新蓉：《俄罗斯西伯利亚地区林业经济发展态势分析》，《俄罗斯中亚东欧市场》2006 年第 5 期。

11. 葛新蓉：《俄罗斯区域经济政策对西伯利亚联邦区的影响》，《俄罗斯中亚东欧市场》2006 年第 11 期。

12. 葛新蓉：《俄罗斯区域经济发展中的创新因素分析》，《西伯利亚研究》2010 年第 6 期。

13. 郭连成：《中俄区域经济合作路径探析》，《东北亚论坛》2007 年第 3 期。

14. 黄登学：《俄罗斯亚太战略考量》，《人民论坛》2014 年第 19 期。

15. 胡仁霞：《中国东北与俄罗斯远东区域经济合作研究》，社会科学文献出版社，2014。

16. 姜振军：《西伯利亚联邦区经济开发与中俄区域合作》，《西伯利亚研究》2012 年第 6 期。

17. 李新：《俄罗斯西伯利亚和远东开发与中国的机遇》，《西伯利亚研究》2013 年第 3 期。

18. 柳丰华：《俄罗斯的"东进"政策：成就、问题与走势》，《俄罗斯学刊》2013 年第 1 期。

19. 李站：《新经济地理学视角下西伯利亚地区经济发展研究》，《对外经贸》2012 年第 8 期。

20. 刘清才、刘涛：《西方制裁背景下俄罗斯远东地区发展战略与中俄区域合作》，《东北亚论坛》2015 年第 3 期。

21. 刘爽：《构建利益共同体：中俄区域合作的推动机制和目标选择》，《俄罗斯中亚东欧研究》2012 年第 3 期。

22. 刘爽：《俄罗斯远东开发进程与中俄合作》，《俄罗斯中亚东欧市场》2013 年第 5 期。

23. 刘艳萍：《俄罗斯远东地区参与亚太经济一体化的进程、制约因素与前景》，《俄罗斯中亚东欧市场》2013 年第 1 期。

24. O. M. 普罗卡帕洛：《2013 年俄罗斯远东联邦区经济形势》，《俄罗斯学刊》2015 年第 1 期。

25. C. B. 乌亚纳耶夫：《俄中边境经贸合作的现状与前景》，《东北亚学刊》2014 年第 5 期。

26. 桑召敏：《俄罗斯东部地区科技发展现状》，《对外经贸》2013 年第 10 期。

27. 王超：《西伯利亚社会经济发展战略的制定》，《西伯利亚研究》2012 年第 5 期。

28. 邢莹：《关于俄罗斯东部大开发的具体措施研究》，《边疆经济与文化》2014 年第 12 期。

29. 杨凌：《中俄东部区域合作研究综述》，《西伯利亚研究》2015 年第 1 期。

30. 杨文兰：《地缘经济视角下俄罗斯远东地区开发问题研究》，《财经理论研究》2013 年第 4 期。

31. 杨文兰：《俄罗斯远东地区开发的历史变迁》，《西伯利亚研究》2014 年第 1 期。

32. 杨学峰：《俄罗斯远东地区经济发展研究》，《对外经贸》2014 年 11 期。

33. 赵传君：《全面推进中俄沿边经贸合作的新思路》，《俄罗斯中亚东欧市场》2011 年第 7 期。

34. 张梅：《黑龙江省对俄经贸合作新形势及对策建议》，《西伯利亚研究》2015 年第 1 期。

35. 张美娟：《俄罗斯区域经济合作政策与效应研究》，黑龙江大学硕士学位论文，2015。

36. 张颖春：《俄罗斯远东经济发展战略的区域经济学分析》，《俄罗斯中亚东欧研究》2008 年第 4 期。

37. 赵域：《论深化中国东北与俄罗斯远东经贸合作》，《黑龙江社会科学》2014 年第 6 期。

38. 周洪涛：《黑龙江省与俄罗斯东部地区经贸合作新机遇探析》，《西伯利亚研究》2015 年第 2 期。

39. 邹秀婷：《俄罗斯西伯利亚的创新经济》，《俄罗斯中亚东欧市场》2007
年第 4 期。

40. Анатолий Квашнин. сельское хозяйство Сибири выгодно для инвестиций. На Международной агропромышленной выставке «Зеленая неделя» 14 – 15 января 2010 года в Берлине. http∶//www. sibfo. ru/news/ publication. php? action = art&nart = 5891.

41. Виктор Ишаев. Развитие транспортной инфраструктуры на Дальнем Востоке и ее роль в интеграции со странами АТР. http∶//www. parldv. ru/ index. php? mod = art_ show&id_ art = 1158.

42. Дальневосточный федеральный округ. https∶//ru. wikipedia. org/wiki/ Дальневосточный_ федеральный_ округ.

43. Дороги Дальнего Востока. http∶//www. atroad. ru/roads/fareast/

44. Грузооборот морских портов России за 2011 г. http∶//www. morport. com/document1229. shtml.

45. Итоги социально-экономического развития Дальневосточного федерального округа в 2012 году подвел Виктор Ишаев на пресс-конференции в Хабаровске. http∶//www. dv-reclama. ru/ sotsialno_ ekonomicheskogo2012.

46. В. В. Кулешов. Сибирь в первые десятилетия XXI века. Новосибирск Изд-во ИЭОПП СО РАН, с. 105 и 120, 2008 г.

47. Конторович А. Э. и др. Нефтяная промышленность Дальнего Востока∶ современное состояние и перспективы развития. Бурение и нефть. № 7 – 8, 2013 г.

48. Нефтяная промышленность Сибирского федерального округа. http∶// www. cdu. ru/articles/detail. php? ID = 311691.

49. Е. В. Басин. Развитие транспортной инфраструктуры Сибири и Дальнего Востока. http∶//www. budgetrf. ru/Publications/Magazines/VestnikSF/2001/ vestniksf136 – 05/vestniksf136 – 05050. htm.

50. Объем контейнерных перевозок на ДВЖД в 2014 году вырос на 5%. http∶//ria. ru/economy/20150113/1042318406. html.

51. Ольга Шадрина. Сибирские дороги. Эксперт Сибирь. №11. 2004 г.

52. РЖД модернизирует железные дороги Сибири и Дальнего Востока. http://top. rbc. ru/economics/09/09/2008/239757. shtml.

53. Развитие и размещение ведущих отраслей промышленности Сибирского федерального округа. http://revolution. allbest. ru/geography/00225199_0. html.

54. Регионы России. Основные характеристикисубъектов РФ. http://www. gks. ru/ statistics/publications/doc_ 1138625359016.

55. Росавтодор потратит 12, 8 млрд рублей на обслуживание и ремонт федеральных трасс Дальнего Востока. http://rosavtodor. ru/activity. html.

56. Сельское хозяйство в Сибирском федеральном округе и перспективы его развития. http://otherreferats. allbest. ru/economy/00041100_0. html.

57. Стратегия развития железнодорожного транспорта в Российской Федерации до 2030года. http://www. mintrans. ru/upload/iblock/d3d/strategya_ gt_2030. doc.

58. Стратегия социально-экономического развития Дальнего Востока и Байкальского региона на период до 2025 года. Утверждена распоряжением Правительства Российской Федерации от 28 декабря 2009 г. N 2094-р. http://www. consultant. ru/document/cons_ doc_ LAW_96571/? frame = 8.

59. Стратегия социально-экономического развития Сибири до 2020 года. http://www. sibfo. ru/strategia/strdoc. php#strategia.

60. Сибирский федеральный округ: расположение на карте, состав, столица, население и официальный сайт. http://fb. ru/article/146625/ sibirskiy-sayt.

61. Стратегия социально-экономического развития Сибири до 2020 года. http://www. sibfo. ru/strategia/strdoc. php#strategia.

62. Федеральный закон о территориях опережающего социально-экономического развития в Российской Федерации. http://www. consultant. ru/document/cons_ doc_ LAW_172962/.

63. Федеральный закон о свободном порте Владивосток. http://www. consult-ant. ru/document/cons_ doc_ LAW_ 182596/.

64. Энергетическая стратегия России на период до 2030 года. http://minen-ergo. gov. ru/activity/energostrategy/.

后　记

俄罗斯西伯利亚地区和远东地区地理位置优越，拥有丰富的自然资源，与内外部其他要素禀赋优化配置，将激发其巨大的潜力，释放出强大的带动力。中俄两国和区域间要素禀赋互补性强，具有开展国家层面和区域层面合作的良好现实条件。

俄罗斯东部地区发展潜力巨大，是俄罗斯与欧洲和亚太地区开展经济技术合作的重要依托，事关俄罗斯与欧洲和亚太地区经济一体化进程在预定时间内的实现，关系俄罗斯东部地区的安全与稳定，对欧洲和亚太地区的未来发展产生着较为重要的影响。

我们加强对俄罗斯东部地区的经济发展问题的研究，旨在更加全面、系统、深入地解读其经济发展的主客观条件，剖析产业发展态势和存在的问题，预测其未来发展趋势，以期能够为各级政府部门、企事业单位和个人在与俄罗斯开展各种沟通与合作时提供参考。

为此，我们将发挥新型智库的功能，创新科研思路，改变科研方法和路径，继续把俄罗斯东部地区各方面的发展，不论是经济、社会，还是历史、文化，作为研究的重点，不断积累相关文献资料，同时与国内有关部门、科研院所、企事业单位密切合作，开展多学科融合、人员等资源有效配置的全方位协同创新。通过不同学科视角观点的碰撞，协同创新，不断产出在国内外有较大影响力的、有较高资政服务价值的研究成果。

在写作过程中，由于中外文文献资料有限，对某些问题的论述尚欠全面、系统，数据资料没有形成完整的体系，但我们尽可能地对其发展走势做出较为切合实际的判断。另外，某些问题仅仅找到了有关学者的研究成果，通过其他各种路径和方法都搜寻不到更多资料，我们不得不在文中"过度"引用，但是附加了说明和注释，有机会将向有关学者当面说明并表示衷心的感谢！同时，向其他对我们研究提供帮助的专家学者致以真诚的谢意！

我们的研究或存在不少疏漏，其结论不尽成熟，敬请各位专家学者不吝赐教！

图书在版编目（CIP）数据

俄罗斯东部地区经济发展研究 / 姜振军著. —— 北京：
社会科学文献出版社，2016.8
（俄罗斯学. 东部系列）
ISBN 978 - 7 - 5097 - 9136 - 3

Ⅰ.①俄…　Ⅱ.①姜…　Ⅲ.①区域经济发展 - 研究 -
俄罗斯　Ⅳ.①F151.24

中国版本图书馆 CIP 数据核字（2016）第 102350 号

俄罗斯学·东部系列
俄罗斯东部地区经济发展研究

著　　者／姜振军

出 版 人／谢寿光
项目统筹／李延玲　孙丽萍
责任编辑／高　靖

出　　版／社会科学文献出版社·国际出版分社（010）59367243
　　　　　　地址：北京市北三环中路甲 29 号院华龙大厦　邮编：100029
　　　　　　网址：www.ssap.com.cn
发　　行／市场营销中心（010）59367081　59367018
印　　装／三河市东方印刷有限公司

规　　格／开　本：787mm × 1092mm　1/16
　　　　　　印　张：15.25　字　数：232 千字
版　　次／2016 年 8 月第 1 版　2016 年 8 月第 1 次印刷
书　　号／ISBN 978 - 7 - 5097 - 9136 - 3
定　　价／69.00 元